# PROJECT-BASED LEARNING

周振宇 / 编著

# 项目学习

## 基于学校的行走

江苏凤凰科学技术出版社 · 南京

图书在版编目（CIP）数据

项目学习：基于学校的行走 / 周振宇编著. —南京：江苏凤凰科学技术出版社，2020.7（2022.5 重印）
ISBN 978-7-5713-1182-7

Ⅰ. ①项…  Ⅱ. ①周…  Ⅲ. ①中小学教育—教育研究 Ⅳ. ① G632.0

中国版本图书馆 CIP 数据核字（2020）第 098823 号

项目学习：基于学校的行走

编　　著　周振宇
责任编辑　吴梦琪
责任校对　仲　敏
责任监制　周雅婷

出版发行　江苏凤凰科学技术出版社
出版社地址　南京市湖南路 1 号 A 座，邮编：210009
出版社网址　http://www.pspress.cn
印　　刷　溧阳市金宇包装印刷有限公司

开　　本　718mm × 1000mm　1/16
印　　张　18
字　　数　280 000
版　　次　2020 年 7 月第 1 版
印　　次　2022 年 5 月第 3 次印刷

标准书号　ISBN 978-7-5713-1182-7
定　　价　55.00 元

# 构建儿童学习的创新范式（代序）

叶水涛

海安市实验小学是一所具有传奇色彩的学校。在我的印象中，这是一所以数学教学研究见长的学校，华应龙、贲友林、仲广群、许卫兵、储冬生，一个个都是小学数学界的风云人物。自21世纪初，这些校长先后离开了这所学校，但这所学校依然以其高水平、高质量蜚声省内外。按理说，这么多校长的相继离开，必然会使这所学校元气大伤，然而这所学校偏偏“旗帜不倒”“阵地不丢”，声名日隆。近几年，海安市实验小学加盟中国著名小学的研究共同体，现任校长周振宇领衔项目学习的研究，跻身于江苏省前瞻性课题的前沿，并取得卓著的成果。

项目学习的概念可以从多角度诠释，周振宇校长对此有独到的理解，他有研究的专著出版，还有多篇文章在省级以上刊物发表。领衔项目学习，足见周振宇校长具有高度的学术敏感性，还有高瞻远瞩的思想穿透力。纵观40年来的教育改革历程，我们可以清晰地看到，这是一个由教学研究到课程研究，又进而从课程研究到学习研究的过程。教学研究的关键词聚焦于“双基”，课程研究的关键词聚焦于“三维目标”，学习研究的关键词聚焦于“核心素养”。总体来看，“双基”和“三维目标”具有学科知识本位的特点，它们过于重视学科知识与技能的内在的逻辑结构，相对忽视了学生在学习过程中的情感体验、自由表现等内在成长需求。

项目学习是基于儿童本位的立场，对儿童学习进行最切近于人、切近于人的发展的研究，真正体现了以学习者为中心。项目学习虽说发端于外域，但在中华文化的语境里也有类似的表述。《论语》开卷有三句话：“学而时习之，不亦说乎？有朋自远方来，不亦乐乎？人不知而不愠，不亦君子乎？”孔子言学而不言教，个体学习的愉悦、合作学习的快乐、研究性学习的乐在其中，学习的这三种形式与境界，是始终强调及体现学生的内在情感体验与认知发展的学习范式。

学习是学生个体的自觉行为，也是生命个体的自然需要。项目学习体现了知识学习的个体性，既激发了学生学习的主动性，也彰显了知识建构的个人性。学生的主要任务是学习，学校的主要工作是教学。教育的根本在立德树人，学习的要旨是学以成人。孔子说，“性相近，习相远”，不同的学习情境与不同的知识习得可以造就不同的人。知识大体分为个人知识与公共知识两大类，公共知识以追求知识的客观性、普遍性为旨归，个人知识则以知识的直接性、默会性、建构性为目的。项目化学习旨在通过促进知识与生活经验的关联和互动，最终实现儿童的自主学习。从周振宇校长的论述中，我们可以明显地感觉到项目学习的特殊意义：其一，它有效地激发了儿童的学习兴趣；其二，它在符号世界与儿童的生活世界之间架起了桥梁；其三，它诉诸儿童的内在体验与想象、联想、猜测、感悟等，提升了学习的品质。知识的个人性是知识得以构建、生成的基础，项目化学习是儿童感知、思维、情感、意识全面参与的活动，也是儿童全身心投入的、带有生命自觉的个体活动。

人是社会化的动物，儿童的知识学习过程也是社会化的进程，学习在现实的生活情景中发生，必然构成人与人之间的协作与交流。现代学校以班级授课制为主要教学形式，数十人一起形成班集体，以同一标准实施教学并考核学生。这种整齐划一的教育，有助于提高教学的整体效率，但不利于学生的个性化发展，也遏制了个体主动学习的热情。在传统的课堂教学中也有小组合作学习，但是，因为课堂时间的限制，而且又缺少问题的聚焦，或问题缺少难度，小组合作学习常常成为走过场的伪合作，既没有起到合作应有的效果，也没有合作的必要。

在项目学习活动中，当项目发布以后，都是以团队的形式来认领并完成项目，在考核时也是以团队的形式来评价项目的完成情况。项目导向、生活情景、团队协作是项目化学习的鲜明特色。周振宇校长告诉我们，团队的成员一般为4～6人，同一团队成员常常表现出较强的异质性，这样既便于合作完成较为复杂的学习任务，又利于形成相互之间取长补短、共同提高的良性局面。

项目学习是深度学习的需要，既不是一般意义上的学生自学，也不仅仅是学生之间的合作学习，教师对学生学习的引导和帮助显得特别重要。因为项目学习常常围绕有相当难度的、带有挑战性的问题展开，因此特别需要团队的通力合作，有时还要求助于外援，以获得更多的信息资源和智力支持，更需要有思想的碰撞，从而逐步形成统一的意见和方向。项目学习有助于培养学生的问题意识，提高学生解决实际问题的能力，也有助于培养他们合作共事的习惯与素养。

在知识本位的课程观看来，课程的内容就是知识；在经验和活动本位的课程观看来，课程的内容在知识的基础上，还必须包括学生的学习活动和体验。海安市实验小学的研究实践证明，项目学习通过增强学科间的联系与融合、综合课程的创设与跨学科主题的引入，突破了单一学科的知识立场，体现了知识的综合性，也诉诸学生的整体感受性，它既建立起知识的内在联系，又增强了知识与生活的联系，使学生能够将概念思维的学科知识与非概念的生活体验建立联系，确保他们能够在抽象与具体、知识与生活之间自由转换。它也使个体在面对复杂的不确定的现实生活情境时，能够综合运用特定学习方式下所孕育出来的跨学科观念、思维模式和探究技能，提出问题和解决问题，促使学生将所学知识结构化，发展学生的思维，使之更为活跃和严谨。

项目学习与班级授课制下的课堂教学有根本的不同。班级授课制下的课堂教学是将知识刻意地按照学科分门别类，在每一学科中再按照课堂教学的思路进行切块。项目学习则以项目为起点，作为起点的项目常常会涉及多个学科，即使在一个学科内部，也会涉及学科内部的多个领域。周振宇校长告诉我们，项目学习不再进行这样人为的、强制的切块划分，相反，更强调把个体认知基础中的散点化、碎片化的知识点联系起来、连接起来以解决实际问题，在解决问题的实际情境中获得并生长、建构知识，这是一种联系性学习。显而易见，项目学习强调学科内的联系、跨学科的联系以及与生活世界的联系，始终让合作解决问题的能力与传统知识教学的优势融为一体，共同促进学生核心素养的形成。

项目学习的价值指向在于创造性。儿童天然具有好奇心和创造的冲动，但知识学习只有带来新的东西才是有意义的。项目学习既是对童心的保护，也是对儿童创造性的维护。对儿童而言，创造不必是新的理论或非凡的成果，只要在知识或物体之间找到某种关联，能产生新想法，做出新作品，哪怕这样的想法和作品非常幼稚可笑，没有任何实用价值，但是对于儿童本身却是新的，是创造性的，就值得肯定。分科学习当然也提倡创造，但它是二元对立的形而上学的思维，强调先学习再创造，即先让学生积累较为扎实而系统的知识基础，然后尝试创造。然而，人的认识常常不是线性的进步，有时随着知识的不断积累，创造性反而逐步萎缩了。

海安市实验小学的研究告诉我们，分科知识导向的教学，强化训练的知识巩固，必然导致思维的固化；教学程序的过分严密性，必然导致创造心理的抑制。而项目学习是一种开放的情境，让学生直面问题，在解决问题的过程中学习知识，通过知识的应用解决问题。项目学习中的问题具有不确定性，这种不确定性给学生的思维留下很大的空间和余地，让他们驰骋想象，动手实践，想方设法寻找解决问题的办法。显然，学习是主动的，知识是鲜活的，学习过程是探究性的，学生的学习过程就是创造的过程，他们在创造中得到发展。

项目学习勾连起课程、教学与学习，是课程改革的进一步深化。多尔认为：课程作为内容与教学相互交织的总体，随其螺旋形旋转而达到未知领域，将会变得激动人心和引人入胜。世界的知识不是固定在那里等待被发现的，只有通过我们的反思性行为，它才能得以不断地扩展和生成。后现代课程观所肯定的是课程内容的交互性和生成性，项目学习所关注的是学习过程的生成性和创造性，是师生在共同探索中自发形成的，因而具有不确定性和扩张性，是学生学习的一种创新范式。

（作者系江苏省教育学会副会长）

# 目　录 /CONTENTS

理|论|探|索|篇

# 第一章

# 国内外项目学习的状况

20世纪初，项目学习在美国起源。20世纪八九十年代涌现了一批项目学习的践行者。进入21世纪，项目学习在国外已经非常普及，成为一种很受推崇的教学模式、学习模式。在我国，项目学习于20世纪90年代末被引入，相较于西方发达国家，起步较晚，然而项目学习在国内的发展仍值得关注。

## 第一节　国外项目学习的状况

项目学习起源于美国。早在20世纪初期，杜威（John Dewey）在《经验与教育》一书中提出了实用主义的教育思想，他指出："教育即生活，教育是传递经验的方式。"[1]从此以后，"做中学"的学习模式成为教育学发展中的重要一极。库伯（Kolb）认为，"做中学"模式本质上是一种体验式学习，"学习是通过体验的转换而创造知识的过程"。[2]1918年9月，杜威的学生、著名教育家屈伯克发表了《项目（设计）教学法：在教学过程中有目的的活动的应用》一文，首次提出了项目学习的概念，引起教育界的广泛关注，被后人称为20世纪最有影响力的教学理论文章。他说："我采用'设计（项目）'这个术语，就是专为表明有目的的行动，并且特别注重'目的'这个名词。"[3]屈伯克眼里的项目学习是把有目的的活动既作为教育过程的核心，也作为有效学习的依据。同时，这样的有目的的活动又必须建立在学生的需要和兴趣基础上，它的实施打破了固有的学科体系，实施跨单元、跨学科的学习。在20世纪二三十年代，屈伯克的项目教学法在美国的初等学校和中学的低年级里得到了广泛的应用。

20世纪八九十年代开始，项目学习在西方一些发达国家逐步兴盛起来，涌现了一批项目学习的践行者与实施路径，比较典型的有坎贝尔的学习中心、阿姆斯特朗的活动中心、拉泽尔的全年课程计划、伯曼和卡茨等人设计的项目学习。

### 一、布鲁斯·坎贝尔的学习中心[4]

学习中心（learning center）是根据多元智力实验学校的师徒制小组

---

[1]　杜威．经验与教育［M］．姜文闵，译．北京：人民教育出版社，2005.

[2]　Kolb, David A.Experiential learning:Experience as the source of learning and development[M]. Englewood Cliffs, NJ: Prentice Hall, 1984.

[3]　单中惠．现代教育的探索——杜威与实用主义教育思想［M］．北京：人民教育出版社，2002：239.

[4]　夏惠贤．多元智力理论与个性化教学［M］．上海：上海科技教育出版社，2003：92-94.

（pod）发展而来的。布鲁斯·坎贝尔（Bruce Campbell）在华盛顿州创设了一个学习中心，每个中心都以具有特殊智力天赋的人的名字来命名，中心的名称每年都换一次。学生在每年的开学之初就投入较大的精力来研究这些“智力专家”，探讨他们如何培养和运用自己的智力，让这些“智力专家”成为学生无形中的导师。

在学习中心，学生的学习都是围绕项目来进行的。在学年之初，学生罗列出他们想要学习的主题，教师根据学生筛选出的主题进行分析，并根据学区的特点和可利用的资源情况，再选择符合学生兴趣的主题。主题单元通常要跨越4~6周的时间，涵盖的主题包括“世界各地的艺术”“太空的事物”“我们的星球”“古代的文明”等。学生每天大概要花2/3的时间轮流学习各种智力。上午开始是一个简短的讲座（可以由教师或学生来主讲），随后对活动中心所涉及的主题进行讨论，然后分小组进行活动。每小组大约为4人，主题活动持续时间为20~30分钟，了解当天的主题所涉及的知识、技能以及各种能力的要求。[1]

教师的任务是为学生的每一个学习任务设立与智力发展相适应的学习中心。学习项目开始时，教师向学生提供各种介绍性的材料，然后将这些材料放到各个小组中，以便让每个学生在参与各个项目时探索、发现学习任务中所蕴含的内容，并与教师所提供的材料进行积极的互动。在结束学习任务时，全班同学可以聚集在一起，分享在学习中心所学到的知识、技能或制作出的产品。学生在学习中心的动力来自教师为他们所设定的学习任务，他们必须学会自己发现问题、提出观点，正确使用研究的材料，并运用自己所提出的观点构建新的知识。[2]

## 二、托马斯·阿姆斯特朗的活动中心

托马斯·阿姆斯特朗（Thomas Armstrong）认为，项目学习就是要创设一种促进多元治理发展的课堂生态（classroom ecology），在教室里建立智力友好

[1] 杨洁.多元智力理论视野下的项目学习［D］.上海：上海师范大学人文与传播学院，2004.
[2] 同上.

（intelligence-friendly）的区域或学习活动中心（activity centers）[1]，在每个领域内向学生提供更多的探索与活动的机会。于是他把学习活动中心分为4类：

1. 永久开放性活动中心（permanent open-ended activity center）

这种中心的学习项目通常为一学年，让学生在该中心可以无限制地尝试每一种智力活动。

2. 临时开放性活动中心（temporary open-ended activity center）

这种中心的学习项目可以只分布在教室内的8张桌子上，每张桌子上标出一种智力活动，并放上学生可以参与活动的特定的智力材料（主要是一些游戏）。这种项目活动的主要目的在于介绍和熟悉多元智力概念，让学生亲身感受每一种智力的特点。

3. 临时特定主题活动中心（temporary topic-specific activity center）

该中心的学习项目经常发生变化，而且适合某一个特定主题或科目。如果学生正在学习“房屋”这个单元，教师可以创设8种不同的活动中心或任务站（task station），学生则从不同智力的角度参与有意义的活动。

4. 永久特定主题活动中心（permanent topic-specific activity center）

该中心的学习项目打破了传统课程的界限，把原本属于生活的主体与技能糅合在一起，让学生尝试运用。它以全年主题为基础，再有全月主题和每周主题。每个中心全年存在，且有几个固定的材料，并按照每月、每周的项目进行变化。[2]

## 三、戴维·拉泽尔的全年课程计划

全年课程计划的目的是把多元智力理论中的各种能力综合到现有的课程中去，为学生提供多样化的学习机会，促使学生运用和发展多元智力。为此，戴维·拉泽尔（David Lazear）在得克萨斯州的艾尔帕萨学区开发了以项目学习为特征的跨学科课程。

拉泽尔带领艾尔帕萨学区的老师们一起根据多元智力理论和小学教学实践，开发了着眼于单个学科的全年课程。他们把多元智力中的8种智力具体地

[1] 夏惠贤.多元智力理论与个性化教学［M］.上海：上海科技教育出版社，2003：94-99.
[2] 杨洁.多元智力理论视野下的项目学习［D］.上海：上海师范大学人文与传播学院，2004.

改变成6大跨学科主题：语言艺术（language arts）、数学（mathematics）、科学与健康（science and health）、全球性学习与历史（golbal studies and history）、实践性艺术（practical arts）、优雅艺术（fine arts，包括舞蹈、戏剧、乐器演奏、声像艺术）。[1]

在拉泽尔的项目学习当中，学科体系被打破，按照学生感兴趣的主题重新加以组织，学生的学习不再是记忆与背诵，而是动手实践、查找资料、调查、实验，在一系列的活动中发展多元智力，发现每个学生的智力强项并促进其发展，养成积极的个性心理特征。学生通过这些项目学习，有效建构课堂与社会生活的关联，使学习更有针对性和实用性，为今后就业准备了必需的能力：实践能力、分析能力、综合能力、应变能力、交流能力、合作能力、解决问题的能力。

## 四、萨利·伯曼设计的项目学习

萨利·伯曼（Sally Berman）以多元智力理论为指导，开发了多元智力课堂教学中的项目学习，她设计出很多项目，并根据主题领域和学习者的年龄特点去描述项目的各个方面，引导学生去主动解决问题。

伯曼认为，项目学习可以分为结构式项目、主题式项目、体裁式项目、模板式项目、开放式项目5种，但是一个独立的项目有时候会包含其中两类或更多种类。所有的项目都会经历开始、发展并且熟练运用已定义的循环规则，选择项目、阅读、听、搜寻、收集信息、分析、形成概要、组织、保留、摒弃、制造模型，然后再收集、校订、修改、重建、检查、评价、保留，紧接着更多的收集，直到最后的作品形成，经过检查和评价后，确定其得到了提高。

在设计这种项目学习时，教师往往把智力分成三层（见表1-1）。

表1-1 智力层次表

| 智力层次 | 第一层智力 | 第二层智力 | 第三层智力 |
|---|---|---|---|
| 目标 | 收集观点：对项目的研究 | 处理信息：澄清思想 | 应用观点：尝试和检验 |

[1] 杨洁.多元智力理论视野下的项目学习［D］.上海：上海师范大学人文与传播学院，2004.

（续表）

| 智力层次 | 第一层智力 | 第二层智力 | 第三层智力 |
| --- | --- | --- | --- |
| 工作内容 | 阅读背景资料<br>研究并记录笔记<br>建立一个参考资料表<br>拜访专家<br>观看电影和电视<br>形成一个纲要<br>与组员讨论<br>上网查阅相关资料<br>检查并核实原始资料<br>参观现场<br>收集图表、地图、说明 | 头脑风暴形成观点<br>分析数据<br>图示化信息<br>草拟模型<br>形成思想<br>构建蓝本<br>填入缺失信息<br>形成视觉化图画<br>协调“抵触性数据”<br>发现一个中心<br>指定一个主题<br>使用一个隐喻<br>寻找合作伙伴<br>寻求联系<br>观点的演示<br>寻求原材料 | 建立模型<br>建构<br>收集<br>综合想法<br>重新思考或定位<br>最后修改<br>润饰细节<br>评价测试<br>互相检查<br>自我评价<br>反标准化评价<br>专家检查<br>最后定稿 |

第一层智力是收集观点。学生首先挑选项目或由教师指定项目，师生共同讨论指导方针与时间限制，然后学生开始阅读、调查、采访和收集实例。当他们通过这些信息足以建构一个作品时，就开始进入第二层次智力。

第二层智力是处理信息。学生运用思维对信息进行分析，形成有意义的整体信息，接着对这些信息进行综合、整理，以形成新思想，最终构建出作品。团队成员开展交流讨论，摒弃其中的重复部分。在上述过程中，他们可能会发现一些信息不正确或不完整，必须做出适当调整，甚至推倒重新构建。

第三层智力是应用观点。这时，学生开始构建最终作品。学生自己对作品进行连续的检测，当作品成型时，他们进行评定、修改、重组，从而提高作品的质量。当然，也有可能由于额外信息的加入，促使他们不得不返回第一层智力，互相争论以重新获得正确的观点。[1]

## 五、莉莲·卡茨等人设计的项目学习

莉莲·卡茨博士（Lilian G Katz）是美国伊利诺大学教授，她和团队开发

[1] 夏惠贤.多元智力理论与个性化教学［M］.上海：上海科技教育出版社，2003：99-109.

的项目学习以学生为本，很受儿童教育者和家长好评。我国香港和台湾教育学者将她的项目学习方式从美国带了回来，在幼儿园和小学进行实践，在香港被称为“企划教育”，在台湾则被称为“方案教学”。

这种项目学习的基本结构框架包括三个阶段和五组关键环节，如表1-2所示。

表1-2 项目学习的基本结构框架

| 内容阶段 | 第一阶段：开始 | 第二阶段：开展 | 第三阶段：结束 |
|---|---|---|---|
| 讨论 | 分享已有经验和关于这个主题的已有知识 | 为实地考察和采访工作做准备<br>回顾实地考察<br>从间接资源中学习 | 准备分享这个项目的成果<br>项目学习的回顾、评估以及展望 |
| 考察 | 孩子倾听父母及其他亲友谈论他们的经验 | 走出教室，去一个与项目活动相关的真实环境学习<br>采访有关专家或是请专家来教室开座谈会 | 请家长和其他亲友来参加项目学习的庆功活动，请他们用局外人的眼光来评估此项项目活动并听取他们的意见 |
| 表达 | 用图画、文字、建筑、模型、戏剧表演、舞蹈、音乐、讲故事等形式来分享已有的经验和知识 | 用简单的素描草图和笔记来记录实地考察的内容<br>用图画、表格、文字、地图、模型、表演等表达新学的知识或新经验 | 总结这个学习项目的过程并与同学、教师及家人分享这个项目的成果 |
| 调查 | 根据已有的知识提出所要调查的问题<br>调查最基本的问题 | 去实地考察<br>利用图书和其他简介资料进行研究，找出答案<br>进一步提出问题 | 推测新问题及相关问题，发现可以导致下一个项目活动要进行的初步调查 |
| 展示 | 分享这个主题的个人经验：可以展示相关照片、图书；可以展示学生的记忆画、故事和提问等 | 分享新经验和知识，展示学生在此阶段的学习成果，如他们在实地考察中的照片、采集的标本、所做的模型、考察笔记等<br>教师和学生在项目学习中的记录 | 组织学生用讲故事、表演等方式汇报学习的总结，许多教师会在这个时候请学生把整个项目学习的作品分阶段地展示出来，请家长、全校的教师和学生来参观 |

在项目学习的开始阶段，教师与学生讨论项目的主题，以便了解学生已有经验和他们对此主题的已有认识。教师让学生用表1-2中的多种形式展示已有经验，并选择性地展示他们的作品。教师和其他学生有意识地帮助他们提高和改进，逐步完善。家长们则会收到关于项目学习开展的信，并被鼓励和邀请以恰当的形式参与到孩子们的项目学习中来。

在项目学习的开展阶段，创造机会让学生走出教室，进行实地考察，与专家们进行对话。教师努力提供录像、照片、故事、音乐、书籍等多样化的学习资源，摆放到教室的显眼位置，方便学生使用。每位学生都要考虑用什么方式来表达自己的学习和研究成果，教师为学生提供各种建议，组织小组讨论以及个人汇报展示，让学生相互了解彼此的学习状况，相互提供建议和帮助。

在项目学习的结束阶段，教师会安排一次学生、家长、相关人士共同参与的成果分享会，这成为项目学习的最高潮。学生在分享会上都可以讲讲他们的项目学习开展的过程、期间的小故事、各自最大的收获等。教师帮助学生选择不同的内容和不同的方式，有目的地将此项目的全部过程和成果分享给全班同学、家长或更大的人群，在此过程中回顾和评估项目的整体效果与水平。[1]

---

[1] 杨洁. 多元智力理论视野下的项目学习［D］. 上海：上海师范大学人文与传播学院，2004.

## 第二节　国内项目学习的状况

总体上来说，我国对项目学习的研究起步较晚，理论研究没有形成体系，关于项目学习的基本理论也大多援引自国外，而且主要侧重在其基本概念、特征、要素、实施环节上。具体而言，项目学习在国内的发展大致经历了三个阶段：

### 一、萌芽阶段（20世纪90年代到21世纪初）

1995年，《科学课》杂志刊登了德国安内莉泽·波拉克女士在中德自然常识研讨会上所介绍的“德国家乡常识课项目设计教学实例”，这篇翻译稿，介绍了项目教学法的价值及在德国基础教育教学中的应用。1998年，《福建行政学院福建经济管理干部学院学报》刊登了一篇名为《项目教学法的培训效果初探》的论文，介绍了工商管理干部培训中应用项目教学法的收获，成为第一篇描述项目学习在成人教育中应用的论文。1999年第12期《中国培训》以《项目教学法——一种有益的尝试》为题撰文350字，介绍了项目教学法在企业培训中的效果，该文分别被《成人教育》（2000年第4期）、《教学与管理》（2000年第8期）以《什么是项目教学法》为题转载。2000年，《职教论坛》以《国外职教的教学方法》一文，将项目学习介绍到我国职业教育领域。与此同时，张彦通的《英国高等教育“能力教育宣言”与“基于行动的学习”模式》一文介绍了英国莱斯特大学的项目教学模式，认为“项目教学作为英国高等院校人才培养模式之一，对我国的教育教学改革具有积极的借鉴意义”。至此，有关项目学习的研究逐渐渗透到我国基础教育、职业或成人教育，以及高等教育等各教育领域中。[1]

[1]　刘育东.我国项目学习研究：问题与趋势[J].苏州：苏州大学学报（哲学社会科学版），2010（4）.

## 二、实践探索阶段（2012年左右至今）

2012年开始，由访美学者梁国立教授牵头，组织美国部分学校与北京中关村第三小学、北京翠微小学、深圳南油小学、江苏海安市实验小学以及云南、河南、吉林等地的十几所国内名校，共同组建了小学教育国际联盟，专门开展项目学习的研究与实践，并邀请美国斯坦福大学项目学习的研究团队进行指导。小学教育国际联盟这一民间学术组织成立后，定期开展研讨活动。联盟内所有学校共同开展项目学习活动，斯坦福大学的项目学习课程专家团队多次到国内来讲学，越来越多的国内名校参与其中，项目学习的开展和实施在国内才算是正式开始。虽然项目学习引入国内时间短，但是发展速度却很快。不少学校逐步形成了一批质量较高的、基于校本的、实践性很强的项目学习课程。近几年，包括《人民教育》在内的各种教育期刊开始陆续刊登有关项目学习的文章，《教育》杂志更是开辟了《项目学习》专刊，这些都为项目学习在国内的开展和推进发挥了很好的促进作用，使得国内出现了一批不容忽视的项目学习研究团队，形成了一些本土化的项目学习研究成果，例如——

浙江金华师范附属小学的徐锦生校长认为，项目学习具备四大特点：

第一，项目学习是基于任务的学习，要做的不是类似传统教学中对知识进行记录、记忆，而是在一定的情境下，以解决一个任务为目的，采用各种手段、策略，独立或借助教师的支持，帮助学生自主寻求或自主建构学习。

第二，项目学习是自主学习，是对传统“被动学习”“机械学习”和“他主学习”的一种超越，是以激发学生内在动机为主的学习。

第三，项目学习是情境学习，是从发挥学生主体性的思路出发，以现代社会的课题为中心，综合各科知识进行运用的学习。

第四，项目学习是多元学习，表现为五个方面的改变：变过去“在听中学”的单一学习方式为“在做中学”“在尝试中学”“在体验中学”“在玩中学”等多种学习方式；变被动式学习为学生积极、主动的参与式学习；变接受式学习习惯为接受、探究相结合的学习习惯；变机械模仿式学习为创造性的、有意义的学习；变单一向书本知识学习为多渠道、立体性地获取知识的学习。

他还认为，项目学习与学科教学不存在非此即彼的关系，它是学科教学的有益补充而不是替代，可以很好地去除课程缺乏整合的弊端，两者相互促进，相得益彰。[1]

北京的中关村第四小学将项目学习的基本要素融入项目实施的环节，形成了个性化的项目实施路径：其一，项目构思与确立，重点关注课程标准与核心素养的要求，依据真实的问题；其二，项目进程的管理与推进，包括项目概述、导入事件、课程标准、21世纪技能、评价方式、结果呈现方式等；其三，项目学习的实施与评价，分为项目启动、项目进程、项目展示、项目反思四部分；其四，项目学习的总结与评估，教师以项目组为单位进行项目总结汇报，邀请大学同事、美国专家、学生家长共同参与讨论与反馈，借助评价量规对所有项目进行表现性评价，通过评价收集数据、收集建议，不断改进项目。[2]

## 三、理论建构阶段（2017年开始）

进入2017年以来，项目学习开始引起更多理论工作者的关注，一批学者在权威刊物密集发声，使得国内关于项目学习的研究更趋系统化、结构化。

北京师范大学的余瑶撰文梳理了项目学习的内涵特征、教学价值及教师角色定位。她觉得基于项目的学习有三点教学价值：

其一，提高学生的整体素质。项目学习能培养学生的合作技能、项目计划能力、制定决策与时间管理能力、社会交流技能和问题解决技能，调动学生的操作、体验、反思、合作等学习活动，具体包括增强学生的实践能力和发展学生的合作交流能力两个方面。

其二，有助于学生深入知识的内核。以项目为基础的教学，能培养学生的探究、合作能力，让学生懂得如何充分利用材料，理解知识的产生、发展过程，能够以恰当的标准评判知识的价值。这种教学方式首先有助于学生学科思维模式的形成，其次有利于学生在不同学科知识间建立联系。通过项目学习，学生既能深入理解各个学科的知识，形成学科思维模式，又能进行跨学科思考，把不同学科的知识联系起来，形成整体思维，真正理解知识的内涵，深入知识内核。

---

［1］ 徐锦生．项目学习：探索育人的新模式［J］．教师博览（科研版），2012（6）．
［2］ 许萍．项目学习，让学习真实发生［J］．中国教师，2016（19）．

其三，促进教育理论与实践的有效结合。基于项目的教学，从学生的社会环境和生活经验出发，通过驱动性任务或者实际问题引导学生深入现场，组织学习活动，小组成员相互分享各自的技能与优势，共同完成任务，在任务完成的过程中学生掌握了知识与技能。[1]

余瑶的文章中还重点论述了项目学习中的教师角色的定位问题，给研究者一个新的视角。她认为，在项目学习活动中，教师要扮演好以下角色：

首先，方向的把控者。教师要结合学生经验和学习兴趣，选择适宜的项目主题，制订项目提纲。主题的选择要来自真实的问题情境，具有一定的社会价值和教育价值，并能调动学生的积极性，促进学生思维的发展。项目提纲要有明确的目标，要用最简明的话语来描述目标，明确每一位参与者在项目中的角色。当小组成员在项目进展中走偏或者迷失方向时，教师要能给予及时的指导，保证项目的顺利开展。

其次，理性的分析者。教师不仅要对项目选题把好关，也要研究项目内容与学生所学课程的关系。要熟悉国家课程标准，分析每个项目设计框架是否合理。教师要协助学生设计出最佳的项目方案，协助学生筛选出有用的信息，保证信息的真实性。

再次，思想的先行者。项目学习活动要求教师不仅要熟悉所教学科的知识，也要了解与项目相关的其他学科的知识，预测项目活动中可能出现的问题。因此，教师要转变教学观念，学会转换立场和教学方法，积极融入项目活动中，学会释放自己的教学思想，与其他教师分享教育经验，积极探讨项目主题、项目框架等。

最后，鉴赏性评价理念的执行者。要以发现、鉴赏的眼光看待学生，不能以固定的评价框架评价所有学生，要发现每个学生的优点，结合学生的潜能进行评价。[2]

上海市教育科学研究院夏雪梅认为，项目化学习秉持的学习理念使学生的学习在经历和解决真实世界的问题中最容易发生。项目化学习翻转了布鲁姆的目标分类学，用高阶学习“包裹”低阶学习，不是自低到高逐步学习具体的内

---

[1] 余瑶．项目学习的特征及教学价值［J］．教师教育论坛，2017（10）．

[2] 同上．

容，而是从顶端开始翻转这一过程，让学生在强大的驱动性问题所产生的内动力中创造一个真实的产品。在完成作品的互动过程中，在与各种材料和文本的互动中，学生主动识记、理解为了完成这一产品所需要的知识。

夏雪梅将项目化学习按照所覆盖学科领域的范围，分为课堂内外的微项目化学习、学科的项目化学习、跨学科的项目化学习、超学科的项目化学习4种类型。但是，无论哪种类型的项目化学习，其关键都在于，是否让学生经历真正的学习实践，是否让他们有机会提出问题进行真正的思维碰撞，是否有相关的延伸性、批判性阅读和思考，是否能将自己不断修正后的想法呈现在最后的结果中。这种类型的项目化学习以关键的概念、能力作为载体，将对重要问题解决中的知识获取和学生灵活的心智习惯进行培育，如问题解决、创造性思维、批判性思维等结合起来，让学生经历智力上的挑战，让他们进行深度思考。

夏雪梅认为，项目化学习与“儿童应该进行怎样的学习、儿童如何学习”息息相关，高质量的项目化学习将带来心智与大脑的变化，其优势体现在三个方面：第一，项目化学习激活更多的大脑联系，产生更多的学习；第二，项目化学习促进儿童执行功能的发展；第三，项目化学习培养儿童在未来世界如何行动的心智习惯。在夏雪梅看来，项目化学习最重要的不是儿童记住了什么，也不是儿童懂得了什么，而是儿童发现自己有能力在未知的世界里去做些什么。[1]

北京师范大学郭华教授认为，项目学习既是课程形态又是教学策略。课程形态与教学策略在项目学习中是一个事物的两面，难以分离。以课程形态来看，它是基于学科课程的跨学科的活动课程；以教学策略（教学活动形态）来看，它主要是以完成作品（特定任务）为目标的学生自主的、探究的、制作的活动。也就是说，在动态的实践层面，项目学习既是课程形态又是教学形态（教学策略），课程形态与教学形态合二为一，或者说，如此的课程形态必有如此的教学形态，反之亦然。因此，可以这样来定位项目学习：项目学习是在系统学科知识学习的基础上，学生综合运用多学科学习成就进行自主学习的一

[1] 夏雪梅.项目化学习：连接儿童学习的当下与未来[J].人民教育，2017（23）.

种综合性、活动性的教育实践形态。这种教育实践形态不可能取代系统的学科教学，也不是可有可无，而是作为系统的学科教学的最重要的“对立面”，与它相互映照、相互支撑、相辅相成。[1]

十多年来，实践领域一直争论不休的一个话题就是，项目学习作为课程而言，究竟应该是学科课程的补充，还是应该作为一种新的课程形态来逐步取代传统的分科课程学习。郭华的上述观点对此作了正面的回应，完全不同于西方学者对于项目学习的理解，当然，也只能作为一家之言参考。

郭华在文中进一步阐述了与传统学科教学相比，项目学习的意义在于：

如果与学科内的问题解决学习相比，可以看出，项目学习更有弹性、路径更多，且充满不确定性。同样的任务，不同的团队组合、不同的切入点，都可能有不同的学习过程、不同的学习内容以及不同的学习体验。就内容而言，学习内容不再只是外在于学生的客观实在，也有学生在项目学习过程中生发出来的新内容；就过程而言，学习过程不是由教师设计的预想流程，而是学生在完成任务的过程中生成的现实过程，虽然终究只能经历某一过程，但学生知道有无限可能的路径和过程，知道选择、决策的重要性，知道需要承受选择的后果；就体验而言，学习体验不再是教案中要体验的那几项，而是随机、丰富又复杂的。

在情境更为真实的项目学习中，学生能够真正理解和感受现实的人、事、物及其关系，而不是接受几个“干巴巴”“硬邦邦”“冷冰冰”的抽象概念与判断语句。在这个意义上，外部的知识、材料，项目本身所蕴含的问题与方法，学生在完成项目的过程中的思考、行动，等等，都共同构成学生发展的内容、过程与方法。在这个意义上，可以说，项目学习是把社会创新实践提前到学生的学习阶段，是对未来社会实践的创新活动的模拟与雏形实验，弥补了传统学科课程教学远离真实社会生活的缺陷。

帮助学生由自然人向社会人过渡，培养学生成为未来社会实践的主人，成为未来社会的建设者和创造者，是学校教育的根本目的，项目学习则是自觉实现这一目的的重要途径之一。这是因为：项目学习将教学与社会实践有机融合

[1] 郭华.项目学习的教育学意义［J］.教育科学研究，2018（1）.

（而不是分离），从而将学习主体与社会实践主体合二为一，帮助学生实现由教育活动主体向社会实践主体的初步转化，成为社会历史实践的一员（而不是历史的旁观者），培养和发展学生的历史责任感和担当意识。可以说，项目学习将学习、实践、创造三体合一，在继承历史中创造未来，在创新中延续历史，在应用中创新，在创新中继承。[1]

在2017年《人民教育》第23期，刊发上文中提及的夏雪梅的研究文章时，加了这样的编者按："与传统的主题拓展课程、主题活动不同，项目化学习是一种深度的探究活动，旨在促进儿童执行功能的发展，促进儿童全身心的、合作性的问题解决及创造性与批判性思维的发展，为学生成为积极、主动、灵活的学习者奠基。在现实条件下，实践项目化学习面临诸多挑战与困难，需要实践者与研究者不断创造和探索。本刊将陆续刊发项目化学习系列文章，以期为学校教学提供可行的路径和方法。"[2]

《人民教育》以这样序列化的方式推出项目学习的理论文章，标志着国内的项目学习研究从一线学校、教师的实践探索研究开始向着理论建构的方向提升、发展，这也许将是项目学习在中国长足、健康发展的标志性事件，也是所有项目学习推进者的共同的福音。

---

[1] 郭华．项目学习的教育学意义［J］．教育科学研究，2018（1）．

[2] 钱丽欣．编者按［J］．人民教育，2017（23）．

# 第二章

# 项目学习的内涵、特征与意义

项目学习作为一种备受推崇的教学模式、学习模式，它的内涵是丰富而简明的，不少专家、学者在学术著作中纷纷给出了自己的定义，值得我们深入思考。崇尚个性化学习、提倡团队式学习、崇尚联系性学习、鼓励创造性学习等，这些既是项目学习的特征，或许也是开展项目学习的意义所在。

## 第一节　项目学习的内涵

究竟什么是项目学习？

项目学习全称为基于项目的学习（Project-based learning，简称为PBL），进入我国被译作项目学习，也有人称为项目化学习。对于项目学习的内涵，很多专家、学者在其学术著作中给出了自己的定义。

巴克教育研究所这样阐释项目学习：项目学习是学生通过完成与真实生活密切相关的项目进行学习，是一种充分选择和利用最优化的学习资源，在实践体验、内化吸收、探索创新中获得较为完整而具体的知识，形成专门的技能并获得发展的实践活动。[1]

汤姆·马卡姆则在他的《PBL项目学习（项目设计及辅导指南）》一书中提出：PBL可定义成一个使用各类探究性和挑战性问题来刺激学生掌握和改善各类技能的扩展学习过程。[2]

斯坦福大学的研究团队认为：顾名思义，项目学习是一种通过项目、任务或课题来帮助学习者学习的方式。这些项目是包含着富有挑战性的问题或议题的任务，需要学习者进行设计、问题解决、决策或参与探究活动；教师给予学习者较长时间的自主学习机会；最终学习者将创作出实际成果或是进行报告展示。

百度百科给出的阐释相对更详尽：项目学习就是一个特殊的将被完成的有限任务，它是在一定时间内，满足一系列特定目标的多项相关工作的学习掌握。项目学习对学生来说，是参与了一个长期的学习任务。这个任务要求他们扮演现实世界中的角色，通过工作，研究问题、得出结论，就像成人工作一样。学生接触各个学科领域，使他们更容易理解概念，明白不同学科是如何相互联系和相互支持的。

［1］　巴克教育研究所．项目学习教师指南［M］．北京：教育科学出版社，2008：4-6.

［2］　汤姆·马卡姆．PBL 项目学习（项目设计及辅导指南）［M］．北京：光明日报出版社，2015：1.

上述定义虽长短不一，表述方式不一，但是所表达的含义基本一致，大致包括以下几个内容：项目（问题）导入、自主学习、充分利用资源、淡化学科壁垒、拉长学习周期。因此，笔者也结合上述专家论述，尝试给出一个相对简洁的定义：项目学习就是以问题解决为目的，以自主建构式学习为方式，实现超越学科、分工合作、展示交流的周期性学习活动。[1]

毫无疑问，上述的5种定义都是将项目学习视为一种新型教学方式，作为对传统教学方式的革新。顾明远先生也大致支持这种判断。他认为，PBL就是一种有效教学的模式，或者与其说是一种教学方法、一种教育技术，不如说是一种教育理念。[2]

郭华教授认为，项目学习既是课程形态又是教学策略，在项目学习这里成为事物的两面，难以分离。[3]这种观点与上述的定义并不矛盾。项目学习进入中国的时候，首先呈现出来的应该是一种崭新的教学方式，打破了长久以来班级授课制下的课堂教学模式，即目标变了，时间变了，空间变了，学习方式变了，教学内容的组织形式也变了……一切都变了。当我们需要继续推进项目学习的时候，我们就会发现，与新的学习方式相伴相生的，必然是全新的课程形态。原有的分科课程资源及其体系根本无法适应全新的项目学习的需求，必须按照项目学习的要求重新开发和构建项目学习课程，在课程开发与建构的过程中需要努力尝试与国家课程标准相对接，确保完成课程标准规定的应该完成的教育教学目标，并以此作为新课程目标的底线。

---

［1］ 周振宇．项目学习，让学习自然生长［J］．人民教育，2016（11）．

［2］ 汤姆·马卡姆．PBL项目学习（项目设计及辅导指南）［M］．北京：光明日报出版社，2015：1．

［3］ 郭华．项目学习的教育学意义［J］．教育科学研究，2018（1）．

## 第二节　项目学习的特征

几乎每个项目学习的研究者都会概括项目学习的特征，例如：

余瑶认为，项目学习以建构主义学习理论为基础，具有5大特征：项目学习内容与学生生活联系紧密；注重不同类型知识的整合；强调学习的实证性；鼓励团体协作，发挥学习共同体的作用；认真评估每一位学生。[1]

徐锦生指出，项目学习是一种以学习者为中心的学习模式，具备4大特点：项目学习是基于任务的学习；项目学习是自主学习；项目学习是情境学习；项目学习是多元学习。[2]

如此等等，不一而足，皆有道理。我认为，作为一种新兴的学习方式，项目学习最令人眼前一亮的主要有4个方面的特点：

### 一、崇尚个性化学习

一直以来，我们的教学都以班级授课制下的课堂为主，一位教师带着几十个学生，在规定的时间（一般为40分钟）、规定的地点（教室）完成规定的教学任务（教师手册上都有详细的规定）。为了保证知识传授的高效，在课堂上还会设置不少常用的规则，例如坐的时候要背部挺直，上身距离桌边一拳，两腿分开同肩宽，左手在上、右手在下平放桌上，眼睛平视前方，发言要举手，等等。当学生稍越雷池半步时，一定会受到教师的提醒或批评。在教学难度和教学进度的把握上，我们常常采取底线原则，即保证基础最不好的学生能基本听懂，基本学会。在教学方法的选择上，大多数是先讲后练，即教师先讲清基本内容、基本方法、基本原理，然后学生尝试运用这些知识解题，并通过反复练习加以巩固。这样的教学方式在我们过往的教学中沿袭甚久。

在项目学习中，上述的一切都变得更灵活，更尊重学生个体个性化的喜好和选择。

---

[1]　余瑶．项目学习的特征及教学价值［J］．教师教育论坛（科研版），2017（10）．
[2]　徐锦生．项目学习：探索育人的新模式［J］．教师博览（科研版），2012（6）．

首先，在时间上，项目学习不再以一课时为单位来进行教学目标达成的测评，改成了以一周甚至一月、一学期为单位的长周期学习，因而学生对于一个问题或知识点的学习可以根据个性化的需要进行相应调整，而不再是由教师整体把握和确定教学进度。当学生对某一具体问题觉得困难时，可以自主拉长学习时间；反之，某些问题或知识学生可能早已熟知，则可以自行跳过。

其次，项目学习可以包容学生个体学习起点的不同，包容学生接受能力和学习进度的不同。学生不用再像以往课堂上一样，因为跟不上群体的学习进度而着急、自卑甚至放弃，或者因为教师讲授的内容早已经熟练掌握而显得无所事事。当学生觉得自己某个方面有欠缺，可能会对后续的合作或学习造成障碍时，可以先通过各种方式做好准备；当学生对学习内容早已熟练掌握时，则可以在团队中承担更多的任务，完成额外的贡献值。

再次，项目学习还可以包容学生学习方式的不同。学生不一定再被强制坐在教室里的硬板凳上挺直腰杆，保持姿势了；相反，可以选择幽静的图书馆，可以坐在家里客厅柔软的沙发上，甚至可以靠在床头、坐在森林里来完成学习任务。学生获得知识的方式也不再是单一的听从教师讲解了，有的喜欢看书，有的喜欢讨论，有的喜欢教师指导，还有的喜欢慢慢琢磨。没关系，在项目学习中都可以尊重学生这些个性化的选择并让学生获得满足。

## 二、提倡团队式学习

与传统教学中，以班级整体为授课单位，以学生个体为考核对象不同，在项目学习活动中，当项目（问题）发布以后，都是以团队的形式来认领并完成项目任务，在考核时也是以团队的形式来评价任务的完成情况。

团队的成员一般为4～6人，同一团队内部常常表现出较强的异质性，即队友之间保持相当大的差异性。这种差异性首先是特长方面的差异性，即团队内部成员各有所长，分工不同，这样既便于合作完成较为复杂的学习任务，又利于形成相互之间取长补短、共同提高的良性局面。差异性还表现在个性方面，一个团队内部应该尽可能包括各种不同个性的人，活泼的与安静的、外向型的与内向型的、待人友善的与自我中心的，甚至乐于助人的与有些自私的，不排除少数成员性格方面需要加强、改进，甚至有性格缺陷。因为项目学习本来就是未来生活的预演，我们需要把学生未来生活中可能遇到的各种问题都引入到项目学习中来。学生只有在一个团队中性格各异的人群之间能够进行合作，形成化学反应，才说明他们的协作、沟通能力得到了加强。当然，团队中个体之间的差异性还表现在个体能力水平的差异，项目学习期望不同学习起点的个体能够整合在同一个团队中，并且每一个人都能在原有的基础上获得发展、提高，而不是优秀的越来越优秀，落后的却变得更落后，形成两极分化，这需要团队关注到每一个人的发展。

传统教学中也常常鼓励团队式学习，且有两种常用为说法，即小组合作学习和学习共同体。但是，在传统课堂教学中，因为一堂课的时间有限，课堂的教学目标难度不高、跨度不大，教师提出来的问题常常是学生稍作思考即能作答的，很少有需要团队协作解决的问题。因此，传统课堂当中的小组合作学习常常成为了走过场的伪合作，大家凑到一起匆匆聊两句，然后各自作答，既没有合作的必要，也没有起到合作应有的效果。即使偶尔遇到一两个确实具有挑战性的难题，需要通过合作学习来完成，也常常因为时间的限制而使得学生的合作浅尝辄止，被教师为了完成预定的课堂目标而匆匆打断。

项目学习因为项目往往比较宏大，即使分解为若干问题，也会具有相当的难度，不借助团队的力量，依靠单兵作战很难完成。有时即使是团队作战，在研究问题的过程当中依然可能陷入僵局，难以前行，这时他们往往还要求助于外援，例如网络、书籍，甚至寻找、吸纳新的成员加入团队。这些新的成员可以是其他团队的学生，也可能是相关领域的专家，还可能是家长、教师，等等。当团队成员间的意见不一致时，彼此之间需要充分陈述自己的观点，试图说服他人，每一个团队成员也都必须学会倾听别人的意见，再做出综合的判断，最终形成统一的意见和方向，制订切实可行的方案。当然，有时候争论不休，还需要搁置争议，继续研究，用时间和研究的进度来判断彼此之间观点的合理性。

有时候彼此之间的观点并无对错之分。例如，设计一件作品，从审美的角度来看，用甲种材料可能效果更好，但是，从成本控制的角度来看，甲种材料可能成本过高，乙种材料也能达到效果，而且更经济、实惠。遇到类似这样的工程问题，团队内部不同的项目组之间还需要相互妥协，兼顾各方面的因素，选择综合效果最好的方案。上述这些情况合起来，使得团队合作的过程变得错综复杂，协同、互补、争论、妥协都将成为团队工作的常态。这正是项目学习所鼓励和倡导的团队式学习方式，也是真实社会中的工作团队所面临的常态的真实场景。

## 三、崇尚联系性学习

班级授课制下的课堂教学将知识刻意地按照学科分门别类，在每一学科中再按照课堂教学的思路进行切块，直到把知识分解成一个一个大小近似的小模块，然后逐一教学，各个击破。当然，也不能说分科教学就是切割的、没有联系的教学。但是，分科教学中联系更多的是在学科内部知识学习的螺旋式上升原则，即后学的知识建立在已学知识的基础上，久而久之形成学科内部相对扎实的知识体系，但是学科之间却少有联系。因而，很多人经历长期的分科学习之后，常常有这样的感受：每一门课都已经学得很优秀了，但是在面临需要解决的实际问题时，却显得茫然无措，一方面，没有清晰的思路去解决问题，另一方面，脑海中留存了大量的知识却无法迅速且准确地调用。

项目学习以项目为起点，这个作为起点的项目往往是宏大的，也是综合化的，用传统视角来衡量的话，常常会涉及多个学科，即使在一个学科内部，也会涉及学科内部的多个领域，这就需要在学习过程中淡化甚至抛弃学科思维，转而从解决问题的角度来考虑。因此，项目学习不再进行这样人为的、强制的学科划分。相反，它更强调把个体认知基础中的一个个散点化、碎片化的知识点联系起来、联结起来以解决实际问题，在解决问题的实际情境中获得并生长、建构知识，这是项目学习的一个显著特征——联系性学习。

联系性学习强调学科内的联系、跨学科的联系以及与生活和世界的联系。

学科内部，不同领域间的联系更理直气壮，完全基于解决问题的需要。例如，解决一个问题既需要用到图形的有关知识，又需要购买材料用到元、角、分等单位的换算，这两者就可以在同一个项目问题下协同学习、协同工作，而不必估计教学计划中的学习进度——今天这节课学习的是图形问题，元、角、分的单位换算是另一个年级、另一个单元的内容，将来再学。

跨学科的联系在项目学习中更是常态，例如，设计一款产品，产品当中蕴含的科学原理会涉及科学学科，包装会涉及尺寸、用料、美感，包括了数学、美术、劳动技术等学科，制作产品说明书更多要运用到语文表达方面的能力。这些不同学科的不同知识彼此之间本来可能毫无关联，就因为一个项目而串联在一起，需要综合考虑，共同作用，这是项目学习带来的新变化，也是在现行模式下不可能发生的教学境况。

相比前两者，与生活和世界的联系更值得关注。分科教学模式中更强调知识的学习，但对于如何组建团队、如何与人沟通、如何制订研究计划并对方案进行管理、如何合理运用社会资源等诸多看不见的能力的培养，却忽视了。完成一个项目，解决实际问题，光有知识，没有上述能力是万万不行的。团队成员间的及时分享、交流有助于建立各类现象、知识间的勾连。团队成员能够共同面对大量的、繁杂的信息，熟练有效地联接起来，恰恰是学生素养的核心。因此，以项目导入，从项目开始到项目完成，始终让这些能力要求与传统教学优势的知识要求融为一体，共同起作用，更利于学生核心素养的形成，也更利于学生摆脱“高分低能”的长久诟病。

## 四、鼓励创造性学习

所谓创造，是指将两个以上概念或事物按一定方式联系起来，以达到某种目的，或想出新的方法，或创建新的理论，或创出新的成绩和东西。它是建立在自己创新的基础上来制造新事物。对个体，特别是对学生而言，创造也许不必如此，只要在知识或物体之间找到某种联系，产生新想法，做出新作品，哪怕这样的想法和作品在别人看来毫无意义，谈不上任何社会价值，但是对于个体本身而言是新的，是突破性的，那么这样的创造就具有了个体价值，就值得肯定。

现在的分科学习提倡先学习再创造，即让学生先积累较为扎实而系统的基础知识，然后再尝试创造。但学生往往学了很多知识以后反而创造不出来了，因为他们的思维被模式化了，过于追求过程的严密性，压制了创造性思维的生发。项目学习让学生直面问题情境，解决问题时可能遇到哪些困难？用到哪些知识？如何才能克服困难，解决问题？这所有的一切在学生接触项目之前都是未知的，带有太多的不确定性。而这种不确定性恰恰给学生的思维留下了更大的空间和余地，需要他们开动脑筋，需要他们搜肠刮肚地寻找办法，他们需要带着问题求教、学习或者反复实验，这所有的一切都带有创造性，他们解决问题的过程就是创造的过程，他们在创造中发展，用创造的学习方式解决创造的问题，在做中学，在研中学，在行中学。

## 第三节　项目学习的意义

开展和实施项目学习对于学生的成长具有重要的意义，具体说来，表现在以下三个方面：

### 一、真实而复杂的学习情境让知识的习得成为意义化的建构

在传统教学中，常常把一个教学内容的主题分解成若干便于课堂教学的小板块，小步快走，逐一完成。项目学习则完全相反，采用的是大步慢走的策略。项目学习一般都从项目的发布开始，这个项目当中蕴含的要么是综合化的、具有相当的复杂性和挑战性的大问题，要么是直指本质的核心问题。

例如，项目学习“高空抛鸡蛋”。项目要求把一个生鸡蛋从四楼抛下，满足如下条件：鸡蛋不能摔碎；要落在指定的区域；保护装置尽可能美观；保护装置价格尽可能低廉；每组只提供两个生鸡蛋作为实验材料，其中一个用于最终的作品实验。这样一个项目属于具有复杂性和挑战性的综合化大问题，既需要兼顾减震、准确性等科学问题，还要考虑包装设计等美学问题，又要考虑造价低廉的工程问题，还因为鸡蛋个数少，需要考虑替代物品用于模拟实验。这么多的因素需要学生综合考虑，通盘取舍，所以要有一个行之有效的整体实施方案。

在项目学习的视域中，通过项目让问题所有的复杂性和挑战性都呈现出来，学生直面真实而复杂的问题情境，需要通盘考虑问题的各个方面，自己制订完成项目的规划方案，并且分解成若干需要解决的二级子问题。这样的过程，知识不再是单纯的知识，而是基于学习情境的意义化的建构，是学生建立知识之间的及时联系、把各种散点化的知识碎片按照项目要求进行有意义的结构化重组的过程，这样的过程恰恰是传统教学中最为缺少的。

### 二、科学而自由的学习时空让学生经历更优质的学习过程

与传统课堂相比，项目学习中学习过程的优质体现在两个方面。

首先，从学习状态的角度看，学习者变得更有安全感，更乐于表达与倾听，更愿意参与到团队中。在项目学习过程中，完成相对复杂的综合性项目需要解决许多纵横交错、跨学科，甚至跨学段的问题，教学的时空因而需要更加科学和自由的选择权，这样的选择权应该属于项目完成过程中的学生团队，或者教师根据学生团队的学习状况而进行适时的调整，不再是教师在实施教学前的事先设定。在项目学习过程中，学生的学习活动不再被精确设计到每一分钟，所有学生不再在教师的带动下“气喘吁吁”地往前赶。学生的学习周期由一节课拉长到一周甚至一个月，具体的长度根据学习的实际状况来决定。这种时空支配的适度宽松与自由，有助于他们在学习过程中获得安全感。“学生在这样的课堂上敢于说出自己的不懂，勇于提出关于学习的各种问题，不会担心因为学习中有问题或提问的层次比较低而受到否定与嘲笑。”[1]只有当他们在学习过程中解除了诸多顾虑、放松下来后，才能够进行长时段的讨论，并在讨论中尽可能多地表达对任务的理解、提出建设性的建议，说出遇到的困难，也才会乐于倾听别人对于问题的看法，彼此的思维也才有可能形成深层次的互补、融合、碰撞、取舍，真正有价值有意义的观念就在这种深度的讨论中缓慢地生长与形成，并在不断的自我否定与修正中多次迭代的。

其次，从学习品质的角度看，项目学习比传统教学更侧重高维度的学习。马扎诺的学习维度框架将学习品质由低到高分为5个维度：态度与感受、获取与整合知识、扩展与精炼知识、有意义地运用知识、良好的思维习惯。[2]传统教学中的学习水平主要停留在获取与整合知识的维度上，项目学习中的学习水平则主要体现在有意义地运用知识和良好的思维习惯两个维度。在项目学习过程中，特别注重学生问题解决、创见、决策、实验、调研和系统分析等能力和习惯的培养，这些在马扎诺的学习维度框架当中都属于高品质的学习维度，也恰恰是传统教学中极为缺少的，而且项目学习指向高维度学习并不意味着放弃低维度学习；相反，在项目学习中是用高维度的学习来统领和指引低维度的学习，获取与整合知识成为解决问题的一种内在需要。

[1] 夏雪梅.项目化学习设计：学习素养视角下的国际与本土实践[M].北京：教育科学出版社，2018：1.
[2] 马兰，盛群力.“学习维度论”要览[J].上海教育科研，2004(9).

## 三、开放而多样的作品呈现让真正的学习素养自然生长

在项目学习进行到最后阶段时，和传统教学一样需要对学习的效果进行评估。传统教学中的评估一般是通过作业来体现，对作业的评价大都停留在对与错的二元选择。项目学习则不然，最终的评价关键看学习团队呈现的作品以及在创作作品的过程中所呈现出来的状态、观念、意识、贡献值等多个方面。这些作品常常没有对错之分，既是独一无二的，也是各美其美的。

所谓素养，就是在不同情境中创造性地解决问题的能力。上述两种评价指向的背后显现出对于教学价值追求的不同理解，显然，项目学习更指向于学生学习素养的生长。这种判断基于两点理由：首先，项目学习的成果评价摆脱了传统课堂上针对个体的零和竞争机制，鼓励呈现集思广益的团队作品，因而引导学生通过团队互助弥补个体知识体系的不足与盲点，通过融洽的团队关系催生出更多鲜活的观点与建设性的意见，形成一加一大于二的协作效果，这样的导向有助于学生形成社会性互动的意识与能力。其次，项目学习中的成果是学生团队根据复杂项目综合运用各种知识形成的创见，这样的成果是学生调动所有知识、能力、品质等条件创造性地解决问题的成果，蕴含着学生对核心知识与学习历程的深刻理解，也是他们在人类真实世界中面对新的情境与问题时能迁移用得上的知识的结晶，而不是仅仅拘泥于某一个学科领域中的虚假僵化的知识技能。

# 第三章

# 项目学习的实施步骤

和国内传统的课堂教学方式相比，项目学习大为不同。一个项目应该是一个持续较长一段时间的创造行为，参与者常常不仅是学生，还包括教师、家长、社区成员、相关领域的专家，等等。所有的参与者必须在一段时间中通过一些步骤组织他们的活动，并且投入于项目的积极生产与创造中。为了达到这样的目标，常常不再划分学科、不再计较课时，甚至需要打破班级重新组建学习团队。

项目学习的过程常常包括问题导入、协作推进、成果展示三个阶段。

## 第一节　以问题为导入

在传统的学习方式中也常常以问题为驱动，问题常常是知识领域内的具体问题。课堂是以知识的脉络体系为线索，教师循序渐进地进行讲解，学生通过不断地学习与训练实现知识的积累。项目学习的驱动问题有别于传统学科教学中的问题。在项目学习中，它一般不是单一学科领域内的、知识性的、可以直接得出答案的具体问题，而是需要长时间进行思考和探索的大问题。学生根据项目学习的大问题开展讨论，在讨论中把问题逐步发散、渐渐具体化，提出一个一个可供研究的小问题。教师在讨论过程中需要随时关注，哪一个问题还没有具体化到可以研究的程度，就需要适时介入，追问学生，引发思考。如果有一些问题完全超出了学生的最近发展区，无法解决，则需要及时删除。

例如，怎样造一座既美观实用又节能环保的大房子？这需要从材料、结构、美学、生活常识、能源使用、能量消耗甚至交通、成本核算等诸多领域去综合考虑。我们围绕这样一个大问题引导学生开展讨论，学生可能会提出各种各样需要解决的问题，首先是第一层面的问题：建在哪里？建多大？可以花多少钱？有哪些基本要求？然后，在建房屋的基本要求这一问题下，可以生发出第二层面的问题：如何做到更美观？如何节能环保？房屋内部需要有哪些功能？如何分区才能使分区功能更实用？在充分讨论上述问题后可能会进入第三个层面的问题：怎样画房屋的效果图？怎样画施工设计图？如何借助这些图来阐明自己的设计意图，说服同伴？

再比如，“桥”的项目学习。学生了解桥吗？多多少少都会有一些了解，但是这个了解的程度差别就大了。我们项目里的桥既可以包括物理的桥，还可以包括“心灵之桥”，同样也会涉及语文、数学、音乐、美术、科学等诸多学科，以及社会交往、合作能力等能力领域。海安市实验小学曾经连续多年在五年级开展“桥”的项目研究，提出的第一个问题都是：关于桥，你们最想研究的是什么？学生小组讨论以后可能会提出各种设想，例如研究桥的种类，研究某一座具体的桥，研究人类造桥的历史发展过程，等等。学习小组确定了具体的研究方向后，组织者需要和他们一起继续追问，例如：选择研究一座具体的桥，就会产生第二波新的问题：研究这座桥的哪些方面？学生会提出可以研究桥的长度、高度，桥的外形、力学结构，桥的交通车流量，桥的历史、传说，等等。接下来，每一个方面又会产生第三波问题，例如：我们可以通过什么方式来知道桥的长度？是通过查资料获得还是实际测量呢？实际测量的时候用什么工具为宜呢？需要几个人参与呢？测量时需要注意些什么呢？如此等等。

又比如，2015年的元旦，我们尝试在全校开展了3天的“新年狂欢节”项目学习活动，学生不按课表上课，打破班级、打破课时，尽情体验元旦的文化元素与新年气氛。这样一个近5000名师生、家长参与的项目学习活动，表面看起来是让学生一起热闹一下、放松一下身心，其实背后源于组织者思考的一个大问题：在外来文化势不可当的当下，我们的学生了解中国传统的节日文化吗？中国传统节日文化的背景由来、具体方式、现实意义分别是什么？这不是一个孤立的大问题。在推进过程中，学习者通过不断思考，提出了许多新的问题：中外节日文化的差异有哪些？是什么导致了这些差异？我国的传统节日有哪些？各有哪些习俗？这些习俗的由来是什么？在这样一个多民族的国家，各地区各民族的节日习俗有什么不同？形成差异的原因是什么？对这些习俗，我们的接受程度如何？学习者在提出和解决这一个个小问题的过程中，认识会深化，理解会深入。

设计者希望通过这样一个活动引起学生对中国传统文化的关注，加深学生的民族文化认同，吸收传统文化的精髓。对当下的学生来说，这个问题是宏大的，但却是迫切需要的。因为，如今太多学生的眼里只有万圣节，心里装的都是圣诞节，外来文化的浸润呈势不可当之势。那些“60后”“70后”心里念念不忘的贴春联、猜灯谜、扭秧歌、放鞭炮、吃元宵、蒸馒头等传统的节日文化元素在现在的学生心中淡若烟尘。元旦是一个中西方文化都认可的特殊节日，在这样一个辞旧迎新的日子里策划学生喜闻乐见的学习活动，引导他们关注中国传统的“年”文化，爱上传承千年的“中国年”，是一个颇具教育智慧的“大问题”。只有在内心解决了这样一个“大问题”，增强了他们对于民族文化的认同感和发自内心的自豪感，“中国梦”前景才会更加光明。

从上述这些例子中可以看出，项目学习的问题都是由一个个大问题开始，逐步分解、层层推进，最终形成一个“倒树形”的结构化问题链的。学习者就是在这样不断提出和解决一个个小问题的过程中使自己的认识得到深化，理解变得深刻。

需要说明的是，在进行项目学习的设计时，最初的项目确定，也就是项目开始的大问题是由学校或老师来确定的，这个项目（问题）的水平取决于组织者的教育视野以及对于学生年龄特点、学习水平层次的把握能力。例如，感觉到了西方文化的冲击，我们设计了中国传统文化的研究项目“元旦狂欢节”，以期引导学生的文化价值回归；我们还设计了“帽子节”活动，从世界各地的帽子中来挖掘不同民族、地域的服饰文化；发现学生的家乡观念淡薄，我们设计了“舌尖上的海安”项目学习；我们还挖掘了南通是“全国四大风筝产地之一”这一特色，设计了“风筝”项目学习……确定了这些题材之后，我们需要对项目的可能难度做一个评估，然后确定在哪个年级实施。如果需要在全校实施，则需要根据学生的年龄特点，针对不同年级提出不同的要求，制订不同的评价量表。

但是，对于项目学习开展以后会涉及哪些学科领域，每个领域中会涉及哪些知识点，能锻炼和培养学生哪些方面的能力，某一个具体的问题学生最终能研究到什么样的深度，这些因素在学习活动开始之前组织者可以有所期待，却绝不应该事先设定。学生会往哪里走，能走多远，必须在大家充分讨论以后，组织者根据大家讨论的情况进行整理，然后编制导引文件分发，作为学习小组的行动参考。在项目推进的过程中，组织者还需要根据实际情况对导引文件随时做修改调整，删除一些无法完成或不太适切的要求，加入一些学生讨论后产生的新想法。

例如，根据学生讨论的结果，海安市实验小学的教师为“研究飞行物”项目学习中选择“制作一个飞行物介绍”的学习小组制作了这样的导引文件。

### 介绍飞行物学习导引文件

蒲公英、柳絮、飞虫、鸟儿、风筝、孔明灯、热气球、飞艇、飞机、导弹、火箭、飞碟、超人、蝙蝠侠、飞毯、“天空之城”、天使、星星、云彩、雨滴、雪花、焰火、风中的塑料袋、梦、思想……

哪些是飞行物，大自然中的动植物，人类创造出来的实物？抑或人们的臆想猜测？这就要看你对飞行物的界定是什么！

一种对学习者了解飞行物很有帮助的方式，就是提供可以下载的介绍飞行物的资料。

这将是你要做的一个项目：制作一个飞行物的介绍，这个介绍必须是电子版的，使其他人能够通过网络下载或访问。

你所选择的飞行物可以是动物、植物，也可以是其他东西。该介绍需要体现该飞行物的特点，但可根据研究需求，确定是否制作或展示实物及模型。

你将与小组的其他成员一起做这个项目。介绍应该包括飞行物的以下信息：

（1）飞行物样子的描述。

（2）飞行物出现的时机。

（3）你掌握的飞行物的飞行速度。

（4）与飞行物相关的其他具体数据。

（5）与飞行物相关的一种其他事物。

除了以上所列，你还可以加入其他你认为有趣的或对学习者有用的信息。

在介绍中，至少包含3位小组成员的讲述，每个讲述突出以上某一点信息。

最终成果必须包括图片和视频，也可以有文字或旁白配音。

请准备好在下周一上午与小组其他成员一起展示你们的完成项目。

期待你们的创意！

## 第二节　以协作来推进

项目的推进既是基于问题的，也是协作共生的。当今世界，人们面临的问题情境愈发多元化、复杂化，靠“单兵作战”解决问题的方式已经不适应时代的发展，复杂的问题常常需用团队的方式来解决。工厂、车间、部门、科室、研究所、项目部、家庭等等，都是现实生活中大大小小的团队，团队内部目标一致，既彼此协作又各有分工。因而从小培养学生的团队意识和异质共生能力，自然成了时代对学校教育的深情呼唤。在项目学习中，因为项目的复杂多元，学生也常常需要以团队形式来应对复杂的问题，这样才能在团队内部共同建立他们对于项目的理解。这样的团队可以打破座位的限制，甚至可以展开跨班级的合作。在问题逐步深入、难度比较大的时候，团队成员就不再仅仅局限于学生，家长、教师乃至相关专家都有可能参与进来。根据学习进程的需要，团队可以随时调整和增补学习团队的成员，主动邀请教师、家长、社区志愿者、有关专家等加入学习进程中的某一个问题模块，共同解决问题。问题解决后，这些临时成员也随时可能离开团队，一切服从于学习的需要。

在项目推进过程中，项目导引文件是指引学习进程的重要依据。4~6人组成的学习小组需要时刻关注教师根据第一阶段大家的讨论意见制作的导引文件，明确自己的研究目标和方向，及时通过声音、视频、图片、文字等方式记录小组研究的过程性资料和阶段性成果，同时记录研究过程中的收获、经验和发现的新问题，在阶段集中交流研讨时提出来，以便调整后面研究的方向，修正项目导引文件。

当然，很多问题不是一上来就需要学习小组内部展开协作的。在项目学习活动中，开展团队合作学习之前，围绕核心问题或本源问题，应该留出时间和空间，让学生先独立思考或利用教师提供的材料进行自主探究，尝试形成解决问题的办法。在充分尝试之后，或者尝试陷入困境之中时，再开展团队协作与交流活动，尝试提炼学习过程中的思考，发现、反思、改良尝试过程中存在的问题，逐步建构概念。在团队交流过程中，相互取长补短，资源共享，形成对问题的新的认识，最后在班级展示，力争各个合作团队之间形成共赢的局面。

需要重点说明的是，在传统课堂上组织讨论交流时，教师往往习惯于在每位学生发言后立即给出肯定或否定的评价，然后再请下一位学生发言。教师的强势介入导致后面发言的学生再也不敢针对前面学生的发言提出自己的意见，思维始终徘徊在浅层次，不可能产生彼此的碰撞和磨合。在基于项目的学习中，教师必须完全杜绝这种做法，应该在学生发言之后发出类似于“其他同学怎么看”“他的发言中最关键的是什么”“大家觉得有什么需要质疑吗”这样的问话，引发其他学生进一步思考，激发学生思维的碰撞与生长。只有当交流环节全部结束的时候，教师才可以对刚才整个交流中个人的表现给予评价。这样的教学，不再以教师预设的程序为主线，改为以学生自主学习的进程为轴，学生的学习能走到哪里，教师就跟着他们一起到哪里。在学生的自主探究过程中，教师基本处于隐身的状态，密切关注学生的学习状况，只在关键处介入。[1]必须注意的是，尝试与交流的顺序不能颠倒，先交流后尝试，一方面容易让处于强势地位的学生形成话语霸权，另一方面则使部分学生产生依赖思想。反之，在充分独立思考与尝试的基础上再开展交流，既能提高交流的话语质量，又益于团队成员之间的关系平衡。

在项目推进阶段，教师和学生还应该警惕急功近利的思想。在实际运作过程中发现，有的教师在第一阶段确定好研究的问题后，就自行规划好成果展示的方案，迫不及待地进行任务分解，要求学生按照自己理想中的成果展示模式进行准备。这种简单、粗暴的处理方式把原本应该由学生自由讨论、确定研究方向、经历研究历程的自主生长式学习过程扼杀了，变成了一种另类的节目排演，这是典型的“捡了芝麻，丢了西瓜”。学生也不能忽视这个问题，很多学生更喜欢通过百度等方式查阅资料来直接获得研究问题的答案，不愿意通过亲身的实践和体验来获得第一手资料。这些情况都是项目学习的组织者在实施过程中应该重点关注和及时指导的。

因为项目学习中学习项目的复杂性，所以不要指望通过一个轮次的尝试与交流就解决所有问题。一个问题的解决，往往需要经历尝试、交流，再尝试、

---

[1] 周振宇．“尝试—交流”教学方式：以学习为中心——基于科学课堂的研究［J］．教育研究与评论（综合版），2016（3）：58.

再交流的多次反复、多次修正，甚至是“推倒”重来。

达克沃斯的例子是最好的证明。她曾带着一群小学教师组成的团队，开展探究密度的主题学习。对于这样一个初中物理的学习内容，原本以为应该可以非常顺利地完成。但是，达克沃斯和她的团队前后经历了8周的学习历程，每周集中1次，每次3个小时。他们在漫长的探究过程中，不断经历迷茫、尝试、交流、修正，再迷茫、再尝试、再交流的过程。当学习进程结束的时候，一位成员这样写道：“起初我有一些想法，这些想法来自于我的个人经验和中学物理课。我必须承认，这些想法并没有改变，更确切地说它们是精确化了，并得到了强化。由于在这门课上的研究结果，这些想法变得更加真实。随着课的进行，我越来越确信这种现象……产生于一系列相互关联的因素，把一些因素隔离开来而不纳入其他因素几乎不可能。我们的物理学家——参观者也使我确信了这一点。回过头来思考我做过的每件事，我注意到自己观察了很多东西，但是我没有觉得自己理解了沉浮现象的本质。”

在我们看来，一个初中生用一个小时就可以学完的内容，现在用一个成年人的团队共同来重新研究，并经历了长时间的学习，最终小组成员还是觉得自己没有理解沉浮现象的本质，这就是把抽象化了的知识重新回归到复杂的实际情境中时所带来的复杂性，也是项目学习方式中深度学习的魅力所在。

在理念层面，这种项目学习过程中的协作学习很好理解。但是，具体到实际操作过程中，由于组织难度大、教师理念滞后等原因，往往会出现各种偏差，并不容易实现预期的目标。

还是以海安市实验小学全校4000名学生共同参与的“新年狂欢节”项目学习为例。在活动中，这种同伴之间的协作，甚至不同角色之间的协作随处可见。比如，如何在校园内营造学生喜欢的节日气氛呢？学校项目运作的团队反复讨论，并且在学生中间进行了调研，最终确定了布置方案。然后是各个部门近百人的分头物资准备、布置到位，这些都发生在短短的两三天内。校长和副校长们居然都穿上了喜羊羊、懒羊羊等动画形象的服饰，三天中大部分时间分别待在不同的项目组，参与到了学生的项目学习中。再比如，研究国宝大熊猫的活动，需要组建学生的学习小组，每个组的成员要分工去调查大熊猫的生活习性，观察大熊猫的外形特点，目前大熊猫的分布情况，等等，这需要采取网络查询、调查走访、观看视频等多种手段。最终小组成员要进行研讨交流，做好信息的交换、互补、完善，有些小组取得了老师、家长甚至动物学家的现场、网络在线支持，最终形成一份相对完整的研究报告。这些都实现了跨年龄、跨领域、跨地界的协作，拓宽了学生的思路，增强了合作意识和能力，也体现了面对复杂问题时团队协作的重要性。

但是，受制于参与人数过多、规模过大、组织难度极高等因素，组织者对整个活动进程进行了一些机械的分解。从严格按照项目学习的要求来看，“新年狂欢节”活动中的协作学习还有许多值得改进的地方。

首先，部分活动项目的主题不够聚焦。例如大熊猫的研究与中国传统节日文化体验这一大的主题之间联系不够紧密，导致各个活动间的板块特征非常明显，相互兼容不够，学习者难以形成一个相对稳定的协作团队来参与所有的活动，所有的活动只能浅尝辄止。

其次，学习协作团队的组建更多还是来自于教师的统一安排和指派，不是由学习者根据学习进程的需要自发组建的，这也有悖于项目学习的宗旨。试想，当我们在生活、工作中遇到大的课题或挑战的时候，其实不都是按照实际情境的需要，自主选择协作伙伴，共同解决面临的问题的吗？

## 第三节　以展示来结尾

项目学习究竟学多久可以结束？这受到多种因素的制约。

首先，由学习者的状态来决定。项目学习以学习者为中心，强调学生的学习能走到哪一步，教师就应该跟随他们到哪一步；学生的学习需要什么，教师就努力为他们提供什么。一切都为了推动学习的进程向前发展。但是，学生的认知水平毕竟有一个边界，即使依靠团队的力量可以使这个边界得到一定程度的延伸，他们也有力尽之时，就是项目学习应该收尾之时。

其次，学期的时间安排也是重要的因素。项目学习的时间周期有一定的弹性，但是终究要受制于学期整体的时间安排。学习团队根据自己的兴趣和投入程度可能会在指定的学习时间之外挤出时间用于开展项目学习，以弥补学习时间的不足。但是，学期规划中整体的时间安排却不适宜做出过分的改动。

最后，还有一种情况，就是项目学习的临时搁置。项目学习中的项目往往需要分解成若干个问题模块，学习小组分头去解决这些问题模块，并使之共同起作用，最后才能顺利完成项目。但是，项目设计的时候，很难把握好项目当中各个模块之间难度的大致均衡。这样项目在推进的过程中可能出现两种情况：第一，在某一个模块当中，遇到的困难难度过大，靠学习者当前的知识和能力水平完全无法解决问题。这时候，教师应该果断提供该模块的解决方案，将其排除到学习者应该解决的问题模块之外，作为已知条件出现，以保障整个项目学习进程的推进。第二，同样是在某一个模块遇到学习困难，这样的困难依靠学习者的力量暂时无法解决，但是，在可以预见的时间内将不再是困难和问题，这时候，可以选择将项目学习暂时搁置，详细记录下研究进程以及主要收获、主要困难，等到条件成熟时再次启动项目，使之延续下去。

项目学习的周期接近尾声时一般以展示的方式作为活动的结束，展示的对象可以是其他小组的学习伙伴，也可以包括家长、社会人士等学校以外的人员。在展示活动中，可以是各个团队分别布置展台、分别进行展示，所有的观众可以在各个展台之间自由选择参观的对象，并通过一定的方式给出适当评价。还有一种方式，就是所有观众在场馆内就座，各个学习团队轮流登台展示，观众们根据展示情况给出自己的评价。展示的内容既包括经过团队学习产生的项目学习成果，也包括团队成员学习过程的展示，还包括每个成员在团队学习中做出的贡献值，等等。展示的方式因项目活动的内容而异，由项目组织者和学习者讨论商定，一般是由全体团队成员对学习产生的作品进行说明与展示，这个作品既可能是一个具体的物件，也可能是一段文字、一首歌曲、一个结论等等。学习小组的研究过程是否积极投入、每个成员能否在学习过程中产生精彩的观念和重要贡献、研究成果是否真实可信有创意、是否得到大家的认可，是衡量项目学习效果的重要标志。

2014年在重庆举行的“桥”项目学习国际交流会上，参会的各学校都选择了自己的学习团队到大会进行展示交流。大会给每一个协作学习团队提供了适当的时间和空间。时间是半天；空间要么是一间教室，要么是一个平台或走道。各个团队按照大会指定的空间进行布展，把自己团队的问题与困惑、学习历程、主要成果等进行现场展示，团队的成员向自由走动的来访者进行讲演和游说，使其被展示所吸引、所折服，并投出自己的赞成票。这样的展示成果是专题化、序列化的，展示活动本身既是团队再次协作的过程，又是增进相互了解的过程，更是再次反思、提升的过程。

海安市实验小学每届五年级的全体学生也开展“桥”项目学习。有一年，“桥”项目学习在成果展示时，恰逢全县教育工作会议在学校召开，来自全县的近200名校长和老师们观摩了学生的学习成果。我们在学校的主干道两侧搭起近百个展位，学生按照学习小组进行布展。他们展示“桥”的书法、绘画作品，集体吟诵小组创作的“桥”的诗歌，弹唱“桥”的歌曲，合作摆出各种“桥”的造型，用各种材料做出了“桥”的模型，拍出了关于“桥”的微电影。他们还用电脑制作了自己关于“桥”的研究成果的PPT，并现场向来宾进行讲述，还拉着来宾一起玩关于“桥”的互动游戏……方式五花八门。每个展位的进口处都有一个评价板，活动组给所有来宾每人发20张点赞卡，来宾一圈走下来后，会把点赞卡贴到自己认为最好的20个展位评价板上。通过这样的成果展示方式，学生和来宾玩得都很开心，来宾的一张张点赞卡就是对学生学习成果的最好肯定。

在海安市实验小学的“新年狂欢节”项目学习过程中，这样的展示活动并没有到项目学习结束的时候统一举行，而是在学习过程中穿插进行了多次。在猜谜环节，每个班级在学生反复浏览谜语后，统一安排时间进行了有奖竞猜活动，由此展现了研究程度的差异；学校专门安排了一个时间段，让学生统一写春联，并且把自己写的春联统一贴到指定的位置进行展示；每个班级都在内部进行了大熊猫项目研究的展示交流活动；最后半天的狂欢会，所有学生都戴上了自己亲手制作的面具，互相赠送了自己亲手制作的新年祝福贺卡……

当然，项目学习还需要对每一个参与者的表现做出精细化的评价，斯坦福大学的专家团队把这种评价叫作基于表现的评价（PA）。这个评价不是到学习结束时才通知学习者的，而是会被组织者设计成一份评价量表，在项目学习开始时就随导引文件下发给每位学习者，着重考查学生在学习过程中的参与程度、在团队中的贡献程度、有没有独特的精彩观点和重要的研究成果等。每个指标中都会明确告诉学习者什么是不恰当的，应该避免什么情况，什么是小组学习应该达到的基本要求，什么是可以获得加分的特别优秀表现。学习者带着量表开始学习，学习过程中根据量表的要求调整自己的研究态度和努力方向，最终评价结果结合自评、组内他评和成果展示的情况综合确定。

表3-1为飞行物项目学习中随同导引文件发下的评价量表。

表3-1　“研究飞行物”项目：介绍飞行物评价量表

| | 需要避免的错误或行为 | 基本要求 | 优秀水平 |
| --- | --- | --- | --- |
| 研究与介绍设计 | • 发布的飞行物介绍缺少基本要求中的一条或多条信息<br>• 只用了网上的图片，没有自己采集图片<br>• 介绍的层次不够清楚<br>• 没用基于自己实验的数据，完全引用他人现成资料<br>• 引用的资料没有标注出处 | 发布的飞行物介绍应包括：<br>• 关于飞行物外表的详细信息<br>• 飞行物出现的时间<br>• 跟飞行物有关的部分数据<br>• 数据收集和测算需尽可能基于小组的实验<br>• 由小组成员所制作或收集的图像资料（至少占三分之一）<br>• 对所有的资料来源的适当标注（参考文献） | 除了满足基本要求的标准，发布的飞行物介绍还应包括以下至少两项内容：<br>• 从飞行物研究上可以看到的有意思的地方<br>• 通过采访相关专家所获得的信息<br>• 对学习小组的实验过程有详细的资料留存<br>• 介绍中能涉及对飞行物飞行原理的研究<br>• 除此之外，还有与众不同的研究视角 |

（续表）

| | 需要避免的错误或行为 | 基本要求 | 优秀水平 |
|---|---|---|---|
| 交流 | • 发布的飞行物介绍不完整<br>• 很难在移动设备上获取或阅读<br>• 没有平衡图片和文字的比例<br>• 文字或旁白部分有干扰性错误<br>• 文字或旁白部分内容冗长或含糊不清 | 发布的飞行物介绍：<br>• 可以通过移动设备获得<br>• 使用方便<br>• 通过不同形式呈现信息，如文字、图片、地图等<br>• 文字或旁白内容清晰、简洁，没有错误<br>• 给有需要的图片配上说明 | 除了满足基本要求的标准，发布的飞行物介绍的交互界面需要：<br>• 有趣<br>• 吸引眼球<br>• 文字或旁白引人入胜<br>• 创意地交互使用不同形式的表达（文字、图片、地图等） |
| 协作 | 你的小组：<br>• 没有为所有成员创造分享想法的机会<br>• 没有公平地分配工作<br>• 没能充分利用委派任务的机会 | 你的小组：<br>• 倾听并尊重每个人的观点<br>• 相对公平地分配工作<br>• 根据成员各自的强项委派任务 | 你的小组：<br>• 整个过程中保持富有成效的合作关系<br>• 在合适的情况下，考虑到每个人的需求<br>• 团队协作所创造的成果远远超过任何个人所创造的成果 |
| 项目管理 | 你的小组：<br>• 由于精力分散或低效而浪费了宝贵的时间<br>• 在开始时没有花时间去计划方案<br>• 错失了修订计划的良机 | 你的小组：<br>• 一直在完成任务或大体工作上有效率<br>• 在项目开始时制订了计划<br>• 在截止时间前已经有了可以分享的成果 | 你的小组：<br>• 掌控整个小组进展<br>• 每当必要时，进行项目计划的修订<br>• 预留了一定时间用于修改最终成果 |

# 第四章

# 项目学习的挑战与策略

项目学习顺应了社会发展、教育发展的潮流，正在国内迅速成长、开花并结果。但是，随着实践程度的加深，人们对于项目学习理念本土化以后的走向也有了多样化的理解。它究竟是一门课程还是一种教学理念？究竟是独立于传统的分科教学之外，还是要与传统课堂融为一体？它在中国的发展前景会一帆风顺还是会半路夭折，甚至改弦易辙？这些都值得我们细细思量。

基于一所基层学校的视角来看，当下的项目学习发展是挑战与机遇并存，理论层面的争论日趋激烈，实践层面的样态日益多样。

# 第一节　项目学习面临的挑战

## 一、从国家层面看，发展项目学习的促进机制尚未形成

首先，在小学阶段，目前的课程设置尚不具备充分开展项目学习的时间和空间。上文提及，在国外，项目学习是与分科课程相对应的一种综合化的课程实施方式，是用项目学习这一综合化的学习方式来逐步取代语文、数学、科学、艺术等各类分科课程，将原来应该在分科课程当中达成的各类教育教学目标融入到项目学习中来，通过项目学习这一综合化的课程完成原来应该由分科课程达成的目标。简单地说，开展项目学习占用的是分科学习的时间。但是，在国内，意见并不一致。例如，郭华教授就做出了一个判断：项目学习是学校教育不可或缺的组成部分，但是所占份额不多，这种教育实践形态不可能取代系统的学科教学，它是基于学科又超越学科的，能够帮助学生理解不同学科的独特价值以及学科间的相互联系，也能够实现学科教学难以实现的帮助学生关注当下社会生活、融入社会生活的任务。[1]

可能不少人和郭华教授有着同样的理解，因此，项目学习自从进入我国开始就没有惊动传统的学科课程，而是走了一条有些特别的路——在我国的国家课程设置中有一门课叫综合实践活动课，其强调了“综合”“实践”“活动”等字眼，与项目学习的理念有颇多相似之处，因此项目学习自然就归入到了综合实践活动课的范畴当中去了。可是，我们来看看国内课程计划中的综合实践活动课时设置比例：一、二年级不开设，三、四、五、六年级综合实践活动课程和地方课程、校本课程合起来每周4课时。现在各个省都设置了自己的地方课程，学校本身也开发实施了丰富多彩的校本课程，这样一来，留给综合实践活动课程的时间本就堪忧，综合实践活动课程当中再划出来给项目学习的时间又能有多少呢？

再来看看开展一个项目学习到底要多少时间呢？熟悉项目学习的人都知

［1］　郭华.项目学习的教育学意义［J］.教育科学研究，2018（1）.

道，项目学习强调充分发挥学生的主体性，让学习自然生长，他们的学习和研究能走到哪里，我们就该陪着他们走到哪里。因此，一次项目学习活动的周期往往是数以周计甚至数以月计的。面对国家课程设置当中可能留给学生和教师开展项目学习的那一点点空间和时间，这几乎成了一个不可能完成的任务。

目前的考试评价机制依然按照分科教学的模式运作。考试最终是按照各学科的教材为基础来命题的，侧重点仍然放在基础知识、基本技能的训练与考查，对于通过项目学习获得的合作能力、沟通能力、策划执行能力、取舍决断能力等高级学习力缺乏考量的机制，客观上限制了项目学习的良性发展。

目前的职评制度客观上束缚了教师开展项目学习研究的积极性。目前，中国的职评制度是鼓励教师专业发展的最大原动力，因为晋升职称是工资收入上涨的最主要途径。但是现有的职评制度特别强调学科性，在本该淡化学科界限的小学也是如此，要评语文的职称必须有语文的公开课、赛课证书，发表语文的学科论文，其他学科也不例外，这叫作专业对口。虽然也有专门的综合实践活动学科职称评审，但是因为国内几乎没有专门的综合实践活动课程专职教师，所以综合实践活动课都是由语文、数学和其他学科教师兼任的。毫无疑问，这些兼职教师更在意原来学科的专业发展，心不在这里，智慧自然也就不在这里，这客观上造成了教师普遍缺乏参与热情，反而易将其作为自己的额外负担，产生一定的逆反心理。

## 二、从学校层面看，项目学习对学校的管理和组织能力是巨大的挑战

即使一所学校充分认识到了项目学习的好处，管理者们达成了想要大力发展项目学习活动的共识，他们在管理和组织方面也会面临许多的压力和挑战。

首先，因为国家课程占据了学生在校时间的绝大部分，还要安排其他不得不安排的地方课程和校本课程，留给项目学习的时间和空间微乎其微。校长们不得不为了这一点时间和空间绞尽脑汁。

第一种方式，每周的4节课中2节用于地方课程，1节用于校本课程，还剩1节课可以用来开展项目学习，这显然太少，所以不得不把每周的这1节课合并起来使用。每周1节课，一学期就有18～20节课，把这18节课放到一个星期里面来，就意味着这个星期每天下午的3节课都可以全部用来开展项目学习，

这样勉强可以保证每学期开展一次时间相对充裕的项目学习活动了。但是随之而来的就是，这种安排打乱了原本的课表安排，给日常的教学管理带来麻烦。

第二种方式，合并和规整课程。管理者们为了开展项目学习活动，咬咬牙，尝试把原来的校本课程乃至地方课程的内容和项目学习的内容进行一些规整和重组，合并到一起并成一门新的大课程。这样一来，时间宽裕多了，每周用于项目学习的时间可能达到三四节。但“副产品”就是，原来地方与校本课程的一些内容与项目学习内容兼容度极低，合并起来不伦不类，滑稽可笑。

其次，项目学习因为其开放性和生成性，在实施过程中，常常需要打破原有的班级建制，实行重新编组；有时需要走到户外，甚至走向社会；有时需要及时添置、提供学习过程中需要用到的各种器具、材料。如此一来，组织者将面临三大问题：常规、安全、经费。因为班级被打乱，原来学校管理中按照班级、按照课时进行责任切块包干落实到教师头上的做法将难以为继。因为需要走到户外、走到校外，安全方面的考虑成为管理者的第一要务。

再次，从学校层面来推动项目学习的过程中，各个班甚至各个年级可能会在规定的时间统一行动。在这个学科思维占据上风的大环境之下，究竟由哪位教师来执行班级的项目学习规划呢？语文教师抑或是数学教师？似乎都不妥当。单独完成项目学习的教学任务，增加了额外的工作量且不说，一个单科老师也不足以指导学生项目学习活动中丰富的跨学科内容。如果改成由几位教师按照学科切块，你方唱罢我登场，那么又有新的问题产生：一是人为把跨学科的知识联系与整合重新切割开来，又回到了学科教学的藩篱之中，改变了项目学习的性质与初衷；二是因为每个年级配备的音乐、体育、美术、信息技术、科学等教师人数少，甚至一些农村学校还没有配备这些学科的专业老师，教师们为了教学需要就必须在各个班级之间往来穿梭，半天下来疲惫不堪，难以为继。

## 三、从教师层面看，项目学习对教师的专业素质提出了极高的要求

项目学习是基于学生的生长需要的，因此一定是以学生为中心的。“对于项目学习开展以后会涉及哪些学科领域，每个领域中会涉及哪些知识点，会锻

炼和培养到学生哪些方面的能力，某一个具体的问题学生最终会研究到什么样的深度，这些因素在学习活动开始之前组织者可以有所期待，却绝不应该是组织者事先设定的。学生会往哪里走，能走多远，必须在大家充分讨论以后，组织者根据大家讨论的情况进行整理，然后编制导引文件分发作为学习小组的行动参考。”[1]这意味着教师不再是一个“教者”的角色，如果仍然延续现在的教学方式，脑子里整天思考着“教什么”“怎么教”的问题，将不能很好地胜任项目学习参与教师的角色。

项目学习需要的教师是不再专注于某一门学科教学的全科教师；是不再根据固定的课本备课然后一成不变执行教案的教师；是能根据学情随时调整活动目标的教师；是能把项目学习的项目与学科教学中的课程目标完美衔接、分段实施的教师；是能跳出学科的狭窄视野，站在解决实际问题的角度思考学习进程的教师；是既能坚持让所有学生在项目学习中达到学习目标底线，又能让不同的学生得到不同的、个性化的发展的教师……无疑，项目学习的实施对教师的个人素质提出了极高的要求和严峻的考验。目前，我国的小学教师队伍一方面是思想上还没有能从“以教为主”的教学方式转向“以学生为中心”的教学方向，另一方面也还没有做好成为全科教师的机制准备与个人思想准备，不具备这种项目学习对参与教师提出的能力素质要求。因此，当我们要求他们放弃自己坚守多年的教学套路，参与其间、改变自我的时候，他们会有本能的排斥和恐惧。

[1] 周振宇.项目学习，让学习自然生长[J].人民教育，2016(11).

## 第二节　项目学习的三种发展路径

正因为从教育行政的角度没有明确的行动指引，所以关于项目学习的研究，理论工作者们着重于关注项目学习是什么、项目学习好不好等研究领域，一线的学校则是按照西方的项目学习理论与案例，结合中国教育的实际情况和学校自己的办学条件，因地制宜，因校施策，按照自己个性化的理解，进行着创造性的项目学习实践，呈现出多样态的趋势。

### 一、开发实施适合不同学段的项目学习课程

现行教材因编排体系所限，很多并不适合开展长周期、有深度的项目学习。而现实情境的项目学习一定是跨学科的，所以部分学校尝试在各个年级建构能部分覆盖各科课程标准的基于项目的综合学习，部分取代学科分科教学。

例如，在江苏省海安市实验小学，学校承担了江苏省的基础教育前瞻性改革实验项目，项目的名称叫“基于共生思想的项目学习实践探索”，是将项目学习的实践研究与学校一以贯之的共生教育理念结合起来，创出了自己的行走路线。项目组认为，项目学习相对于传统分科教学具有两大明显优势：

1. 更大程度发挥学生学习的主体性，培养学生主动学习的意识和习惯

项目学习在一定程度上是由学习者主导的，至少不是全部由教师主导或照本宣科的。项目学习不会以一个设定好的结果而结束，也不会采取一个已经决定好的方式进行。比起传统的教法和项目，它需要学习者更多的自主性、选择和自主学习时间。

项目学习的开展由一个大的社会或生活问题入手，引导学生深入思考、组建团队，共同确定研究的方案，然后让学习者参与建构性的调查研究。学习者调查研究的方式可以是多种多样的，如设计、决策、问题发现，问题解决或模型建构，但是其核心活动需要让学习者经历知识的建构或转化（新的理解、新的技能），而不是仅仅通过已有知识或技能来解决。

### 2. 更大程度引导学生面对真实问题情境，促进学习者核心素养的形成

纵观国际教育发展的趋势，教育的目的指向学生核心素养的培养。什么是核心素养呢？辛涛教授认为，学生的核心素养是关于学生知识、技能、情感态度价值观等多方面能力的要求，是个体适应未来社会、促进终身学习、实现全面发展的基本保障。郝京华教授在一次报告中形象地指出，核心素养就是“全部的教育影响都忘了以后在一个人身上剩下的东西”。

跟传统的教学模式相比，项目学习是一个长期的、系统的、综合化的学习活动，它打破了课堂、班级的边界，让一群志同道合的人结合在一起，各自发挥自己的潜能，为了共同的目标而努力。在这个过程中，所有参与者的人际交往能力、团队合作能力、彼此的尊重与包容、社会参与意识、环境意识、语言能力、信息素养、问题解决能力、创新精神等核心素养的关键指标都能融入其中。而且因为与传统的分科课程、限时课堂相比，项目学习的方式更贴近学生的生活实际、更接近科学研究的真实情境，学生在参与项目学习过程中形成和积累的核心素养不是人为训练出来的，而是自主建构生长出来的，在学生长大以后，面对更真实的生活和研究情境的时候，更容易被唤醒，更容易参与到研究中去。这些，对学生的成长具有不可估量的价值。[1]

在此基础上，海安市实验小学以学期为单位，发动全校教师一起参与开发主题项目学习案例，逐步形成了以“童年的记忆”为主题，每个学期实施一个项目学习案例，按照小学阶段12个学期要经历12个不同主题的项目这样的开发思路，将内容分解成“我的学校”“我的童年”“我的生活”“我的家乡”“我的仪式”“我与自然”六大板块，如表4-1所示。

表4-1 “童年的记忆”主题项目学习案例

| 年级 | 内容 | 范围 | 年级 | 内容 | 范围 |
|---|---|---|---|---|---|
| 一年级（上） | 我是小小共生娃 | 我的学校 | 一年级（下） | 我和春天的约会 | 我与自然 |
| 二年级（上） | 走进美丽的童话世界 | 我的童年 | 二年级（下） | 风筝的世界 | 我的家乡 |

［1］ 周振宇．海安县实验小学主题项目学习课程实施纲要［J］．教育，2017（52）．

（续表）

| 年级 | 内容 | 范围 | 年级 | 内容 | 范围 |
|---|---|---|---|---|---|
| 三年级（上） | 美丽的水果拼盘 | 我的生活 | 三年级（下） | 走过十岁 | 我的仪式 |
| 四年级（上） | 多彩的帽子 | 我的生活 | 四年级（下） | 印象端午 | 我的仪式 |
| 五年级（上） | 舌尖上的海安 | 我的家乡 | 五年级（下） | 桥 | 我与自然 |
| 六年级（上） | 追忆七彩童年 | 我的童年 | 六年级（下） | 感恩母校 | 我的学校 |

在此基础上，项目组不断按照上述六大板块继续开发新的案例，以供各个年级在实施的过程中选择。目前，这些案例已经积累了20多个，将在本书的第二部分展示。同时，学校每年还设立项目学习周。这一周，每个年级的学生都不按平时的课表上课，不上学科课程，不做传统的书面作业，而是围绕某一主题从“理解与表达”“探究与创造”“艺术与欣赏”“品德与社会”“运动与健康”五大领域进行项目学习与展示，创造学生“学习的狂欢”。

上海市徐汇区康健外国语实验小学经过近5年的探索，创造出了“4+1”课程：

> 学校以每周4天学科课程和1天综合主题项目活动为构架，在确保用4天时间完成国家学科课程教学的前提下，用1天的系列主题项目活动，促进学生在解决实际问题的探索实践过程中，综合运用学科的知识、技能，全面发展综合素养。
>
> “4+1”课程设置了基于探究和体验的课程模块，为培养学生解决问题的综合能力和促进学生的社会性发展提供了丰富的经历体验和时空保证。在结构上，“4+1”课程组成了简明、清晰的课程框架。基于国家课程标准，结合两种课程优势，把丰富的思考转化成简单易行的操作模式，便于教学安排和课程管理。在内容上，开发和创建了综合主题活动系统。其中，“1”的课程设计系统连贯，围绕“自我认识”等6个主题，形成了与年龄特征匹配的30个螺旋上升、依次递进的单元和360多个项目供师生

使用、再造和创生，避免了活动课程的随意性和盲目性。在实施路径上，形成了有显著探究特征的步骤，以儿童探索为中心的教与学的方法成为课堂主要样态，“调查世界”“辨识观点”“采取行动”“交流想法”的探究模型螺旋循环出现，鼓励学生不断创新。在教师专业发展上，提升了教师驾驭两种不同课程模式的综合能力，带动了学科教学嬗变。[1]

## 二、相近学科的项目化整合

近年来，全国各地的教改实践中也出现了许多有意义的尝试，他们不以项目学习来命名，但事实上将部分学科进行了整合，通过一定的问题驱动来引导学生进行跨界学习、深度学习、基于问题的学习，在某种程度上，和项目学习的追求形成了异曲同工、殊途同归的效果。

STEM教育属于其中比较有影响力的一种，并写入了部分学科的课程标准，得到了官方认可，正在从探索阶段走向实践阶段。这一判断有两层含义：

其一，从STEM教育在国内发展的趋势来看，在《义务教育小学科学课程标准（2017年版）》中指出：“倡导跨学科学习方式。科学、技术、工程与数学，即STEM，是一种以项目学习、问题解决为导向的课程组织方式，它将科学、技术、工程、数学有机地融为一体，有利于学生创新能力的培养。”[2]虽然，在国内，对于STEM教育的认识各不相同，不同学科的教师也都在开展相关的研究，但是总体而言，我们所见到的STEM教育实践还是起到了促进大家教育认识的深化与转变，促进学生的学习向深度发展的作用。

其二，从科学教育的发展趋势来看，自本轮课改以来，小学科学领域强调以探究为核心，让学生“像科学家一样”去研究科学，是对传统知识灌输型教法的一种纠偏，本身没有错。但是，当今社会的发展既需要我们不断去探索和发现科学规律，还需要我们迅速把科学发现转化为可以实现的生产力，这就像一个国家既需要科学院还需要工程院一样。因此，过于强调科学探究而忽视实践运用是不对的，新一轮的课标修订更强调科学探究与科学实践的有机结合

[1] 张悦颖，夏雪梅．跨学科的项目化学习："4+1"课程实践手册[M]．北京：教育科学出版社，2018.

[2] 中华人民共和国教育部．义务教育小学科学课程标准[M]．北京：北京师范大学出版社，2017：6.

与循环迭代，STEM教育因为注重工程技术领域的融合而成为这种改变的强烈需要。

例如，笔者工作室的成员们曾经开发了一个STEM教育案例，题目叫“爆破摩天大楼”。[1]案例中，贯穿始终的项目是用规定的材料搭建一座高楼并实施爆破，具体表述为：第一，在15厘米×15厘米的搭建区域内，用50根5厘米×8厘米的长方形木条，搭建一座不低于60厘米高的“大楼”。第二，用一根棉线拴住大楼的某根木条，拉动棉线使大楼倒塌，实现爆破。无论搭建大楼还是爆破大楼，无论是用文字表述效果还是需要实际操作的探究过程，都是学生感兴趣的、充满期待的、急于尝试的。在学生分组合作学习的过程当中，科学、技术、工程、数学各个方面的因素是随着项目的呈现一下子铺呈开来的，学生要高质量地完成项目就必须要考虑建筑物的重心、高度、爆破引线的设置点、最终作品的数字化上传、爆破积分的统计等诸多因素，还必须面对建筑物占地与高度之间的矛盾，这些问题把STEM糅为一体、难舍难分，学生的能力、水平随着项目的难度提升而水涨船高。

达克沃斯说过：“如果知识领域对学习者是可获得的，它们必须以其全部复杂性呈现出来。当我们过于简化了课程，我们就消除了学习者与之建立联系的具体方面。”[2]STEM教育让这种复杂性更多呈现，并与之匹配地留出更多的学习时间，得以让真正的合作学习成为可能。在“爆破摩天大楼”一课中，这种高质量的合作体现得更为充分：整个第二课时，学生围绕任务，尝试、交流，再尝试、再交流，每一个学生都能充分发表自己的意见，并且能把大家的意见进行整理、融合，在尝试过程中发现问题再进行修正，思维在多次迭代中走向深入。

在基于项目的STEM教育过程中，最后呈现的不再是基于正确答案的作业，而是多样化的、富有创造性的作品，答案不再是唯一的，作品都是独一无二的。我们从作品的整体效果中来寻找它们的亮点与不足，是最精彩之处，也是工程设计当中的正常思维：没有最好，只有更好，产品在从1.0、2.0到3.0的

[1] 沈丽，李亚萍.爆破摩天大楼［J］.教育研究与评论（课堂观察），2019（3）.

[2] 爱莉诺·达克沃斯.“多多益善”——倾听学习者解释［M］.张华，仲建维，宋时春，译.北京：高等教育出版社，2004：170.

多次迭代中逐步升级，不断走向完美，却永远没有尽头。“爆破摩天大楼”中各小组最后的作品造型各异、高低不同，在“爆破”之后却又效果迥异，最美的未必是最高的，最高的却又未必是最成功的，各美其美，却又各有瑕疵。

从上述案例可以看出，给学生相对宽松的时间，让他们面临具体而复杂的问题情境，通过高质量的合作和交流来共同完成任务。而这样完成任务的过程不再局限于某一个学科，更不拘泥于某一个具体的知识点，学生要想高质量完成任务，必须考虑大楼的重心、高度，爆破引线的设置点，作品的数字化呈现，积分的统计等多个学科领域的问题，以提升学生综合运用知识解决问题的能力。

## 三、传统学科课程的项目化实施

当前，在国家课程体系当中分科学习的前提并没有改变，所有课程计划与设置、课堂教学评价、教学效果评估等仍然指向师生分学科按照严谨的知识体系进行课堂教学。在不改变这种大的前提条件的背景之下，尝试将现有的国家课程按照学科进行项目化实施，也是改革者们乐于尝试的一条重要路径。

一是以项目学习的思想改变日常的课堂教学方式，课堂的结构不再是师生问答式的线性推进，而是围绕主题展开的微型项目学习模块的串联。在每个学习模块中，不再是知识的传递与接收，而是学生的项目学习活动，教师努力从学习目标、核心问题、教学素材与情境、学习单、教学要点等学习的要素出发进行优化设计，让基于项目学习思想的“活动规划”引领教师学会思考课堂。与此同时，改变课堂评价标准，从考量知识的传授到关注学生的表现。

二是从现有的分科课程入手，尝试以项目切入，以问题解决为目标来重组知识结构的编排，形成越来越多的各学科项目化学习的案例资源，最终通过量的积累来逐步达成学科课程的项目化实施。

如在道德与法治等课程中，引入项目学习的理念之后，学生可以有更多的道德冲突与情感体验机会，内心的道德意志会慢慢生长起来，形成的道德认识也就会更牢固，道德行为也才能变成一种由内而外的自然绽放。例如，海安市实验小学姚国艳老师在教六年级“公民意味着什么”这一内容时，为了让学生更多地了解中国这些年取得的伟大成就，产生身为中国公民的一种由衷的自豪感，在第三课时的教学中就发布了如下的课前项目学习任务：

## “中国成就”项目学习单

班级：__________ 小组名称：__________ 组员：__________

同学们，作为中国公民，你了解中国吗？你知道她已经取得了哪些令世人瞩目、令我们骄傲的成就吗？这将是我们要进行的“中国成就”的项目学习研究。

请你和小组成员一起查阅资料，对比中国近百年的发展，有哪些变化和成就令你体会到作为中国公民的自豪呢？这些成就的背后有哪些代表人物？请从军事、科技、体育、经济、文化、政治、外交等领域进行研究。

你们可以选择其中一项做专项研究，也可以选择多项进行研究；你们可以查阅图书、借助网络、采访查证……还可以寻找翔实的数据、代表性的人物、形象的图片、有冲击力的新闻等资料来增强说服力。每人至少收集5条，然后进行小组交流、筛选、汇总，最终每组精选3条进行汇报。为了便于在班级中进行成果交流和展示，请用便利贴的方式进行汇报内容的梳理。

研究要求：研究过程中做好分工；搜集的材料真实、准确、有说服力；遇到问题学会合作解决。

汇报要求：汇报内容能准确地表达“中国成就”，不重复其他组的。汇报时声音响亮、表达清晰，能通过汇报表达出“中国成就”的伟大。

我们的分工：

______________________________

______________________________

我们的研究内容：

______________________________

______________________________

我们这样做：

______________________________

______________________________

课堂上，学习小组先把研究成果做了简要汇报，听众用掌声进行评价。然后，各组把研究成果的便利贴贴到黑板上的大学习单上，便于学生课后分享。

在语文、英语等学科的项目学习中，我们尝试改变目前一篇课文一篇课文进行分解教学的方式，以文体、内容主题、生活情境等建构项目学习，让学生在语文学习中围绕特定任务，通过自主阅读、言语活动实践，真正将知识内化为能力，并在情境的体验中凝结为素养。

例如，徐薇老师设计的“我家的‘传家宝’”小学语文项目学习，着眼于使儿童在语文学科领域的学习方式产生实质性变化，关注语文学科内部的跨界与融通。项目学习的实施过程以儿童的“思”为核心，以“听、说、读、写”为抓手，始终根植于儿童的言语发展。

一、用真实任务整合语文学科知识（略）

二、明晰任务，整体设计

提出“我家的‘传家宝’”项目，确定本学期开展第一阶段的研究，即寻找“物质形态”的“传家宝”；下学期开展第二阶段的研究，探寻“精神层面”的“传家宝”。

“我家的‘传家宝’”项目学习导引文件节选：

一只历史悠久的茶杯？一个做工精致的银项圈？一本纸页泛黄的古书？……你家的“传家宝”是什么呢？就看你对“传家宝”的界定是什么！

本学期，我们将开展“我家的‘传家宝’”第一阶段的项目学习，就是寻找“物质形态”的“我家的‘传家宝’”，并为它撰写解说词。

……

你将与你的小组成员一起做这一项目，成果介绍包括以下信息：

① “传家宝”的图片。

② “传家宝”的解说词。

③ 有关班级成员家中“传家宝”的调查报告。

④ 为班级成员家中的“传家宝”编一本展示册。

⑤ 创作与“传家宝”有关的诗歌、故事。

⑥ 编一个与“传家宝”有关的小话剧并进行表演。

除了以上所列，你还可以加入其他你认为有趣的或对学习者有用的信

息。（①②为必选项；③—⑥任选两项完成）

**三、依据任务，分解过程**

根据项目导引文件，本学期，“我家的‘传家宝’”第一阶段的研究又分为这样几个过程：

① 发出“征集令”，向爷爷奶奶、爸爸妈妈了解家中有哪些老物件，评选自己家的“传家宝”。

② 在班级中开展“传家宝”的小调查，形成调查报告。

③ 为“我家的‘传家宝’”拍照，并撰写一份解说词。

④ 开展成果汇报会，以多种形式展示小组研究成果。

这四个过程，每一个过程都巧妙地体现了与语文相关的核心知识或能力。比如：过程①，“征集令”属于创意写作的范畴；了解家中的老物件，评选自己家的“传家宝”，涉及口语交际“问询”；评选时既是小小讨论会，也是即兴演讲。过程②的核心知识是“调查小报告”。过程③的核心知识是物件“解说词”。过程④的核心知识与能力包括诗歌的创作、故事的编写、根据解说词现场解说，甚至还包括通过设计展示册、表演小话剧、制作小视频的形式展示本组的学习成果。这整个过程中，语文学科知识点、能力点的学习贯穿始终，并充分体现了儿童语文思维力的调控与发展。

学习过程及内容如图4-1所示。

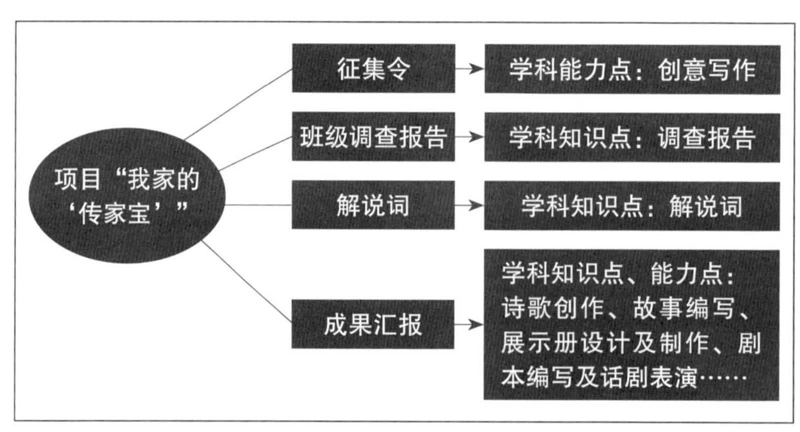


图4-1　项目“我家的‘传家宝’”

四、开展实践，不断修正

在各小组开展项目学习的过程中，教师可以从语文核心知识或核心能力的角度来观照学生的实践过程，但不必过多干涉；只有当学生需要帮助时，可以给予适当的点拨。各小组对照表4-2的评价量表，不断修正自己的实践活动，以期达到更好的学习效果。

表4-2 “我家的‘传家宝’”解说词评价量表

| | 需要避免的错误或行为 | 基本要求 | 优秀水平 |
|---|---|---|---|
| 解说词的撰写 | • 没能介绍出物件的基本特点<br>• 语句不够通顺<br>• 介绍的层次不够清楚 | • 能按解说词的要求介绍<br>• 能基本抓住物件的特点进行介绍<br>• 语句通顺，有条理 | 除了满足基本要求的标准，还应包括以下至少两项内容：<br>• 解说词语言准确，吸引人<br>• 所介绍的物件的特点鲜明<br>• 语言还有一定的文学性<br>• 有与众不同的研究视角 |
| 使用效果 | • 出现知识性错误 | • 图片和解说词整体设计合理 | 除了满足基本要求的标准，还需要：<br>• 有趣<br>• 引人入胜 |
| 协作 | 你的小组：<br>• 没有为所有成员创造分享想法的机会<br>• 没有公平地分配工作<br>• 没能充分利用委派任务的机会 | 你的小组：<br>• 倾听并尊重每个人的观点<br>• 相对公平地分配工作<br>• 根据成员各自的强项委派任务 | 你的小组：<br>• 整个过程中保持富有成效的合作关系<br>• 在合适的情况下，考虑到每个人的需求<br>• 团队协作所创造的成果远远超过任何个人所创造的成果 |
| 项目管理 | 你的小组：<br>• 由于精力分散或低效而浪费了宝贵的时间<br>• 在开始时没有花时间去计划方案<br>• 错失了修订计划的良机 | 你的小组：<br>• 一直在完成任务落实，工作有效率<br>• 在项目开始时制订了计划<br>• 在截止时间前已经有了可以分享的成果 | 你的小组：<br>• 掌控整个小组进展<br>• 每当必要时，进行项目计划的修订<br>• 预留了一定时间用于修改最终成果 |

在数学学科中，尝试以生活中的问题解决重组数学课程。例如，在现有教

材中，学习组合图形总是先学基本图形的面积，再逐步过渡到不同图形的组合计算，然后设计若干的伪情境来巩固知识的掌握。项目学习的尝试者们却会为学生提供“为一间房子选购合适的瓷砖”这样一个大项目，学生在完成项目学习的过程中认识到需要知道每一块瓷砖的长和宽，量清房间的长和宽，同时再考虑瓷砖的颜色花纹、价格成本控制、铺设过程中的损耗、房间中特殊部位的测量与处理等诸多因素。这样的学习过程不但让学生学会了数学知识，还更加强调如何把数学知识与真实的问题解决紧密联系起来，综合考虑多种因素，这样的学习毫无疑问更有利于学生核心素养的培养和形成。再例如，学习质量单位“克与千克”，传统教法中，更多注重单位的换算，对于这两个单位到底有多大的教学主要是通过提供1克和1千克的物体作为标杆来进行比较。但是，进行项目化的设计之后，学生的学习状况会有怎样的变化呢？看看海安市实验小学周艳霞老师的设计：

微项目学习：“测量一片树叶的质量”

知识链接：学习了质量单位克与千克。

已有经验：能借助台秤、电子秤等常见的测量工具测量物品的质量。

探究准备：每组准备同一种树叶若干片，大小尽可能相等；准备合适的测量工具。

驱动问题：一片树叶有重量吗?

学生在操作中探索，不断发现问题，解决问题，“我妈妈在药店工作，知道一片干荷叶都有几十克”。已有的经验告诉学生，一片树叶应该是有质量的。可是，将树叶放到准备的测量工具上，却显示不出有质量。怎么办?

“找大一些的叶片吧，比如一片芭蕉叶。”“我们准备的叶片偏小，估计是太轻了，电子秤显示不了。”小组的讨论言之有物，智慧的碰撞就在这样的情境中产生了。

“要是有更灵敏的秤就好了。”

“找不到合适的秤，多找点同一品种的树叶，重量就大了。”

“等会儿再用总重量去除以叶片的张数就可以了。”“那，数量尽量是整十数的，好算。”

第一小组和第六小组准备的是比较大的枇杷叶，共准备了20片。第一组的秤显示是60克，第六组的秤显示是50克。“称同样的20片树叶，为什么会出现不同的重量呢？”

怎么会这样呢？观察后发现，第一组秤的分度值是10克，第六组秤的分度值是50克。

“分度值不一样，分度值是什么意思呢？”

……

在不断地追问、不断地观察思考的过程中，对误差、精确度这些很难解释其含义的词语，学生有了切身的体验。不难看出，课堂进入到微项目学习环节，学生的投入度增加了，小组内的成员相互启发，调动全部学习能力攻坚克难。有了这样的探究过程，无论成功与否，只要能够解释原因，学生都能获得学习成就感，产生自豪感。

在项目学习过程中，为了促使学生不断反思，助推他们走向更深层次的学习，周老师还设计了这样的评价量表（如表4-3所示）。

表4-3 “测量一片树叶的质量”项目学习评价量表

| | 1分 | 2分 | 3分 | 5分 |
|---|---|---|---|---|
| 担当 | 被分配任务，仍推诿 | 组长分配任务，勉强接受 | 组长分配任务，不推诿 | 能主动承担合作任务 |
| 合作 | 在合作研究过程中不能主动表达，以听为主 | 在半数合作研究过程中清晰地表达个人见解，却不能耐心地倾听他人见解 | 在每次合作研究过程中清晰地表达个人见解，较耐心地倾听他人见解 | 在每次合作研究过程中积极、清晰地表达个人见解。他（她）的意见对本组研究有帮助 |
| 智慧 | 没有按时提交合作任务成果 | 需要组员催交合作任务成果 | 能按时提交合作任务成果，质量一般 | 能按时提交合作任务成果，受到全体组员夸赞，参与实际展示 |
| 知识技能 | 不会称物体，不会读质量 | 了解质量，但不会测量一片树叶的质量 | 了解树叶质量的含义，并能正确测量和计算 | 不仅理解质量的含义，而且能用多种方法进行测量和计算 |

（续表）

| | 1分 | 2分 | 3分 | 5分 |
|---|---|---|---|---|
| 学习成果 | 没有测出一片树叶的质量 | 参与测量，但结果错误 | 能正确地测量和计算，得出正确结果 | 不仅能正确地测量出结果，还能寻求优化方法和策略 |
| 小组特色 | 无成果 | 有成果，但不成熟 | 有比较成熟的成果 | 有成熟的成果，并可以推广分享 |

实践案例篇

# 第一章 自然之奇

一花一世界，一叶一菩提。自然类项目启迪儿童走进自然，用儿童喜欢的方式与自然展开对话，让好奇、探求之心在问题中引发。如此，学习的过程便妙不可言！

# 第一节　叶子王国

## 一、项目背景

“叶子王国”是我校项目学习的一个经典案例。“叶子”的含义有二：一是指自然界中最常见的植物的组成部分。植物的叶子与学生的生活贴近，学生感兴趣，易于观察，乐于研究。二是用叶子与大树的关系来比喻部分与整体、个人与团体之间相互依存的共生关系。对大树而言，每一片树叶都是美的；对团体而言，每一个个体都是重要的。本次项目学习面向三年级学生，以“叶子”为活动载体，引导师生一起探索、创造、传播和分享关于“叶子”的知识，加深人与自然、人与人之间的对话，来实现个人与团体关系的认识与建设。小组合作探究的学习方式、绘本创作的学习活动旨在增强学生自主学习、主动实践的意识，提升研究性学习的能力，让项目学习融入生活，让师生在项目学习中启迪智慧，在学习中实现合作共生。

## 二、脉络分析

脉络分析如表1-1所示。

表1-1　“叶子王国”项目学习脉络分析表

| 学科领域 | 能力类型 | 学习环节 | 学习目标 |
|---|---|---|---|
| 科学 | 观察验证 | 了解有关叶子的知识（制作叶子标本） | 了解不同的叶子有不同的形态和特性 |
| 数学 | 计算测量 | 测量一片叶子的周长和质量 | 让学生学会从实际物体中抽象出周长的概念，渗透化曲为直的测量方法，同时让学生在感受物体有多重的活动中，积累数学活动经验 |
| 信息技术 | 搜索 | 搜索有关叶子的相关知识 | 培养收集以及整合等处理信息的基本技能 |

（续表）

| 学科领域 | 能力类型 | 学习环节 | 学习目标 |
|---|---|---|---|
| 语文 | 写作 | 在叶子图案、标本旁标注相关信息。介绍本组收集了解的某一种叶子的信息 | 学习浏览，扩大知识面，根据需要搜集信息，能用通顺流畅的文字组织材料，并有一定创意 |
| 美术 | 绘画 | 画出某一种叶子的图案，根据表达需要能够有所变化 | 通过学习绘制叶子的方法，了解叶子的相关形态结构以及绘本中图画构成的主要元素 |
| 综合实践 | 调查 | 通过实地观察、组内研究、查阅资料等方式，对某一种叶子进行考察，形成调查报告 | 注重运用实地观察、组内研究、查阅资料等方法，获取材料，形成理性思维、批判质疑和勇于探究的精神 |
| | 交往 | 在项目学习中学会团队合作，建立学习共同体。展示学习成果，体验成功喜悦 | 在团队合作中发挥自己的能量，会和他人合作，懂得个人与集体之间的关系，培养团队协作能力 |

## 三、学习过程

### 第一阶段：项目导入

#### 教学准备

（1）初步了解叶子，完成预学单。

（2）制作课件。

（3）每小组准备一个平板电脑或一部《百科全书》。

（4）准备相关的绘本资料，如《蚯蚓的日记》《科学绘本》等。

#### 教学过程

1. 发现美的叶子

（1）同学们，我们刚刚学过一篇课文《做一片美的叶子》。金波爷爷让我们发现，一片片普普通通的叶子，原来这么美。

① 秋天到了，叶子有的变黄，有的变红，有的依然碧绿……你都能说出它们的名称吗？

② 你能说出带有“叶”字的成语或古诗吗？

③ 你读过哪些与叶子有关的文章？

④ 叶子与树的关系；个人与集体的关系……

（2）原来，一片小小的叶子也拥有一个美好的世界呢！（板书：小叶子，大世界）

（**设计意图：**从学生熟悉的课文《做一片美的叶子》谈起，鼓励和引导学生发现叶子的美，从叶子形态的美到叶子精神的美，从自然界的叶子到文学作品中的叶子。一片小小的叶子，在畅谈和想象中更加立体丰满）

2. 认识美的叶子

（1）激发兴趣。

同学们，我们的身边有各种各样数不清的叶子，它们的种类、形状各不相同。你最喜欢哪一片叶子呢？你想让别人和你一样也关注这一片叶子，了解这一片叶子吗？那就必须用比较新颖的、有创意的介绍去吸引人。你在哪里看到过关于一片叶子的介绍？

在《百科全书》中就有许多关于叶子的介绍，书中用怎样的表达来吸引观众阅读的呢？（出示）

（2）小组学习。

① 出示学习要求。

- 学一学：各小组通过平板电脑或《百科全书》自主学习书籍和网络上关于“枫树叶子”和“梧桐叶子”的知识，找一找它们都分别介绍了叶子的哪些方面？
- 想一想：清楚介绍一片叶子，至少要从哪几个方面来介绍？
- 议一议：这两种叶子的介绍有什么共同之处，又有哪些不同之处？这些不同之处分别体现了这种叶子的什么特点？

②完成表格式学习单。

（3）讨论提升。

① 简单交流表格内容。

② 通过学习，你觉得要创作关于一片叶子的自述绘本，哪些元素是必不可少的？

③ 以“枫树叶子的自述”为例，了解绘本创作的相关知识。

交流绘本自述中包括了哪些内容？

（标本和叶子图案；叶子名称、外形特点、变红的原因、用途等方面；以第一人称的语言来介绍。）

假如我们就是一片叶子，要用绘本的形式来做自述，这些内容信息怎么得到呢？

④ 方法的小结与提炼。

实地观察测量、走访经验丰富的老人、查阅相关资料、绘制叶子图案……

⑤ 指导如何将每一步细化。

比如：实地观察收集，我们可能需要做哪些准备？

确定观察对象，事先准备好收集工具，做好收集时的记录等。

再比如：测量叶子的周长、质量等，要做哪些准备呢？

小结：可见要创作一片叶子的绘本自述并不容易，是要根据叶子的特点好好动脑筋的。

⑥ 对比绘本《蚯蚓的日记》《科学绘本》：它们不同在什么地方？

《蚯蚓的日记》以日记的形式，介绍了蚯蚓的相关生活习性。

《科学绘本》结合图画和朗朗上口的科学语言，让小读者积累科学知识。

⑦ 是什么导致了绘本的不同特色？（绘本对象不同的价值）

⑧ 小结：不管哪一片叶子，如果能用生动的图画和简洁的文字表述，就能创作出属于它自己的绘本自述。

（**设计意图：**认识美的叶子，引导学生通过查阅《百科全书》、查阅网络资料、分析绘本特点和创作元素，进行比较。学生通过查阅、交流认识到要想创作一片叶子的绘本自述，需要了解某一种类叶子的各方面特性，以及绘本创作的基本知识）

**3. 定格美的叶子**

（1）发布任务。

走进校园，走进公园，以及小区、路边，有许许多多的叶子或许不为人熟知，其实它们也并不简单，有的外形美观，有的药用价值很高，有的背后还有动人的传说……

现在，我们需要确定一下我们的研究对象。（出示三叶草、薄荷叶等几种叶子图片）

这是老师课前在小区花园里拍的几种普通叶子的照片，我们看一看它们长什么样。谁能简单说说自己的感觉？

这几种叶子看起来很普通，我们怎样用有趣的方式让别人了解其中的一种？

今天，我们就要通过自己的努力为其中的一种叶子创作属于它自己的绘本自述，成为受小读者欢迎的绘本故事。

（2）各小组讨论方案。

① 围绕这一片叶子，大家觉得应该介绍哪几个板块？每个板块怎么去获取资料？需要做哪些准备？如何使你们创作的绘本自述与众不同、充满创意呢？一连串的问题留给大家。请各小组现在开展初步的方案设计。

（叶子的名称、板块划分、成员分工、资料获得方式、时间进度安排、研究工具准备等）

② 指导：设置板块，哪些是必备的？

标本、图片；名称；简介；（平均）周长、质量；生长变化过程；功能用途。

③ 这些资料如何获得？

名称。查阅资料。

简介。想一想，简介里需要把什么讲清楚？

……

④ 除了基本板块，还可以有哪些创意板块？这里面的哪些问题我们可以解决？如何解决？小组讨论。

（提醒：今天的课堂上我们还请来了数学老师、美术老师，当大家遇到困难，有实在解决不了的问题时，可以主动请教老师）

（3）大组交流。

选择一两个小组介绍自己小组已有的初步方案，其他小组可以提出质疑或合理化的建议。

① 对于叶子的形状、质感，我们可以仔细观察，看一看、摸一摸。

② 关于叶子的周长和质量，我们用什么方式能获知到准确数据？（亲自测量、变曲为直）需要做哪些准备？如何分工？小组商量、汇报。

③ 还有哪些问题是我们不能解决的？有什么办法？（采访有关人员）

④ 为了让我们创作的绘本更具体、更丰富，我们还可以做什么？

图案、标本力求精美。

⑤ 诗文。（我们也可以写一写与叶子有关的儿歌等）

（**设计意图：** 让学生聚焦身边常见的叶子，以身边的叶子为实践、研究对象，重在学习的真实体验，学习中通过小组讨论和独立思考，认识一片叶子与其他叶子共同的特点，同时突出某一片叶子与众不同的个性特点。在此过程中，学生始终处于发现问题、解决问题的状态，为后续的项目学习提供了保障）

4. 总结（如表1-2所示）

表1-2 “叶子王国”小组学习单

班级：________ 小组：________ 小组成员：________

| | 枫叶的介绍 | 科学绘本 |
|---|---|---|
| 叶子介绍板块划分 | （1）名称；（2）简介；（3）图片；（4）外形特征；（5）变红原因；（6）用途与价值；（7）人文含义；（8）传说；（9）诗歌；（10）词段；（11）花语；（12）其他资料（选择合适的在序号上打“√”） | （1）名称；（2）手绘图片；（3）简洁而活泼的文字介绍（选择合适的在序号上画“○”） |
| 相同点 | （写序号） | |
| 不同点 | | |
| 我的发现和思考 | | |

## 第二阶段：发布导引文件与评价量表

### “叶子王国”项目学习导引文件

叶子，是大自然中沉默的精灵。大多数春天萌发，秋天凋零，看起来毫不起眼，却带给世界无尽的生机。小小的叶子，有着大大的能量。那么，小小的叶子里藏着一个怎样神奇的世界呢？春天，它从哪里来？秋天，它到哪里去？为什么秋天到了，有的叶子会变色，有的叶子却是四季常青的呢？叶子对植物的生长起什么作用？叶子给我们的生活带来哪些价值？

这将是你的小组齐心协力要做的一个项目：观察各种各样的叶子，研究它们的颜色、形状、脉络、特点，根据提出的问题，通过查找资料、问询家长等方式，形成小组的研究报告，以研究记录单和绘本自述的方式进行汇报。你将与小组的其他成员一起做这个项目。

（1）确定观察哪些叶子，观察叶子的什么内容。

（2）描述你研究的叶子的样子。

（3）你掌握的叶子的知识。

（4）你还存在什么问题。

（5）介绍与叶子相关的知识。

（6）除了以上所列，你还可以加入其他的你认为有意思的收获。

你将和小组的组员一起，在数学老师的带领下，进行叶子周长、质量的测量和计算，完成一片叶子的观测；在美术老师的指导下，学会绘制生动形象的叶子图案；语文课上，你将可以诵读到和叶子相关的诗文、创编童话故事、进行绘本创作；科学课上，你可以去发现叶子的秘密……你准备好了吗？

最终成果必须包括研究的叶子图片、绘本自述作品、你的活动感受。请准备好在叶子项目学习汇报时，与小组其他成员一起展示你们的成果（如表1-3所示）。

期待你们的发现！

表1-3 “叶子王国”评价量表

| | 需要避免的错误或行为 | 基本要求 | 优秀水平 |
|---|---|---|---|
| 研究与介绍设计 | • 创作的自述绘本缺少基本要求中的一条或多条信息<br>• 只用了网上的图片，没有自己采集图片和绘制图片<br>• 介绍的层次不够清楚<br>• 没用基于自己观察的数据，完全引用他人现成资料<br>• 引用资料没有标明出处 | 叶子的自述绘本应包括：<br>• 叶子的名称<br>• 叶子的类型简介<br>• 跟这片叶子有关的部分数据<br>• 数据收集和测算需尽可能基于小组的实验<br>• 由小组成员所制作或收集的图像资料（至少占三分之一）<br>• 对所有的资料来源的适当标注（参考文献） | 除了满足基本要求的标准，叶子的自述绘本还应包括以下至少两项内容：<br>• 从自述绘本中可以看到有创意的地方<br>• 通过各种途径获得信息<br>• 对学习小组的实验过程有详细的资料留存<br>• 介绍中涉及对叶子变化过程的研究<br>• 有与众不同的研究视角 |
| 使用效果 | • 叶子的自述绘本不完整<br>• 图片和文字的位置不当<br>• 文字或旁白部分有干扰性错误<br>• 文字或旁白部分内容冗长或含糊不清 | 叶子的自述绘本：<br>• 介绍条理清晰<br>• 图片清晰，符合所介绍的叶子的特点<br>• 文字（或旁白）内容清晰、简洁，没有错误<br>• 给需要说明的图片配文字 | 除了满足基本要求的标准，创作的叶子自述绘本需要：<br>• 有趣<br>• 吸引眼球<br>• 文字或旁白引人入胜<br>• 创意地交互使用不同形式的表达（文字、图片等） |
| 协作 | 你的小组：<br>• 没有为所有成员创造分享想法的机会<br>• 没有公平地分配工作<br>• 委派任务不合理，没有充分发挥个人特长 | 你的小组：<br>• 倾听并尊重每个人的观点<br>• 相对公平地分配工作<br>• 分工合理，根据成员各自的强项委派任务 | 你的小组：<br>• 整个过程中保持富有成效的合作关系<br>• 在合适的情况下，考虑到每个人的需求<br>• 团队协作所创造的成果远远超过任何个人所创造的成果 |
| 项目管理 | 你的小组：<br>• 由于精力分散或低效而浪费了宝贵时间<br>• 在开始时没有花时间做计划<br>• 错失了修订计划的良机 | 你的小组：<br>• 一直在完成任务或大体工作上有效率<br>• 在项目开始时制订了计划<br>• 在截止时间前已经有了可以分享的成果 | 你的小组：<br>• 合理掌控整个小组进展<br>• 每当必要时，进行项目计划的修订<br>• 预留了一定时间用于修改最终成果 |

## 第三阶段：团队开展项目研究

这一阶段一般周期较长，需要一个月左右，根据学生学习情况可适当调整。

各学习团队首先要结合老师发布的学习导引文件和项目评价量表讨论确定项目实施方案。方案内容包括研究内容分解、人员分工、研究准备、进度安排、注意事项等，需要形成文字材料。

团队开展研究的过程中要注意过程性资料与阶段性成果资料的收集与保留，可以是文字、图片、视频、录音等多种形式。学习团队要定期开展交流，对照方案发现问题，针对问题修正方案。

团队学习的最后阶段，班级全体成员集中，各研究团队逐一介绍团队共同完成的初步作品。大家彼此鼓励团队协作与形式创新，指出各自的优点与存在的问题。各研究团队结合评价意见对作品做补充、修改与优化，形成最终作品。

## 第四阶段：展示与评价

1. 集体展示形式设计

**环节一：**各班级组织展示，邀请全体学生、全体参与教师、部分家长代表到场，各学习团队抽签决定顺序，利用教室里的多媒体设备，逐一进行展示。每一团队展示完毕后，小组成员进行自评，其他人员进行他评。

**环节二：**每班选取两个优秀作品上传学校微信群，进行网上投票选优。

**环节三：**将优秀作品向相关网站投稿。

2. 评价表设计

如表1-4所示。

表1-4 “叶子王国”作品评价表

小组名称：________________

| | 团队协作 | 项目管理 | 作品质量 | 展示效果 | 贡献值评价 |
|---|---|---|---|---|---|
| 自评 | | | | | |
| 他评 | | | | | |

3. 优秀作品举例（略）

## 第五阶段：反思与总结

以绘本的形式做一片叶子的自述，符合三年级学生的年龄特点和认知水平。缤纷的秋叶给学生提供了探索、发现、表达的空间。本次项目学习，在多学科融合的视角下，学生从不同角度与叶子进行亲密接触，让秋叶飘落的动感与学生跃动的心灵契合。

首先，在围绕叶子的研究过程中，学生的团队合作意识和协作能力有了明显提高，能够根据各个成员的特长选择项目学习任务。学生在研究过程中走进大自然，在观察与探究的过程中，把叶子当作他们最好的朋友。

**【学生感言】**

看着自己亲手制作的树叶标本，我好有成就感啊！虽然它不一定最好看，但在我的心里，它最美，因为它是我亲手挑选的树叶，亲自制作出来的。我好喜欢！

——李天瑞同学

其次，通过项目研究，增强了学生的科学探究意识。虽然叶子是学生司空见惯的事物，但当深入了解某一片叶子时，学生会发现原来一片叶子的世界是那么奇妙。因为是三年级的学生，所以在这一探究过程中，也离不开家长的支持和指导。

**【家长感言】**

项目学习活动中，孩子们一起认真仔细地观察研究叶子，捡到许许多多各种各样的树叶，再根据一定的判断依据，划分出同一种树叶和不同种的树叶，从而了解叶子的特征、结构。真真正正让孩子们去了解树叶，切切实实地让孩子们在活动中有所体验、有所获得。我想这正是本次项目活动所期待和关注的。当然，作为家长，实际上这方面也是欠缺的。试想，我们小时候谁曾参与过这样的探究活动过程？今天，我们能和孩子们一起体验，与他们一道成长，何其幸运。

——陈宥利家长

再次，围绕学生喜欢的用绘本创作叶子的形式进行项目学习，学生学习的热情在情境中高涨，思维在疑惑中开启，问题在思考中清晰，智慧在碰撞中生成。他们学会了在叶子项目学习活动中发现问题，并结合相关学科分析解决问题，个个沉浸在自主探索的氛围中，不亦乐乎。

今后，关于叶子项目学习，我们还将进行后续更深入的思考，如把变色过程在科学实验中再现，在绘画和摄影方面呈现树叶的更多作品，丰富关于秋叶的习作，合理规划校园内树木分布，使学生了解精确测量手段，编更多的创意绘本等。

# 第二节　我和鱼儿有个约会

## 一、项目背景

本次项目学习面向一年级学生，以鱼为活动载体，引导师生一起探索、传播和分享关于鱼的知识。德国、美国等学校有围绕动物进行项目学习周的惯例，而在中国，项目学习在一年级引入对学生和家长是一次积极的尝试。围绕鱼开展项目学习就是要引导学生走出课堂，跳出单一学科知识学习，关注大自然中的其他生命，关心动物的生存环境，与社会不同职业的人主动交往，同时引导他们通过绘画、表演等方式介绍鱼。

## 二、脉络分析

脉络分析如表1-5所示。

表1-5　“我和鱼儿有个约会”项目学习脉络分析表

| 学科领域 | 能力类型 | 学习环节 | 学习目标 |
|---|---|---|---|
| 科学 | 观察识别 | 观看鱼类介绍片，进行鱼类辨认比赛 | 能认识至少一种鱼，争取简单区分常见的淡水鱼、咸水鱼 |
| 美术 | 绘画 | 绘制儿童画 | 学习绘制鱼的基本方法 |
| 语文 | 识记朗诵 | 学习诗歌《江南》 | 感受古诗的韵律美 |
| | 合作表达 | 亲子表演有关鱼的童话故事 | 能根据需要，说服家长或朋友做简单的表演 |
| 音乐 | 歌唱表演 | 演唱《江南》 | 培养学生动作、表情等肢体语言表现能力 |
| 体育 | 游戏 | 网小鱼游戏 | 培养学生的灵活反应能力 |
| 综合实践 | 调查实践 | 运用参观、寻访等多种方式认识鱼 | 培养学生收集、处理、整合信息的能力和活动组织、语言表达、交往沟通等方面的能力 |

（续表）

| 学科领域 | 能力类型 | 学习环节 | 学习目标 |
|---|---|---|---|
| 综合实践 | 情感 | 将研究成果通过不同的形式展示出来，具有创新能力 | 学生通过对这次活动的合作研究，对自己的成果有喜悦感、成就感，感受到与他人合作交流的乐趣 |

## 三、学习过程

第一阶段：项目导入

**教学准备**

（1）准备幼儿故事视频《不听话的小鱼儿》，BBC纪录片《生命：鱼类》片段。

（2）制作课件，初步介绍鱼的纲目科属。

（3）相关绘本资料《我是一条快乐的鱼》《汤姆是一条鱼》等。

**教学过程**

1. 我知道的鱼儿

（1）观看故事视频《不听话的小鱼儿》。

同学们，看完这个故事，你知道小鱼儿为什么会失去生命呢？

说到鱼儿，你还知道哪些鱼儿呢？

① 自然界中的鱼。

② 和鱼有关的成语、歇后语、俗语……

③ 和鱼有关的童话故事作品。

（2）我们海安可是著名的“鱼米之乡”呢！刚才大家谈了这么多，可见小小的鱼儿藏着大大的学问！

（**设计意图：**童话故事引起学生对鱼儿的研究兴趣。通过“我还知道××鱼”，鼓励学生想象与鱼相关的一切，自然界中的鱼、图画中的鱼、俗语中的鱼等等，打开学生思维，使鱼儿的形象立体、丰满起来）

2. 我可以这样介绍鱼儿

（1）开阔眼界。

同学们，自然界的鱼有两万多种，你们看——

（播放BBC纪录片《生命：鱼类》片段）

（2）聚焦“介绍”。

想要别人认识一种鱼，就必须用比较新颖的、有创意的介绍去吸引人。（出示课件、《百科全书》）

- 学一学：各小组通过看PPT和《百科全书》学习一种鱼类的知识，说说它们都介绍了什么。
- 想一想：要清楚介绍一种鱼，还可以从哪些方面入手？
- 议一议：假如让我们来做这个介绍，这些内容信息怎么得到呢？

（3）方法的小结与提炼。

实地观察、走访专业人员、查阅相关资料、绘制鱼儿图案……

（4）指导如何将每一步细化。

比如实地观察，我们可能需要做哪些准备。

（确定观察对象，事先准备好记录工具，做好观察记录，等等）

再比如向专业人员请教，大家觉得怎么和人家对话呢？

小结：可见要想介绍清楚一种鱼儿并不容易，是要根据鱼儿的特点好好动脑筋的。

（5）对比绘本《我是一条快乐的鱼》《百科全书》：它们不同在什么地方？

《我是一条快乐的鱼》结合大量图画和少量描述性文字介绍鱼的外形特点。

《百科全书》是科学语言，让大家积累科学知识。

（6）小结：不管哪一种鱼，你如果能用生动的图画和简洁的文字介绍，就能更吸引别人的注意。

（**设计意图：**让学生通过观看视频、查阅《百科全书》、分析绘本特点，明白“我可以这样介绍鱼儿”。细化步骤部分是本阶段的重点，特别是如何与人沟通，可以逐句指导，让学生模仿与他人的交流方式）

### 3. 发布任务

在我们周围，就有许许多多的鱼儿，我们将选择一种或一类作为研究对象。

（1）自由组合，形成小组。

现在确定一下我们的研究小组。

确定项目学习小组人数（6个人左右），定好学习小组名称（如第一学习小组或其他），确定组长及家长义工。

（2）明确任务，选择最感兴趣的小鱼进行研究。

以个人或小组为单位，利用课外时间寻访一种或多种鱼类。

① 研究内容：你可以学写鱼的名字，观察鱼的外形特征，了解鱼的生活方式、生长环境、传说故事……

② 研究方法：你可以问一问、找一找、查一查、辨一辨……

③ 成果展示：各研究小组将研究过程、研究结果汇总，以文件夹形式打包发送到班级QQ群共享，文件命名为小组名称，文件夹内容包括研究过程的照片6～8张。

（**设计意图：**让学生聚焦身边常见的鱼类，以常见鱼类为实践、研究对象，重在学习的真实体验，通过小组讨论和独立思考进行学习。在此过程中，学生始终处于发现问题、解决问题的状态，为后续的项目学习提供保障）

### 4. 总结（如表1-6所示）

表1-6　“我和鱼儿有个约会”项目学习小组活动计划表

班级（中队）：____________________　　辅导老师：____________________

| 组　别 | | 组　名 | |
|---|---|---|---|
| 组　长 | | 校外指导老师（家长义工） | |
| 小组成员 | | | |
| 项目学习活动计划 | 小组研究的鱼类名称 | | |
| | 小组成员任务分工 | 组员（　　　）：<br>组员（　　　）：<br>组员（　　　）：<br>组员（　　　）：<br>组员（　　　）：<br>组员（　　　）： | |

（续表）

| | | |
|---|---|---|
| 项目学习活动计划 | 问题预见 | |
| | 解决策略 | |
| | 活动计划 | |
| | 小组预期研究成果 | |

第二阶段：发布导引文件与评价量表

## 我和鱼儿有个约会

同学们喜欢鱼吗？鲫鱼、鲤鱼、黑鱼、金鱼、带鱼、鲳鱼、飞鱼、河豚、小黄鱼、中华鲟、三文鱼……

鱼是大家经常接触到的，有时候作为宠物，有时候又是食物，有些住在江河，有些住在海洋，样子各不相同，颜色也五彩缤纷。

但是，你知道鱼喜欢住在什么地方，吃什么食物，摸起来是什么感觉吗？鱼的身体为什么会有不同的颜色和形状呢？

这将是你的小组齐心协力要做的一个项目：跟鱼来一次亲密接触，认识一种或几种鱼，并把自己的研究成果分享给小伙伴。

你所选择的鱼可以是公园里的，可以是家里养的，可以是菜市场的，也可以是专业机构的……你们的介绍需要展示你们的研究过程，甚至可根据研究需求，确定是否展示实物或其他。

你将与小组的其他成员一起做这个项目，介绍应该包括以下信息：

（1）确定研究哪种类型的鱼。

（2）描述鱼的生活地点、外形等基本信息。

（3）你掌握的这种鱼的知识。

（4）介绍与鱼相关的延伸知识。

（5）除了以上所列，你还可以加入其他的你认为有趣的或对学习者有用的信息。

在介绍中，至少包含3位小组成员的讲述，每个讲述突出以上一点信息。

最终成果必须有你们小组成员进行研究的照片或视频，也可以有文字或旁白配音（如表1-7所示）。

请准备好在指定时间与小组其他成员一起展示你们的成果。

期待你们的创意！

表1-7 “我和鱼儿有个约会”评价量表

| | 需要避免的错误或行为 | 基本要求 | 优秀水平 |
|---|---|---|---|
| 研究与介绍设计 | • 创作的鱼的介绍中缺少基本要求中的一条或多条信息<br>• 只用了网上的图片，没有自己采集图片<br>• 介绍的层次不够清楚<br>• 没用基于自己实验的数据，完全引用他人现成资料<br>• 引用资料没有标注出处 | 鱼的介绍应包括：<br>• 鱼的名称<br>• 鱼的种属简介<br>• 跟这种鱼有关的部分数据<br>• 数据收集和测算需尽可能基于小组的操作<br>• 由小组成员所制作或收集的图像资料（至少占三分之一）<br>• 对所有的资料来源的适当标注（参考文献） | 除了满足基本要求的标准，鱼的介绍还应包括以下至少两项内容：<br>• 从介绍中可以看到的有意思的地方<br>• 通过采访相关专家所获得的信息<br>• 对学习小组的实验过程有详细的资料留存<br>• 介绍中能涉及鱼成长过程的研究<br>• 除此之外，还有与众不同的研究视角 |
| 使用效果 | • 鱼的介绍不完整<br>• 没有平衡图片和文字的比例<br>• 文字或旁白部分有干扰性错误<br>• 文字或旁白部分内容冗长或含糊不清 | 鱼的介绍：<br>• 介绍条理清晰<br>• 图片清晰，符合所介绍鱼的特点<br>• 文字（或旁白）内容清晰、简洁，没有错误<br>• 给有需要的图片配说明 | 除了满足基本要求的标准，创作的鱼的介绍需要：<br>• 有趣<br>• 吸引眼球<br>• 文字或旁白引人入胜<br>• 创意地交互使用不同形式的表达（文字、图片等） |

（续表）

| | 需要避免的错误或行为 | 基本要求 | 优秀水平 |
|---|---|---|---|
| 协作 | 你的小组：<br>•没有为所有成员创造分享想法的机会<br>•没有公平地分配工作<br>•没能充分利用委派任务的机会 | 你的小组：<br>•倾听并尊重每个人的观点<br>•相对公平地分配工作<br>•根据成员各自的强项委派任务 | 你的小组：<br>•整个过程中保持富有成效的合作关系<br>•在合适的情况下，考虑每个人的需求<br>•团队协作所创造的成果远远超过任何个人所创造的成果 |
| 项目管理 | 你的小组：<br>•由于精力分散或低效浪费了宝贵时间<br>•在开始时没有花时间制订计划<br>•错失了修订计划的良机 | 你的小组：<br>•一直在完成任务或大体工作上有效率<br>•在项目开始时制订了计划<br>•在截止时间前已经有了可以分享的成果 | 你的小组：<br>•掌控整个小组进展<br>•每当有必要时，进行项目计划的修订<br>•预留了一定时间用于修改最终成果 |

## 第三阶段：团队开展项目研究

这一阶段一般周期较长，但“我和鱼儿有个约会”项目可调整为2～4周，根据一年级学生的学习情况，建议安排在开学两个月后。各学习团队首先要结合老师发布的学习导引文件和项目评价量表讨论确定项目实施方案。在此过程中，团队随时可以就制订方案过程中遇到的困难咨询老师、家长，听取建议（如表1-8所示）。

团队开展研究的过程中要注意及时保存研究资料（过程资料与阶段性成果资料，可以是文字、图片、视频、录音等多种形式）。

活动中期要注意团队集中交流分析，对照最初的研究方案，纠偏与修正方案。

在集体展示前3天，团队要完成初步作品，并进行展示练习，可邀请家长参与评判。演练过程中注意展示形式创新，相互指出各自的优点与存在的问题，并结合评价意见对作品做补充、修改与优化，形成最终作品。

表1-8　“我和鱼儿有个约会”项目学习小组活动记录单

<table>
<tr><td>活动时间：</td><td>活动地点：</td></tr>
<tr><td>组长：</td><td>校外指导老师：</td></tr>
<tr><td colspan="2">组员：</td></tr>
<tr><td colspan="2">我们认识了（　　　　　），看到了（　　　　　　　　　　　　　　　　　　　　　　　）</td></tr>
<tr><td colspan="2">我们采访了（　　　　　），知道了（　　　　　　　　　　　　　　　　　　　　　　　）</td></tr>
<tr><td colspan="2">我们还（　　　　　　　　　　　　　　　　　　　　　　　　　　　　　　　　　）</td></tr>
</table>

## 第四阶段：展示与评价

1. 集体展示形式设计

**环节一：**各班级组织展示，邀请全体学生、全体参与教师、部分家长代表到场，各学习团队抽签决定顺序，利用教室里的多媒体设备，逐一进行展示。每一团队展示完毕后，小组成员进行自评，其他人员进行他评。

**环节二：**每班选取两个优秀作品制作美篇，上传学校微信群，进行网上投票选优。

**环节三：**将优秀作品发布在学校微信公众号上。

2. 评价表设计

如表1-9所示。

表1-9 “我和鱼儿有个约会”作品评价表

小组名称：________________

| | 团队协作 | 项目管理 | 作品质量 | 展示效果 | 贡献值评价 |
|---|---|---|---|---|---|
| 自评 | | | | | |
| 他评 | | | | | |

3. 优秀作品举例（略）

## 第五阶段：反思与总结

我们在一年级开展了有趣的“我和鱼儿有个约会”项目学习活动，让学生在深刻而快乐的学习体验中与鱼儿亲密接触。

选择这个主题，我们首先努力做到精准对接现有的知识经验。一年级的学生年龄小，刚入学才几个月，根本不知道什么是项目学习。我们这次项目学习的口号就定为——拣感兴趣的玩，同伴搭伙一起玩，玩出名堂、玩出快乐来！其次，我们充分借助本土的资源优势。我们海安是全国有名的“河豚之乡”，学生最喜欢河豚充气可爱的样子。同时，海安还有丰富的淡水鱼资源，美丽的里下河水乡风光无限！我们还靠着大海，学生家里也有观赏鱼，这样的资源优势为我们开展项目学习提供了极大的便利。

在学习开展时，我们争取做到多学科融合，体现综合性。语文课上，学生用拼音书写学习的乐趣；音乐课上，学生沉浸在游戏的快乐中；美术课上，学生充分发挥想象力，观鱼画鱼；科学课上，学生观看鱼类介绍片，开展鱼类辨认比赛；体育课上，老师和学生玩网小鱼的游戏……学生以跨学科的方式学习和运用知识。他们感受到项目学习是好玩的，更是有用的！

我们还做到了多小组互动，注重过程性。在项目学习中，教师、家长作指导，学生热情参与，我们与学生一起承担研究任务并分享研究成果。在项目学习中，学习的过程以及成果的展示，都可以让学生不断丰富自己的实践经验，提高自己的实践水平。

同时，我们力争做到多成果呈现，凸显主体性。项目学习活动中的“做”和“动手动脑”至关重要，在经历中践行，“调动学生多方面乃至全方位的心智与情感的力量”。我们鼓励学生以多种方式展现自己的学习成果，在展示中，学生内心的满足感与自豪感是不言而喻的。

以鱼为主题的项目学习，让学生走出课堂，走进社会，拥抱自然，他们置身项目学习所创设出的“学习场”，在这样的“学习场”中体验、创造、对话、合作，促进了他们思想和心灵的灵动与活跃，这正是开展项目学习最大的意义与价值所在！

# 第三节　制作蔬菜小绘本

## 一、项目背景

蔬菜是学生最熟悉、最亲近的朋友，作为餐桌文化的重要组成部分，蔬菜越来越受到人们的重视。可是对于学生而言，蔬菜虽是常见，其生长过程、种植方法却不为他们所知。随着生活水平的提高，物质越来越丰富，满街的烧烤小吃受到了学生的青睐。餐桌上的蔬菜与之相比，不及其香、不及其脆，致使许多小学生都有不爱吃蔬菜、偏食的习惯。于是，“制作蔬菜小绘本”的选题应运而生，既是培养学生良好饮食习惯的重要话题，又能集合寻访、教学、创编、展演等多种活动形式，使学生“大有可为”。

## 二、脉络分析

脉络分析如表1-10所示。

表1-10　“制作蔬菜小绘本”项目学习脉络分析表

| 学科领域 | 能力类型 | 学习环节 | 学习目标 |
|---|---|---|---|
| 科学 | 观察了解 | 观看蔬菜介绍片 | 能简单区分常见的蔬菜；了解不同季节的时令蔬菜，以及营养价值等 |
| 美术 | 绘画 | 制作蔬菜头饰、创作蔬菜贴画…… | 学习绘制蔬菜的基本方法 |
| 语文 | 识记朗诵 | 创作与蔬菜相关的诗歌、童谣；记录蔬菜成长日记 | 体会诗歌、童谣的韵律美 |
| | 合作表达 | 亲子表演蔬菜绘本《一园青菜成了精》《蔬菜运动会》《好喜欢吃蔬菜》…… | 培养阅读兴趣，增进亲子互动交流 |
| 数学 | 测量统计 | 统计班级学生喜欢吃蔬菜的情况；观察、测量自己种植的蔬菜生长情况 | 学会分类、测量、统计等方法，体验数学的有趣及重要 |

（续表）

| 学科领域 | 能力类型 | 学习环节 | 学习目标 |
| --- | --- | --- | --- |
| 英语 | 记忆 | 学习几个简单的蔬菜英语单词 | 会说几个常见蔬菜的英语单词 |
| 音乐 | 歌唱表演 | 演唱与蔬菜相关的歌谣 | 培养学生动作、表情等肢体语言表现能力 |
| 体育 | 游戏 | 佩戴自己制作的头饰，进行蔬菜蹲游戏，并创作蔬菜游戏 | 培养学生灵活反应能力 |
| 综合实践 | 调查实践 | 运用参观、访问等多种方式进一步认识蔬菜 | 培养学生收集、处理、整合信息的能力和活动组织、语言表达、交往沟通等能力 |
|  | 交往 | 能将自己的研究成果通过不同的形式展示出来，具有创新能力 | 通过学生对这次活动的合作研究，对自己的成果有喜悦感、成就感，感受到与他人合作交流的乐趣 |

## 三、学习过程

第一阶段：项目导入

### 教学准备

（1）初步了解常见的蔬菜，完成预学单。

（2）制作课件。

（3）每小组准备一个平板电脑。

### 教学过程

1. 蔬菜的畅想

（1）同学们，说到蔬菜，你们的心里想到了什么？

① 蔬菜的颜色、形状。

② 蔬菜的味道。

③ 蔬菜的营养。

④ 和蔬菜有关的童谣、古诗、儿歌……

⑤ 和蔬菜有关的文学作品。

……

（2）同学们一下子想到了这么多，可见蔬菜的小秘密可真多!

（**设计意图：**蔬菜的畅想鼓励学生想象与蔬菜相关的一切，生活中的蔬菜、旋律中的蔬菜、文字里的蔬菜等等，让思维因蔬菜而飞）

2. 蔬菜的表达

（1）引起关注。

同学们，生活中的蔬菜品种多样，风味各异。如果要想让大家关注蔬菜，了解蔬菜，并喜欢上蔬菜，就必须有比较完美的、有创意的表达去吸引他们。

老师课前欣赏了一些关于蔬菜的绘本，介绍的方式真是各具特色，请看绘本。（出示绘本《蔬菜的化装舞会》《蔬菜园里的秘密》《吃掉你的豌豆》《一园青菜成了精》《最棒的蔬菜》《好多好多蔬菜》等，如图1-1所示。）

图1-1 蔬菜的绘本

（2）自主学习。

① 出示学习要求。

• 学一学：各小组通过平板电脑选读网络上关于蔬菜的绘本，重点读一读《一园青菜成了精》和《最棒的蔬菜》，看看它们分别是怎样介绍蔬菜的。

• 想一想：要让人们更了解蔬菜，可以从哪些方面介绍蔬菜?

• 议一议：这两本蔬菜绘本有什么共同之处，又分别凸显了各自什么样的特色?

② 完成表格式学习单。

（3）讨论提升。

① 简单交流表格内容。

② 通过学习，你觉得制作蔬菜绘本，哪些要素是必不可少的？

③ 以《最棒的蔬菜》《一园青菜成了精》为例，初步了解绘本的制作。

交流：绘本中你读到了哪些内容，看到了哪些画面？

（《最棒的蔬菜》主要讲述了偏食的小建和爸爸一起种蔬菜的故事。他们为了播种蔬菜，先翻土、均匀施肥、测量垄沟的间距；接着陪伴蔬菜发芽、长叶、移栽；蔬菜收获时，测量黄瓜的长度、胡萝卜的周长、生菜的长和宽，再称称土豆的重量；最后，全家用自己种植的蔬菜烹饪出美味的菜肴。）

（《一园青菜成了精》主要讲述的是有一园蔬菜，因为种菜人过了一段时间没来看，蔬菜成熟了的故事。幽默的语言配合着生动的图画，使菜园子成了蔬菜们的战场。整个故事神奇而有趣，其中更是巧妙蕴含了蔬菜们的特性。）

假如我们挑选其中一个绘本来制作，其间的内容信息可以怎样得到呢？

④ 方法的小结与提炼。

我们需要查阅蔬菜相关资料、走进蔬菜基地、寻访菜农、种植蔬菜、观察蔬菜、实际测量……

⑤ 指导如何将每一步细化。

比如：寻访菜农，我们可能需要做哪些准备？

确定访问对象，事先拟好访问提纲，做好访问记录等。

再比如：测量蔬菜的长度、宽度、重量等，要做哪些准备呢？

小结：可见制作小绘本可要花上大功夫，要根据蔬菜的特点进行大胆而合理的创作。

⑥ 对比《一园青菜成了精》和《最棒的蔬菜》两个绘本故事，它们不同在什么地方？

《最棒的蔬菜》主要记录了蔬菜的种植成长过程；《一园青菜成了精》的故事蕴含的是蔬菜的特性。

⑦ 小结：无论采用什么形式制作蔬菜绘本，叙述故事也好，民谣形式也罢，一定要深入了解蔬菜，研究蔬菜，抓住蔬菜的特点，收获定会精彩无限。

（**设计意图**：通过“蔬菜的表达”，引导学生通过平板电脑检索蔬菜绘本，认真阅读电子文本，进行分析比较。学生通过对比认识到蔬菜绘本的创作形式各异，《最棒的蔬菜》故事更贴近生活，在种菜的过程中了解了重量、长度、厚度以及温度等概念，在收获的喜悦中萌生了品尝自己种的菜的热情；《一园蔬菜成了精》以北方民谣为基础，用生动有趣的画面创造了一出菜园子里的各色蔬菜拉帮结派、斗得你死我活的热闹场面，其中“打得大蒜裂了瓣，打得黄瓜上下青，打得辣椒满身红，打得茄子一身紫……藕王一看抵不过，一头钻进烂泥坑”，诙谐幽默的语言描述了蔬菜的特性。不同的语言风格、图片设计，不同的着眼点能生成别样精彩的蔬菜绘本）

3. 蔬菜的聚焦

（1）发布任务。

除了蔬菜种植过程、特性可以成为蔬菜绘本的创作素材，我们还可以从哪些方面进行蔬菜绘本的创作呢？

蔬菜的造型创意、蔬菜美食、营养价值等都可以成为绘本创作的来源。现在，要给大家发布一个项目：今天，我们要通过自己的努力，团队合作创作出属于我们的小小蔬菜绘本。希望我们的优秀作品能够像《一园青菜成了精》《最棒的蔬菜》一样，使更多人，特别是和我们一般大的小伙伴进一步认识蔬菜，了解蔬菜，喜欢蔬菜。

（2）各小组讨论方案。

① 围绕蔬菜，你们小组打算从哪方面去研究呢？怎样获取资料？需要做哪些准备呢？如何使你们的绘本制作与众不同，充满创意呢？一连串的问题留给大家。请各小组现在开展初步的方案设计。

（绘本的名称、成员分工、资料获得方式、时间进度安排、研究工具准备等）

② 指导：制作绘本，哪些要素是必需的？

绘本名称；故事创作；作画；封面、封底。

③ 这些资料如何获得？

• 名称：小组讨论，自行命名。

• 故事创作：根据小组选择的制作主题，想一想，怎样用故事的形式既将它描述清楚，又不失简约、生动？

• 作画：绘本中的画面与常见的图画书有区别，文字与图画往往共同承担讲故事的重要角色，相互衬托。甚至有一些著名的绘本只有图，完全没有文字。

④ 除了基本要素，我们在设计绘本时还可以添加哪些特色栏目？（绘本扉页）这里面的哪些问题我们可以解决？如何解决？小组讨论讨论。当大家遇到困难，有实在解决不了的问题时，可以主动请教老师。

（3）大组交流。

选择一两个小组介绍自己小组已有的初步方案，其他小组可以提出质疑或合理化的建议。

① 我们的绘本故事主角不一定是许多蔬菜，可以重点围绕一种蔬菜的某一方面进行创编。比如油亮亮的茄子、大块头萝卜、圆鼓鼓的土豆、红彤彤的番茄……

② 我们所研究的蔬菜，种植时需要温度、肥料，生长时的速度，收获时的长度、重量等，我们将用什么方式获知准确数据？亲自测量需要做哪些准备，如何分工？小组商量、汇报。

③ 绘本作画也是一项大的工程，一下子作多幅画有难度，我们如何安排？小组讨论、交流。

④ 还有哪些问题是我们不能解决的，有什么办法？（采访有关人员）

（**设计意图：**让学生聚焦小组研究的蔬菜，重在学习的真实体验，学习中通过小组讨论和独立思考，认识到所有蔬菜绘本的共性特点，同时突出本组绘本创作的个性特点。在此过程中，学生始终处于发现问题、解决问题的状态，为后续的项目学习提供了保障）

4. 总结

如表1-11所示。

表1-11 “制作蔬菜小绘本”项目学习小组活动记录单

| 活动时间： | 活动地点： |
| --- | --- |
| 组长： | 校外指导老师： |
| 组员： | |
| 我们认识了（ ），看到了（ ） | |
| 我们采访了（ ），知道了（ ） | |
| 我们还（ ） | |

## 第二阶段：发布导引文件与评价量表

### “制作蔬菜小绘本”项目学习导引文件

同学们已经认识了哪些蔬菜？芹菜、菠菜、香菜、豆芽、洋葱、萝卜、大白菜、生菜、茄子、土豆、辣椒、莴苣……

我们几乎天天都会见到蔬菜，有时候是盆栽，更多的时候是食物，它们的样子各不相同，颜色也五彩缤纷。

同学们喜欢吃蔬菜吗？可能有些同学不喜欢吃蔬菜，这可是不好的习惯哦！蔬菜营养丰富，我们正处于长身体的阶段，不爱吃蔬菜，容易造成饮食结构不合理，导致营养不均衡，从而影响身体的健康。

那蔬菜有哪些营养成分呢？它们分别适合在哪个季节里生长呢？是怎样生长的呢？蔬菜会生病吗？如果生病了，该怎么办呢？蔬菜的价格一样吗？……

这将是你和你的小组要齐心协力合作完成的一个项目——“制作蔬菜小绘本”——和蔬菜来一次亲密接触，认识一种或者几种蔬菜，并把自己的研究成果制作成小绘本分享给小伙伴。

你所选择的蔬菜可以是乡下菜园里的，可以是菜市场的，也可以是蔬菜基地的……你们的介绍需要展示你们的研究过程，甚至可根据研究需求，确定是否展示实物或其他。

你将与小组的其他成员一起做这个项目，介绍应该包括以下信息：

（1）确定研究哪种蔬菜。

（2）蔬菜的外形等基本信息的描述。

（3）经过研究，你所掌握的蔬菜的相关知识。

（4）介绍蔬菜延伸的相关知识。

（5）除了以上所列，你还可以加入你认为有趣的或对学习者有用的其他信息。

在介绍中，至少包含3位小组成员的讲述，每个讲述突出以上一点信息。

最终成果必须有你们小组成员进行研究的照片或视频，也可以有文字或旁白配音（如表1-12所示）。

请准备好在指定时间与小组其他成员一起展示你们的完成项目。

期待你们的创意！

表1-12 “制作蔬菜小绘本”评价量表

| | 需要避免的错误或行为 | 基本要求 | 优秀水平 |
|---|---|---|---|
| 研究与介绍设计 | • 制作的蔬菜小绘本缺少基本要求中的一条或多条信息<br>• 描摹的是网络上的图片，没有进行创作<br>• 摘抄的是已有的蔬菜绘本文字内容<br>• 没用基于自己实验的数据，完全引用他人的现成资料 | 展示的蔬菜小绘本应包括：<br>• 绘本故事<br>• 绘本图画<br>• 封面、封底、扉页<br>• 绘本中出现的数据收集和测算，需尽可能基于小组的实验 | 除了满足基本要求的标准，展示的蔬菜小绘本还应包括以下至少两项内容：<br>• 从绘本创作中可以看到小组合作研究的成果<br>• 通过采访相关人员所获得的信息<br>• 对学习小组的实验过程有详细的资料留存<br>• 除此之外，还有与众不同的研究视角 |
| 使用效果 | • 制作的蔬菜绘本结构不完整<br>• 绘本文字冗长<br>• 绘本文字比较枯燥<br>• 绘本图画与故事内容不搭<br>• 绘本图画与故事内容相互干扰 | 制作的蔬菜小绘本：<br>• 基本要素比较完整<br>• 绘本文字内容清晰，没有错误<br>• 故事编创文字量适中<br>• 绘本图画基本能表达故事情节 | 除了满足基本要求的标准，制作的蔬菜小绘本：<br>• 有趣、生动<br>• 吸引眼球<br>• 故事创作有个性特点<br>• 绘本配图生动形象 |

（续表）

| | 需要避免的错误或行为 | 基本要求 | 优秀水平 |
|---|---|---|---|
| 协作 | 你的小组：<br>• 没有为所有成员创造分享想法的机会<br>• 没有公平地分配工作<br>• 没能充分利用委派任务的机会 | 你的小组：<br>• 倾听并尊重每个人的观点<br>• 相对公平地分配工作<br>• 根据成员各自的强项委派任务<br>• 组员能比较主动地表达自己的想法、创意，能倾听并尊重每个人的观点 | 你的小组：<br>• 整个过程中保持富有成效的合作关系<br>• 在合适的情况下，考虑到每个人的需求<br>• 团队协作所创造的成果远远超过任何个人所创造的成果 |
| 项目管理 | 你的小组：<br>• 由于精力分散或低效而浪费了宝贵时间<br>• 在开始时没有花时间做计划<br>• 错失了修订计划的良机 | 你的小组：<br>• 一直在完成任务或大体工作上有效率<br>• 在项目开始时制订了计划<br>• 在截止时间前已经有了可以分享的成果 | 你的小组：<br>• 掌控整个小组进展<br>• 每当有必要时，进行项目计划的修订<br>• 预留了一定时间用于修改最终成果 |

## 第三阶段：团队开展项目研究

因蔬菜生长周期的不同，这一阶段至少需要一个月，根据学生学习情况可适当调整。

学习开始前，各学习团队结合老师发布的学习导引文件和项目评价量表讨论确定项目实施方案。方案内容包括研究内容分解、人员分工、研究准备、进度安排、注意事项等，在研究的基础上需要形成文字材料。

团队开展研究的过程中，要注意过程资料与阶段性成果资料的收集与保留，可以是文字、图片、视频、录音等多种形式。学习团队要定期开展交流，对照方案发现问题，针对问题修正方案。

团队学习的最后阶段，班级全体成员集中，各研究团队逐一介绍团队共同完成的蔬菜绘本初步作品。大家彼此鼓励团队协作与形式创新，指出各自的优点与存在的问题。各研究团队结合评价意见对作品做补充、修改与优化，形成最终作品。

## 第四阶段：展示与评价

1. 集体展示形式设计

**环节一：**各班级组织展示，邀请全体学生、全体参与老师、部分家长代表到场，各学习团队抽签决定顺序，利用教室里的多媒体设备，逐一进行展示。每一团队展示完毕后，小组成员进行自评，其他人员进行他评。

**环节二：**每班选取两个优秀作品上传学校微信群，进行网上投票选优。

**环节三：**将优秀作品向相关网站投稿。

2. 评价表设计（如表1-13所示）

表1-13 学生活动评价表

组别：________________ 姓名：________________

| 活动内容 | 评价方式☆☆☆☆☆ | | | |
|---|---|---|---|---|
| | 自我评价 | 小组评价 | 教师评价 | 综合评价 |
| 参与活动主题的制订 | | | | |
| 制订调查表 | | | | |
| 积极参加调查活动 | | | | |
| 积极发表自己的见解 | | | | |
| 认真进行调查小结 | | | | |
| 家长寄语 | | | | |

## 第五阶段：反思与总结

蔬菜项目学习活动中，最快乐、感触最深的是学生，他们在项目学习中学有所得、学有所获。学生陪伴着蔬菜种子长成了蔬菜宝宝，不由得惊叹这个有趣而又神奇的过程；在创编“蔬菜宝宝找朋友”的游戏过程上，他们在玩的同时还结交到了很多好朋友；“蔬菜时装秀”上，他们由胆怯害怕到自信满满地完成自己的首秀时的那份喜悦，真是令人难忘；学习小组开展了蔬菜童谣的创作，以快板、舞蹈等形式进行表演，让小伙伴们牢牢记住了好多种蔬菜的营养价值和对身体的帮助；他们的蔬菜绘本的创作更是亮点多多，充分发挥了自己的想象力，生动的文字配上精彩的图画，其间巧妙蕴含着各种蔬菜的颜色、形状、特性、价值……蔬菜朋友变得更可爱了。

人生最快乐最幸福的事情莫过于陪孩子一起成长。家长们在指导孩子进行项目学习的过程中，惊喜于孩子自身的变化，在寻访、查找资料、种植、观察、记录、创作一系列活动后，孩子们一个个俨然成了“蔬菜小专家”（如图1-2所示）。

二（5）班的何沁妈妈记录了项目学习中的这样一个小片段：学校开展“制作蔬菜小绘本”项目学习活动以后，何沁亲手水培了豌豆苗，她发现豌豆苗总是弯曲着向南阳台一侧生长。便做实验，把育苗盘旋转180度，让豌豆苗全都转朝北。第二天继续观察，她发现豌豆苗像会扭秧歌似的，又全都弯曲着向南阳台生长了。何沁好奇，我们一起通过查阅资料，知道了这是由植物的向光性引起的，真为她能细心观察、发现问题、勤于思考而感到高兴。

二（11）班金奕涵家长认为孩子通过参与活动，培养了参与意识、合作意识。在孩子们幼小的心灵里，种下了集体荣誉的种子，增强了孩子们的自信心。同时感谢学校为孩子们提供这样的学习机会，期待以后开展更多的项目学习。

老师们更是别出心裁，将班级蔬菜园的蔬菜作为奖品奖给学生。因为没打农药，菜叶上满是虫眼，让人觉着拿不出手。可效果竟然出奇地好，学生满心欢喜。

图1-2 “蔬菜小专家”

细心的朱仁霞老师在办公室聊到班级蔬菜奖品小故事时，我们听着感觉有趣又暖心：她把班上的学生按座位分成了4个大组开展比赛，当天表现最棒的小组可以推选出3位为小组加分最多的学生，奖励一棵小青菜；得到3次小青菜奖励的可以得到一根小葱的奖励。小青菜可以放在汤里，小葱可以炒菜，以前不爱吃蔬菜的学生爱上了吃蔬菜，再也不挑食了。还有些学生舍不得吃，把小蔬菜做成了小标本，封塑永久保存（如图1-3所示）。

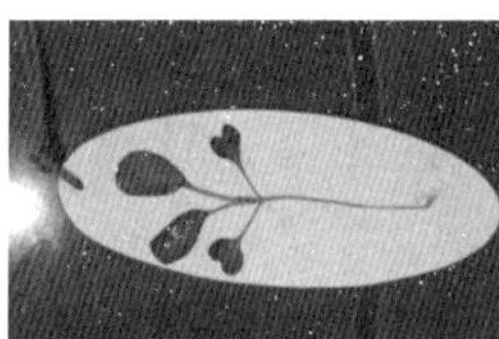
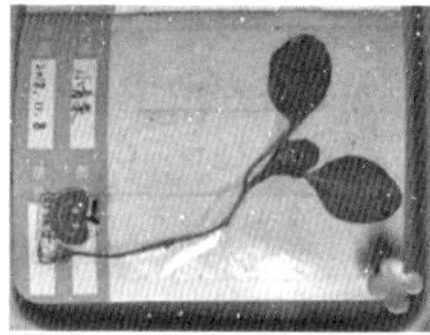

图1-3 “制作蔬菜小绘本”项目成果

若干年以后，学生再次翻看到蔬菜标本，想必或多或少会记起这次学习，想起他们可亲可爱的老师们吧。蔬菜的香味熏染了童年，成为他们一辈子的美好回忆。我们也不禁感叹：项目学习不仅仅使学生的科学探究、团队协作、人际交往等核心素养得到发展，我们这群成人也跟着学生一起在蔬菜的香味里徜徉、成长……

# 第四节 我与蚕儿交朋友

## 一、项目背景

几千年来，华夏大地各种风俗代代相传，嫘祖酬蚕就是其中一个，人们会举行正月初八“蚕过年”、二月初十“先蚕节”、九月十五“酬蚕节”等活动，来纪念世界蚕桑种养及纺织丝绸的伟大发明家——嫘祖。围绕蚕开展项目学习，旨在引导学生走出课堂，跳出单一学科知识学习，关注大自然中的其他生命，关心动物的生存环境，与社会不同职业的人主动交往，传承中华民族“勤劳、仁爱、包容、创新、奉献”的崇高品质，光大中华民族“爱家、爱国、敬老、感恩”的传统美德。

## 二、脉络分析

脉络分析如表1-14所示。

表1-14 “我与蚕儿交朋友”项目学习脉络分析表

| 学科领域 | 能力类型 | 学习环节 | 学习目标 |
| --- | --- | --- | --- |
| 科学 | 观察辨识 | 观看介绍蚕的纪录片，认识蚕的不同生长时期 | 能认识蚕，简单区分蚕的各生长阶段 |
| 美术 | 绘画 | 绘制儿童画 | 学习绘画的基本方法 |
| 语文 | 识记表达 | 学习诗歌《咏蚕》 | 感受古诗的韵律美 |
| | 口语交际 | 亲子表演有关蚕的神话故事 | 学会流畅地表现人物对话 |
| 音乐 | 歌曲欣赏 | 欣赏歌曲《蚕宝宝》 | 培养学生动作、表情等肢体语言表现能力 |
| 体育 | 游戏 | 《蚕儿快爬》游戏 | 培养学生动作协调、集体合作的能力 |

（续表）

| 学科领域 | 能力类型 | 学习环节 | 学习目标 |
|---|---|---|---|
| 综合实践 | 调查实践 | 运用参观、寻访、饲养等多种方式认识蚕，了解丝绸的相关知识 | 培养学生收集、处理、整合信息的能力和活动组织、语言表达、交往沟通等能力 |
| | 交往 | 能将自己的研究成果通过不同的形式展示出来，具有创新能力 | 学生通过这次活动的合作研究，对自己的成果有喜悦感、成就感，感受到与他人合作交流的乐趣 |

## 三、学习过程

### 第一阶段：项目导入

**教学准备**

（1）初步了解蚕。

（2）制作课件。

（3）蚕的成长过程图片。

**教学过程**

1. 走近蚕宝宝

老师说谜面：小时穿黑衣，长大穿白袍，老来留下一卷丝，献给人们做衣服。这是什么动物？（蚕）

（**设计意图：**引导猜谜，激发学生探究蚕的兴趣）

2. 初识蚕宝宝

（1）你了解蚕吗？它是什么样子的？它爱吃什么？

（2）出示图片，引导观察讨论：蚕是由什么变成的？蚕卵是什么样子的？蚕卵孵出来的幼蚕像什么？叫什么？

小结：幼蚕很小，像蚂蚁一样，我们给它取名蚁蚕。

（3）小组内观察图片，合作排序，感知蚕的生长过程。

出示活动要求：

活动一：

- 看一看：仔细观察图片上的蚕。
- 想一想：蚕长大要经过哪几个阶段?
- 排一排：按蚕的生长顺序排序。

（4）请几个学生展示图片的排序，全体观察讨论。

（5）讨论提升。

蚕的一生要经过卵、幼虫、蛹和成虫4个阶段。刚孵出来的幼蚕，身体黑色、很小，像蚂蚁，叫蚁蚕。蚁蚕吃了很多桑叶，慢慢地长大，经过4次蜕皮，身体一次比一次白、大。最后，蚕开始吐丝作茧。在茧里，蚕再一次蜕皮，变成蛹，由蛹变成蛾，然后咬破茧爬出来，蚕蛾灰白色，有翅膀。雌蛾产卵后不久就死去。

（6）学生观看纪录片《蚕的一生》，了解蚕的作用。

交流：蚕喜欢吃什么？饲养蚕有什么用?

介绍：蚕屎可做枕芯，有药用价值；蚕茧能抽丝纺织成丝绸，可做服装面料。

（**设计意图：**谈话激发小朋友关心、喂养蚕的情感和行动）

3. 了解蚕丝用途

（1）我国是最早生产丝绸的国家，播放人工缫丝的录像，介绍蚕丝的用途。

出示各种色彩鲜艳的丝织品（有双绉、绢、缎，还有服装、鞋、围巾等）和绣品（单面绣、双面绣等工艺品）。让学生摸一摸、看一看。

摸一摸觉得怎样？（柔软、爽滑、透气、轻薄）还在什么地方见过?

（2）介绍柞蚕丝在工业上的用途：可以制作电线包皮、绝缘绸、渔网等，还可制作火药袋、手榴弹拉线、降落伞、飞机轮胎内芯等。

（3）教师介绍：蚕丝还可疗伤。

（4）课中游戏：找找丝织品。

活动二：

- 学生在教室内自由活动，找寻丝织品。
- 交流各自找到的丝织品，并互相介绍。

（**设计意图：**通过科普蚕丝知识，寻找蚕丝织品，激起学生学科学、用科学的兴趣，培养学生的观察能力和动手能力，宣传蚕桑文化）

**4. 聚焦养蚕方法**

（1）出示服装厂和缫丝车间的照片、视频。

海安是远近闻名的“丝绸之乡”，接下来让我们进一步去了解海安的蚕桑产业。

（2）现在，你是不是也想自己尝试养蚕呢？谁知道我们饲养蚕的过程中，应注意些什么？

汇总：喂养蚕要勤换桑叶，让蚕吃饱；蚕结茧的时候，不要移动，等等。

（3）指导如何将每一步细化。

比如：喂养蚕前，我们可能需要做哪些准备？

环境的准备，事先找蚕种，准备桑叶，等等。

再比如：蚕吃桑叶有要求吗？

幼蚕要吃嫩一点的桑叶，而且要把桑叶剪成一条一条的，这样小蚕容易吃到桑叶，长大一点就可以吃整片桑叶了。

小结：可见要养好蚕，让蚕吐丝结茧并不容易，是要好好照顾它的。

（4）简介：蚕在生长的过程中，身长、体重、食量等方面都会不断发生变化。

蜕皮是蚕生长过程中的显著特点，蚕每次蜕皮后身体都会发生变化。蚕的生长情况和环境条件密切相关。

（5）请学生课后持续观察蚕的生长过程，并重点观察蚕眠的情况，用画画、拍照、写观察日记等形式记录下来。如果在饲养过程中出现问题，可以去请教科学老师或有经验的养蚕人。

养蚕任务单：

- 学习给桑、除沙等养蚕的技能。
- 用科学的测量方法观测蚕身体的变化。
- 用文字和图画记录及描述蚕的生长变化。
- 在观察中发现问题后，再进一步去观察。
- 对蚕的生长变化进行预测。

（**设计意图：**在老师有目的、有意识的引领下，让学生走进蚕的世界，收获有关蚕宝宝的各种知识。学生的观察、合作、语言、动手、创造、想象等多种能力都将得到进一步提高，并懂得每一个生命的重要性，从而有效地培养他们的爱心和责任感）

**5. 总结（如表1-15所示）**

表1-15 “我与蚕儿交朋友”项目学习小组活动记录单

| 活动时间： | 活动地点： |
|---|---|
| 组长： | 校外指导老师： |
| 组员： | |
| 我们认识了（ ），看到了（ ） | |
| 我们采访了（ ），知道了（ ） | |
| 我们还（ ） | |

## 第二阶段：发布导引文件与评价量表

### “我与蚕儿交朋友”项目学习导引文件

你见过蚕宝宝吗？蚕茧、蚕蛹、蚕沙、缫丝、织造、丝巾、嫘祖、酬蚕节、蚕式导弹、蚕学馆（浙江理工大学前身）……这些都是与蚕有联系的。

你知道蚕生长在什么季节，吃什么食物，摸起来是什么感觉吗？不同生长阶段的蚕会有怎样的变化，茧丝又是怎样变成丝绸的呢？

这将是你和小组内的小伙伴们齐心协力要做的一个项目：跟蚕来一次亲密接触，或者寻访一种与蚕有关系的物品，并能把自己的研究成果分享给小伙伴。

你可以去蚕农家里近距离观察蚕，可以和小伙伴们亲自养几条蚕，可以去探寻和蚕有关系的衍生物（如缫丝厂、丝绸公司、特色食品店、蚕桑文化园等），也可以去寻访专业机构（如吴江蚕文化博物馆）……你们的介绍需要展示你们的研究过程，甚至可根据研究需求，确定是否展示实物或其他。

你将与小组的其他成员一起做这个项目，介绍应该包括以下信息：

（1）确定研究哪种蚕或蚕的衍生物。

（2）蚕或衍生物基本信息的描述。

（3）你掌握的这种蚕或衍生物的知识。

（4）介绍与蚕相关的延伸知识。

（5）除了以上所列，你还可以加入其他的你认为有趣的或对学习者有用的信息。

在介绍中，至少包含3位小组成员的讲述，每个讲述突出以上一点信息。

最终成果必须有你们小组成员进行研究的照片或视频，也可以有文字或旁白配音（如表1-16所示）。

请准备好在指定时间与小组其他成员一起展示你们的完成项目。

期待你们的创意！

表1-16　“我与蚕儿交朋友”评价量表

| | 需要避免的错误或行为 | 基本要求 | 优秀水平 |
|---|---|---|---|
| 研究与介绍设计 | • 只用了网上的图片，没有自己亲自拍摄图片<br>• 介绍的层次不够清楚<br>• 没用基于自己实践探究的数据，完全引用他人现成资料<br>• 引用资料不标注出处 | • 由小组成员所制作或收集的图像资料至少占三分之一<br>• 对所有的资料来源要标注出处（参考文献） | 除了满足基本要求的标准，还应包括以下至少一项内容：<br>• 对学习小组的实验过程有详细的资料留存<br>• 除此之外，还有与众不同的研究视角 |

（续表）

| | 需要避免的错误或行为 | 基本要求 | 优秀水平 |
|---|---|---|---|
| 使用效果 | • 文字或旁白部分有干扰性错误<br>• 文字或旁白部分内容冗长或含糊不清 | • 可以通过移动设备获得<br>• 使用方便<br>• 通过不同形式呈现信息：文字、图片、地图等<br>• 文字（或旁白）内容清晰、简洁，没有错误<br>• 给有需要的图片配有说明 | 除了满足基本要求的标准，还能做到：<br>• 有趣<br>• 吸引眼球<br>• 文字或旁白引人入胜<br>• 创意地使用不同形式的表达（文字、图片等） |
| 协作 | 你的小组：<br>• 没有为所有成员创造分享想法的机会<br>• 没有公平地分配工作<br>• 没能充分利用委派任务的机会 | 你的小组：<br>• 倾听并尊重每个人的观点<br>• 相对公平地分配工作<br>• 根据成员各自的强项委派任务 | 你的小组：<br>• 整个过程中保持富有成效的合作关系<br>• 在合适的情况下，考虑每个人的需求<br>• 团队协作所创造的成果远远超过任何个人所创造的成果 |
| 项目管理 | 你的小组：<br>• 由于精力分散或低效而浪费了宝贵时间<br>• 在开始时没有花时间做计划<br>• 错失了修订计划的良机 | 你的小组：<br>• 一直在完成任务或大体工作上有效率<br>• 在项目开始时制订了计划<br>• 在截止时间前已经有了可以分享的成果 | 你的小组：<br>• 掌控整个小组进展<br>• 每当有必要时，进行项目计划的修订<br>• 预留了一定时间用于修改最终成果 |

## 第三阶段：团队开展项目研究

这一阶段是学生真正投入研究的重要阶段，周期较长，正常需要一个月左右，在活动过程中，可根据学生的学习情况适当调整。

各学习团队首先要结合老师发布的学习导引文件和项目评价量表讨论确定项目实施方案，明确活动要求，弄清研究方向。方案内容包括研究内容分解、人员分工、研究准备、进度安排、注意事项等，需要形成文字材料。

团队开展研究的过程中要注意过程资料与阶段性成果资料的收集与保留，可以是文字、图片、视频、录音等多种形式。学习团队要定期开展交流，对照方案发现问题，针对问题修正方案。

团队学习的最后阶段，班级全体成员集中，各研究团队逐一介绍团队共同完成的初步作品。大家彼此鼓励团队协作与形式创新，指出各自的优点与存在的问题。各研究团队结合评价意见对作品做补充、修改与优化，形成最终作品。

## 第四阶段：展示与评价

### 1. 集体展示形式设计

**环节一：**各班级组织展示，邀请全体学生、全体参与老师、部分家长代表到场。各学习团队抽签决定顺序。利用教室里的多媒体设备，逐一进行展示。每一团队展示完毕后，小组成员进行自评，其他人员进行他评。

**环节二：**每班选取两个优秀作品上传学校微信群，进行网上投票选优。

**环节三：**将优秀作品向相关网站投稿。

### 2. 评价表设计

如表1–17所示。

表1–17 “我与蚕儿交朋友”作品评价表

小组名称：________________

| | 团队协作 | 项目管理 | 作品质量 | 展示效果 | 贡献值评价 |
|---|---|---|---|---|---|
| 自评 | | | | | |
| 他评 | | | | | |

3. 优秀作品举例（略）

## 第五阶段：反思与总结

作为“丝绸之乡”的学生，有着得天独厚的优势走近蚕、研究蚕。“我与蚕儿交朋友”项目学习，采用校内、校外相结合的方法开展活动。

校外，我们通过精心设计的导引文件，引导学生在家长的陪同下，走农家、访织厂、查资料，小组成员们共同参与、体验、收获。他们走进桑林、走进蚕室，把蚕儿带回家；他们来到丝绸公司，了解丝绸文化，认识可爱的家乡。他们养蚕、画蚕、写蚕、悟蚕……一双双灵巧的小手，一颗颗童稚的心，向人们展示了他们眼中的蚕文化。

**【家长感言】**

养蚕的过程中，孩子们亲身观察蚕生长、发育、繁殖、死亡的生命历程，培养了他们珍爱生命的意识。我觉得这是一次很有意义的活动。

蚕项目学习，不仅丰富了孩子们的知识，提高了孩子们的观察能力和动手能力，还增强了孩子们的合作意识，培养了孩子们的责任心和关爱之心。

——杨雅迪妈妈

在校内，就有更有意思了！

美术课上，学生拿起画笔把美丽的桑叶留在自己的画本上。体育课上，学生玩着“蚕儿快爬”的游戏，他们默契天成：俯撑、爬行，一气呵成，他们的手脚交错前行，欢声笑语在操场上空回荡……科学课上，学生观看蚕的介绍片，举行蚕的各阶段辨识大赛，观察蚕生长、发育、繁殖、死亡的生命历程，认识生命的神奇与伟大。音乐课上，那清脆悦耳的歌声，是学生在学唱歌曲《蚕宝宝》呢！他们手中挥舞着五彩的丝绸，边唱边跳，成为校园里一道亮丽而独特的风景线。再走进语文课堂，学生用自己的方式，用他们稚嫩童真的话语把自己眼中的蚕和进行蚕项目学习的感受倾注笔间，字里行间是他们的快乐在尽情地流淌。

【学生感言】

养蚕是很辛苦的哦！除了每天都要为蚕宝宝采摘新鲜的桑叶外，蚕对卫生的要求也很高：带水的桑叶不能吃，蚕沙要天天清理，空气要流通，不能接触任何异味。我们一天至少要给蚕喂食4次，早上、中午、下午、晚上。晚上要多喂点，因为蚕夜里也要吃桑叶。

——一（8）班　李梓豪

星期天，我去外婆家看蚕宝宝。它们好可爱呀，白白胖胖的。有的蚕宝宝正在睡觉，睡得可香了；有的正在旁边慢悠悠地爬着，好像十分悠闲。这时候我拿来一些桑叶给它们吃，只听“沙沙”的响声，不一会儿蚕宝宝就把桑叶吃出一个个大洞，有趣极了！

——一（8）班　陆柯燃

这次“我与蚕儿交朋友”项目学习，学生亲自养蚕，参与到蚕短暂而奇特的生命中，了解了蚕的生活习性，体验着养蚕的乐趣，也感受到“春蚕到死丝方尽”的伟大。在参观学习中，他们还了解了缫丝的加工工艺，见识了丝绸的缤纷与尊贵，被嫘祖“教民养蚕”的传说所吸引，因“丝绸之路”的文明历史而自豪。祖国悠久的桑蚕文化就这样慢慢浸润到了学生的心田……

“蚕”沁课香，“蚕”绕心房，学生在项目学习中感受着成长的乐趣，收获着成长的喜悦！我们的共生课堂也因为有了蚕宝宝的加入而变得更加趣味横生，更加魅力四射！

实践案例篇

# 第二章

# 科技之新

当下是儿童的当下，未来是儿童的未来。科技类项目在儿童的当下和未来之间搭建起一座桥，儿童在桥上凝望、探究、畅想、实践……思维正酣时，此岸便成了彼岸。

# 第一节　风筝飞飞飞

## 一、项目背景

风筝文化是中国传统文化的重要组成部分，已经有2000多年的历史了。它既能就地取材，制作方便，容易普及，也可以精细制作，显示不同民族的精湛工艺水平和美术构思。近年来，随着放飞技术的发展，风筝日益成为竞技性很强的体育活动。放风筝也逐渐成为国际友谊交往和文化体育交流受欢迎的媒介。于是，我们想通过项目学习活动，让学生了解中国悠久的风筝文化和制作工艺，增长学生的见识，拓宽学生的知识面，培养学生收集、处理信息的能力，同时又增强学生的动手能力、生活自理能力，加强学生的策划能力和人际交往能力，激发学生探索科学原理的兴趣，努力实现读书、做事、做人的融合教育。

## 二、脉络分析

脉胳分析如表2-1所示。

表2-1　“风筝飞飞飞”项目学习脉络分析表

| 学科领域 | 能力类型 | 学习环节 | 学习目标 |
| --- | --- | --- | --- |
| 科学 | 观察验证 | 了解风筝的制作材料。放飞风筝 | 了解物体具有一定的特征，材料具有一定的性能。在实际操作中了解“平衡”，找到放飞风筝的诀窍 |
| 工程 | 设计制作 | 设计、制作一只符合原理、造型美观的风筝 | 依据科学原理设计和制造物品，解决技术应用的难题 |
| 数学 | 计算测量 | 市场上所卖风筝的数据测算。自己设计的风筝结构、材料预算。测算线的长度、线和风筝之间的角度 | 根据比例进行放大或缩小结构数据。了解线的长度、线和风筝之间的角度与风筝飞行高度的关系 |

（续表）

| 学科领域 | 能力类型 | 学习环节 | 学习目标 |
|---|---|---|---|
| 信息技术 | 制作网页 | 制作风筝专题网页 | 培养采集、加工以及发布信息等处理信息的基本技能 |
| 语文 | 写作 | 了解风筝文化，能吟诵与风筝有关的诗句。介绍本小组制作的风筝 | 学习浏览，扩大知识面，根据需要搜集信息。能根据交流的对象和场合，稍做准备，做简单的发言 |
| 美术 | 绘画 | 设计风筝的结构模型图<br>用图案装饰风筝 | 能根据条件画出模型图<br>能通过想象对风筝进行图案装饰，体验设计的乐趣，培养审美情趣 |
| 综合实践 | 调查 | 通过观察、访谈等方式，对人们喜欢的风筝进行了解，形成调查报告 | 注重运用实地观察、访谈、实验等方法，获取材料，形成理性思维、批判质疑和勇于探究的精神 |
|  | 交往 | 在项目学习中学会团队合作，建立学习共同体。展示学习成果，体验成功的喜悦 | 在实际工作岗位上或模拟情境中见习、实习，体认职业角色，提升生涯规划能力 |

## 三、学习过程

第一阶段：项目导入

### 教学准备

（1）初步了解风筝，完成预学单。

（2）制作课件。

（3）每小组准备一个平板电脑。

### 教学过程

1. 问题情境，项目驱动

（1）同学们，学校要组织春游了，你们最想去郊外做什么？

（2）学生讨论。摄影？春日诗词大会？放风筝？

（3）每组陈述理由。

风筝小组：风筝在我国有着悠久的历史，放风筝是一项民间传统项目。高鼎的诗里就曾这样写过："儿童散学归来早，忙趁东风放纸鸢。"我们认为在春天放风筝是最佳的户外活动，不仅可以陶冶性情，还可以强身健体。

（4）达成共识：春游时放飞自己做的风筝。

（**设计意图：**项目学习的内容必然是学生的主体需求，这样产生的项目本身才是有趣的、有张力的，才能更好地发挥项目学习的特点和优势）

**2. 围绕项目，设计任务**

（1）话题导入。

在郊游那一天，能将自己亲手制作的风筝高高放飞蓝天，是多美的一件事啊！同学们，你们想了解风筝吗？想亲手做出自己的专属风筝吗？（想）

（2）小组学习。

① 出示学习要求。

- 学一学：各小组通过平板电脑自主学习网络上关于风筝的介绍。
- 想一想：要制作一只风筝需要哪些核心步骤？
- 议一议：你们组准备制订什么样的活动计划？

② 完成表格式学习单。

（3）讨论提升。

① 通过讨论学习，你们觉得要制作一只风筝需要哪些核心步骤？

- 构想：设计好样式、形状。
- 选材：选择合适的材料。
- 装饰：画上喜欢的图案。

② 这些步骤你们准备如何实施？

③ 小结提炼。

参考网络资料、采访海安风筝老人、实际测量、设计样式、估算比例、寻找材料、合作完成、实践后改进……

④ 指导如何将每一步细化。

比如采访风筝老人，可能需要做哪些准备？

（确定访问对象，事先拟好访问提纲，做好访问记录，等等。）

再比如在选材上，大家觉得要注意什么呢？

（材料牢固且易寻找。）

小结：可见，要做一只符合原理、造型美观的风筝并不容易，是要动脑筋，做很多计划的。

（**设计意图**：要制作一只风筝的确不易，尤其对中年级的小学生来说。所以在任务设计上要体现自主原则，让学生通过学习、讨论，进一步明晰项目学习的任务，激发参与的热情）

3. 聚焦风筝，完善方案

（1）发布任务。

风筝文化源远流长，留下了很多诗词歌赋、民间佳话，我们南通也是“风筝之乡”，作为南通人，我们为之骄傲和自豪。如果你也能制作出一只漂亮的风筝，不仅可以在郊游时一展风采，而且也是对民间文化的一种传承。

（2）各小组讨论方案。

制作一只风筝，要做哪些前期准备，怎么准备，需要哪些支持？一连串的问题留给大家。请各小组现在开展初步的方案设计。

（时间进度安排、风筝的名称、风筝的造型、成员分工、资料获得方式、工具准备、成果形式等）

（3）交流提升。

① 指导：哪些环节有难度？

- 造型设计：资料参考，创意想象。
- 材料预算：先估算风筝的大小，再预算每部分材料。（如主骨架的长度、线的选择、竹片的长和宽、布或纸的选择、组装用的铅丝或胶水等）
- 结构组装：工具齐全，合作完成。
- 成品改进：尝试放飞，掌握平衡，调整优化。

② 这些资料如何获得？

网上学习，民间艺人经验访谈，老师技术指导，家长协助。

③ 为了让我们的成果更具体更丰富，我们还可以做什么？

图（拍摄研究过程中的照片）、文（写写研究小日记、为自己的风筝写推荐词）。

（**设计意图：**学生对风筝心向往之，却不能触手可得，项目学习让学生在活动过程中学习规划，学习建立联系，学习跨情境思考，最终帮助学生形成心智自由的大格局）

4. 总结（如表2-2所示）

表2-2 “风筝飞飞飞”小组学习单

班级：________ 小组：________ 小组成员：________

| | 制作步骤 | 前期准备 |
|---|---|---|
| 我们认为制作风筝需要哪些核心步骤 | | |
| 我们组的学习方案 | 学习时间：<br>风筝名称：<br>阶段安排及呈现方式： | |
| 我们的发现和思考 | | |

## 第二阶段：发布导引文件与评价量表

### “风筝飞飞飞”项目学习导引文件

“草长莺飞二月天，拂堤杨柳醉春烟。儿童散学归来早，忙趁东风放纸鸢。”“纸鸢”就是风筝。你一定也很喜欢放风筝吧。

了解风筝最有效的方法，就是试着做一个风筝，并把它放飞到蓝天上。这将是我们要做的一个项目：和同伴一起在家长的指导下制作风筝并放飞。

你将和小组内的其他四五个成员一起来做这个项目。你们的研究应当包含以下信息：

（1）风筝的发展历史。

（2）古今中外风筝的种类、图案。

（3）关于风筝的趣话、故事。

（4）制作风筝所需要的材料以及放飞风筝的原理。

最终成果以放飞风筝的方式呈现，并为自己的风筝设计推荐词。

请准备在4月1日—5月5日期间与小组其他成员一起展示你们的项目成果。

期待你们在项目学习中有精彩的表现，有出色的成果！

评价量表如表2-3所示。

表2-3 “风筝飞飞飞”评价量表

| | 需要避免的错误或行为 | 基本要求 | 优秀水平 |
|---|---|---|---|
| 研究与介绍设计 | • 用了网上或市面上已有的造型设计，没有自己的创意<br>• 不是基于自己实验的材料数据，完全模仿他人现成资料<br>• 小组成员不操作，完全由家长代劳<br>• 作品推荐词完全模仿他人 | • 造型、图案等是原创设计<br>• 各部分材料数据依靠自己的实验研究<br>• 小组成员合作完成，家长或老师只是参与者<br>• 作品推荐词能从理念、特点等方面来构思 | 除了满足基本要求的标准，还应包括以下至少两项内容：<br>• 通过采访相关专家所获得的信息<br>• 对学习小组的实验过程有详细的资料留存<br>• 作品推荐词能涉及对风筝原理的研究 |
| 使用效果 | • 风筝易散架<br>• 风筝造型不够美观<br>• 飞行时不能保持平衡<br>• 推荐词不能体现自己的设计理念和独特之处 | • 放飞过程中不散架<br>• 风筝造型美观、大方<br>• 飞行时能保持平衡<br>• 推荐词能准确、清楚地体现该风筝的特点 | 除了满足基本要求的标准，还具备以下特色：<br>• 吸引眼球<br>• 飞得高<br>• 作品介绍引人入胜 |

（续表）

| | 需要避免的错误或行为 | 基本要求 | 优秀水平 |
|---|---|---|---|
| 协作 | 你的小组：<br>● 没有为所有成员创造分享想法的机会<br>● 没有公平地分配工作<br>● 没能充分利用委派任务的机会 | 你的小组：<br>● 倾听并尊重每个人的观点<br>● 相对公平地分配工作<br>● 根据成员各自的强项委派任务 | 你的小组：<br>● 整个过程中保持富有成效的合作关系<br>● 在合适的情况下，考虑到每个人的需求<br>● 团队协作所创造的成果远远超过任何个人所创造的成果 |
| 项目管理 | 你的小组：<br>● 由于精力分散或低效而浪费了宝贵时间<br>● 在开始时没有花时间做计划<br>● 错失了修订计划的良机 | 你的小组：<br>● 一直在完成任务，大体工作上有效率<br>● 在项目开始时制订了计划<br>● 在截止时间前已经有了可以分享的成果 | 你的小组：<br>● 掌控整个小组进展<br>● 每当有必要时，进行项目计划的修订<br>● 预留了一定时间用于修改最终成果 |

## 第三阶段：团队开展项目研究

完善方案：各学习小组结合老师发布的学习导引文件和项目评价量表再次讨论项目实施方案，形成团队研究方案，包括研究内容分解、人员分工、研究准备、进度安排、注意事项等，将上述的研究方案记录下来，形成文字材料。

开展研究：这是项目研究的主体阶段，需要两三周的时间，各研究小组按照分工分头开展研究活动，及时保存研究资料。过程资料与阶段性成果资料可以是文字、图片、视频、录音等多种形式。

研究过程中，团队成员定期汇报各自的研究进展，自我剖析研究过程中的成功之处，以及遇到的问题与不足。对照最初的研究方案，及时调整、修正方案。

交流改进：各研究小组一一介绍共同完成的初步作品。班级集体评价时，指出各自的优点与存在的问题。各研究团队结合评价意见，对作品做补充、修改与优化，形成最终作品。

## 第四阶段：展示与评价

1. 集体展示形式设计

**环节一：风筝知识达人秀**

各班级组织风筝知识竞猜，每班选出“竞猜小能手”再参加年级的比赛。

**环节二：比比谁的风筝美**

每班选取两件优秀作品上传学校微信群，进行网上投票选优。

**环节三：“风筝飞飞飞”**

在操场或郊外进行“风筝试比高”活动，比比谁的风筝飞得高。班级选出两名“风筝王”后，参加年级挑战赛，并邀请全体学生、全体参与老师、部分家长代表到场，观看比赛，并进行打分。

2. 评价表设计（如表2-4所示）

表2-4 “风筝飞飞飞”作品评价表

小组名称：____________

| | 团队协作 | 项目管理 | 作品质量 | 展示效果 | 贡献值评价 |
|---|---|---|---|---|---|
| 自评 | | | | | |
| 他评 | | | | | |

3. 优秀作品举例（略）

## 第五阶段：反思与总结

听着春天的足音，在草长莺飞、春光明媚的日子里，我们二年级举行了一场别开生面的风筝项目学习活动。活动分为5个环节，即“走进奇妙的世界——风筝知识知多少”“做出独特的风景——风筝制作小擂台”“串起快乐的音符——小小风筝作品秀”“放飞心中的梦想——风筝蓝天试比高”“捡拾美好的记忆——风筝感受大家谈”。

在活动过程中，学生和家长一起收集材料，自制风筝。学生在制作过程中不仅体验了制作的快乐，而且了解了风筝的基本构造特点是“平衡”。每年5月初，学校的新操场成了一片欢乐的海洋。家长、老师和学生痛痛快快地与蓝天、白云亲近了一回。几十只风筝在学校操场的上空飞舞，五彩缤纷的风筝扶摇直上，“老鹰”“蝴蝶”“燕子”“喜羊羊”等栩栩如生，它们在空中争奇斗艳，令人目不暇接。看着自己的风筝在蓝天上愉快地飞舞，学生高兴极了，他们情不自禁地欢呼雀跃，这些风筝承载着他们的梦想以及家长和老师的殷切期望。

学生走出户外，充分感受大自然的美好，尽情享受集体活动的乐趣，丰富了他们的业余生活，拓宽了视野。孩子通过自己搜集关于风筝的起源、发展演变过程的资料，掌握了风筝的知识，把自己变成了学习的主人。家长很激动：“孩子们聆听讲座时专注的神情，制作风筝时细致的动作，放飞风筝时快乐的奔跑，在我的脑海里一一闪过。家长培养孩子的过程其实就像制作、放飞风筝的过程，风筝做好了，放飞天空了，孩子也成人成才了，终有放飞的一天，但无论飞向哪里，家长的牵挂就如同那一根顽强的风筝线。”

# 第二节 制作飞行器指引文档

## 一、项目背景

生活中，人们首次使用一种新的产品时，都会仔细阅读说明书，从说明书中学到使用方法、注意点、保养方式等。一个好的说明书能帮助人们很快掌握使用方法，而模棱两可、缺乏逻辑的说明书则会让人雾里看花、不知所云。在STEM领域，工程技术文档的写作能力，是一项十分重要的基础能力。本项目学习针对四年级学生，学习的重点旨在让学生掌握这项基本技能，虽然不是每位学生将来都能成为工程师或者科学家，但这种系统的逻辑思维不管在工作、生活还是学习中，都是十分必要的。

## 二、脉络分析

脉络分析如表2-5所示。

表2-5 “制作飞行器指引文档”脉络分析表

| 学科领域 | 能力类型 | 学习环节 | 学习目标 |
| --- | --- | --- | --- |
| 物理 | 观察验证 | 了解有关飞行器的知识 | 了解不同物体具有不同的特征，材料的性能也不同 |
| 工程 | 设计制作 | 通过设计—实验—改进，不断循环，得到相对完美的产品设计 | 知道工程设计不是一蹴而就的，而是一个循环往复的过程 |
| 数学 | 计算测量 | 材料测算，做好工程预算<br>计算飞行器的自身重量，测算飞行速度、飞行距离、飞行高度等数据 | 在测量、计算的过程中逐步形成对科学的严谨态度 |
| 技术 | 搜索信息 | 对升阻比、升力、阻力、升力系数等专业术语进行检索和学习 | 培养采集、搜索等处理信息的基本技能 |
| 写作 | 制作文档 | 完成清晰、明了的指引，形成文档。交流展示 | 能根据交流的对象和场合，稍做准备，做简单的发言，阐明自己的观点，使人接受自己的建议 |

（续表）

| 学科领域 | 能力类型 | 学习环节 | 学习目标 |
| --- | --- | --- | --- |
| 综合实践 | 获取知识 | 通过检索、查阅、访谈等方式，对项目中涉及的未知领域自主式学习 | 注重运用多种方法，获取材料，形成理性思维、批判质疑和勇于探究的精神 |
| | 交往 | 在学习过程中建立学习共同体，学会团队合作。在学习结束后善于展示学习成果，体验成功喜悦 | 在实际工作岗位上或模拟情境中见习、实习，体验职业角色，提升生涯规划能力 |

## 三、学习过程

### 第一阶段：项目导入

**教学准备**

（1）每小组准备A4纸10张，别针1盒，平板电脑1部。

（2）课前布置：了解工程师和科学家的区别。

（3）每两人一组，确定设计者和制造者。

**教学过程**

1. 了解工程师和科学家的区别

（1）同学们，课前大家了解了科学家和工程师的区别，谁来说说他们具体是做什么的？平时是怎样工作的呢？

（2）小结：简单来说，科学家研究事物，工程师建立、创造事物。科学家对真实的自然和未知的环境努力探索，形成认识，发现一般性法则和规律，而工程师遵照这些法则，通过设计、制造一些工具来解决问题。比如桥梁工程师设计、制造大桥，计算机工程师设计、制造芯片。

（3）今天我们就来当一名工程师，按照工程师的工作方式来完成一些任务。

2. 了解什么是飞行器

（1）首先请大家利用平板电脑，通过网上搜索，了解一下什么是飞行器。

（2）小组汇报。

3. 初步形成指引文档，对照文档制作飞行器

（1）小组里讨论，选择一种飞行器，完成一份飞行器的制作指引文档，制作材料为A4纸和别针。

（2）小组里的每个成员按照指引完成一个飞行器的制作，并利用平板电脑记录制作过程。

（3）这时候的指引文档没有经过教师的指导、加工，是原始的，所以会有描述不清晰的现象。当学生提出问题的时候，教师可以先不作解答。

（4）完成后，小组里互相比较，看是不是有差异。提问：为什么按照同一份指引文档，却会有不同的结果？

（5）原来问题出在我们的指引文档上。那么，一份清晰、明了的指引文档是什么样的呢？工程师是怎样撰写工程技术文档的呢？

4. 改进指引文档，制作原型飞行器

（1）请几个学生展示制作的飞行器和制作飞行器过程的视频。

（2）从他们的制作过程中你们获得了什么灵感吗？在接下来的制作过程中，你们可以加以借鉴。

（3）结合刚才的飞行器，教师提出问题：

① 为什么你们的飞行器头往下栽？

② 为什么你们的飞行器飞行过程中会偏离方向？

③ 飞行器的外形除了做成飞机的样子，还可以是什么形状的？

（4）根据这些问题，在小组里合作完成一个飞行器。提示：

① 可以先在纸上画出草图，然后再制作。

② 画图时请在图上作出必要的标记。

③ 制作过程中，随时可以试飞、测试、测量，并加以改进。

④ 在修改设计的过程中，及时记录每次作出的改动以及效果。

5. 总结

总结略。

## 第二阶段：发布评价量表

评价量表如表2-6所示。

表2-6 “制作飞行器指引文档”评价量表

| | ☆ | ☆☆ | ☆☆☆ | ☆☆☆☆ | ☆☆☆☆☆ |
|---|---|---|---|---|---|
| 文档写作 | 不能指导制作 | 用词准确，没有误导，但条理不清晰 | 条理清晰，但用词不准确，产生误导 | 条理清晰，用词准确，没有误导，但形式单一 | 条理清晰，用词准确，没有误导，适当使用了图片或者表格等方式来表达设计意图 |
| 与小组成员的配合 | 搅扰其他小组的制作 | 与组内其他成员没有交流和配合 | 能客观、全面地评价第一份文档，但不能给出改进建议 | 能客观、全面地评价第一份文档，并提出修改意见 | 能客观、全面地评价第一份文档，并提出修改意见，能虚心接受别人的建议并做出有效改进 |
| 现场讨论展示汇报 | 没有展示汇报 | 汇报满足以下标准中的一条：<br>●重申了问题和任务<br>●展示制作步骤<br>●能以恰当的方式呈现搜集的数据<br>●汇报交流时态度大方，语言清晰、流畅 | 汇报满足以下标准中的两条：<br>●重申了问题和任务<br>●展示制作步骤<br>●能以恰当的方式呈现搜集的数据<br>●汇报交流时态度大方，语言清晰、流畅 | 汇报满足以下标准中的三条：<br>●重申了问题和任务<br>●展示制作步骤<br>●能以恰当的方式呈现搜集的数据<br>●汇报交流时态度大方，语言清晰、流畅 | 汇报满足以下标准中的四条：<br>●重申了问题和任务<br>●展示制作步骤<br>●能以恰当的方式呈现搜集的数据<br>●汇报交流时态度大方，语言清晰、流畅 |
| 综合☆数 | | | | | |

## 第三阶段：讲解知识阶段

**1. 了解工程技术文档的写作要点**

（1）同学们，在上节课中我们已经能够初步写出飞行器的制作指引文档，请看这一组的文档，大家在小组里讨论：这个文档在哪里出现了问题？

① 哪些地方表述不清晰，容易让读者产生误会？

② 哪些地方需要改进，怎样改进？

③ 一份好的飞行器指引文档应该包含哪些内容？

④ 制作指引文档有哪些需要注意的地方？

（2）归纳。

① 用词准确，没有误导，简明扼要。

② 选择平实的描述词，做到客观、准确。

③ 制作步骤要按逻辑顺序，条理清晰。

④ 尽量少用专业术语，因为读者可能看不懂；如果必须要用，先要告诉读者这些术语的含义。

⑤ 要假设读者没有制作过飞行器，这是第一次接触。

⑥ 使用祈使句。

⑦ 适当使用图片或表格等具体直观的方式来表达设计意图。

**2. 撰写技术文档，试制飞行器**

（1）同学们，经过讨论，大家对怎样写技术文档应该有所了解了。请大家自己独立写出制作飞行器的步骤。

（2）两两一组，互相交换文档，根据对方的文档制作飞行器。提示：请不要交流，独立完成。

（3）制作完成后，请你给文档打分，如果你觉得哪些部分需要作者做进一步改进，请写出你的修改建议。

（4）将文档和制作的飞行器一同交给文档的作者。

**3. 改进技术文档，制作定型飞行器**

（1）同学们，大家已经拿到了文档，别人已经提出了修改建议，请大家对提出的问题认真细读，并做出反馈。反馈包括两部分：一是结合别人的建议，对文档进行修改；二是对别人做出的飞行器出现的错误进行记录。

（2）完善制作文档，然后继续两两交换。

（3）根据新的文档，重新制作飞行器，即定型飞行器。

**4. 评价异同点**

作者将最初制作的原型飞行器和定型飞行器放在一起，找出相同点和不同点，比较优劣。

## 第四阶段：试飞测试阶段

**1. 试飞**

（1）同学们，经过几轮的设计、改进和制作，激动人心的时刻就要来到了。请大家把两个飞行器都参加试飞，试飞数据及时、真实记录。

（2）两个飞行器各飞行3次，最后取平均值。

（3）测量的数据包括飞行的距离和滞空时间。

（4）试飞之前要确定起飞高度，用胶带做出标记。

**2. 数据分析**

（1）同学们，工程师经过测量得出数据之后，会对数据进行分析，找出其中的联系，为以后的研究积累经验。我们今天也要对数据进行分析。

（2）填写飞行参数记录表。

（3）讲解术语。

① 飞行器重量=纸张数量×每张纸的重量+别针数量×每个别针的重量。

② 飞行速度=飞行距离÷滞空时间。

③ 升阻比=飞行距离÷起飞高度。

④ 升力=飞行器重量×重力加速度。

⑤ 阻力=升力÷升阻比。

⑥ 升力系数=（升力×2）÷（空气密度×飞行速度的平方×翼展面积）。

（空气密度约等于0.001275千克/立方米）

⑦ 阻力系数=升力系数÷升阻比。

3. 总结（如表2-7、表2-8所示）

表2-7 飞行实验记录表

设计者：________________ 制造者：________________

| | 飞行距离 | 滞空时间 |
|---|---|---|
| 第1次试飞 | | |
| 第2次试飞 | | |
| 第3次试飞 | | |

表2-8 飞行参数记录表

| | 数据 | | | | | | 计算 | | | | | 结果 | |
|---|---|---|---|---|---|---|---|---|---|---|---|---|---|
| | 飞行距离 | 翼展面积 | 滞空时间 | 起飞高度 | 纸张数量 | 别针数量 | 飞行器重量 | 飞行速度 | 升阻比 | 升力 | 阻力 | 升力系数 | 阻力系数 |
| 1 | | | | | | | | | | | | | |
| 2 | | | | | | | | | | | | | |
| 3 | | | | | | | | | | | | | |
| 4 | | | | | | | | | | | | | |
| 5 | | | | | | | | | | | | | |
| 6 | | | | | | | | | | | | | |
| 7 | | | | | | | | | | | | | |
| 8 | | | | | | | | | | | | | |
| 9 | | | | | | | | | | | | | |
| 10 | | | | | | | | | | | | | |

## 第五阶段：反思与总结

提到“工程师”，学生脑海里浮现出的一定是各种各样的工作者。有的头戴安全帽，手拿绘图笔，站在一幢大楼前“指点江山”；有的身穿防辐射衣，全副武装，正在实验室专心致志地进行实验研究；还有各种互联网技术工程师、石油工程师、航天工程师，等等，但为什么把这些不同行业的工作人员都称为工程师？工程师具体是怎么工作的？他们的工作内容是什么？工程师和科学家又有什么区别？……这些都是学生经常会问的问题。经过这个项目学习的系列活动，相信学生心中一定会有满意的答案。因为他们都是解决问题的人，经过提出问题、设计方案、实验解决、落实方案，在落实方案的过程中，发现新的问题，再次设计方案、实验解决、落实方案，如此不断循环，直到问题彻底解决，最终得到相对完美的产品设计，这是一个多次循环的过程，即工程设计循环。

在项目学习的过程中，学生提升了工程技术文档的写作能力，知道了工程设计不是一蹴而就的，而是一个循环往复、不断改进的过程。同时，在小组合作当中，锻炼了与他人交往的能力。在他们未来的生活、学习之路上，这些都将成为宝贵的财富，伴随着他们走得更远……

# 第三节　我是军事观察员

## 一、项目背景

作为一所百年老校，我们要传承“共生”的理想，我们要肩负时代的担当。面对即将跨入中学大门的六年级学生，我们有责任和义务开展理想信念教育，深化中国特色社会主义和“中国梦”的宣传教育，弘扬民族精神和时代精神……让我们的学生心中有信仰，班级群体有力量，学校、社会有希望！于是“我是军事观察员”的项目学习设想应运而生。

## 二、脉络分析

脉络分析如表2-9所示。

表2-9　“我是军事观察员”项目学习脉络分析表

| 学科领域 | 能力类型 | 学习环节 | 学习目标 |
| --- | --- | --- | --- |
| 语文 | 交流写作 | 通过采访和搜索，了解所研究的话题，并形成独特的看法。在汇报的PPT中用文字描述自己的看法。在汇报中，介绍本组研究内容 | 学习浏览，扩大知识面，根据需要搜集信息。能根据交流的对象和场合，稍做准备，做简单发言 |
| 数学 | 计算测量 | 通过数据分析，计算各项百分比。研究军事武器中的比 | 能根据调查计算某个话题赞成的百分比；研究自己感兴趣的武器，计算各项数据之比 |
| 信息技术 | 搜索整理制作PPT | 网上搜索整理与研究话题相关的内容。制作汇报PPT或美篇。网上下载相关音乐 | 培养采集、加工、制作等处理信息的基本技能 |
| 音乐 | 配乐 | 根据自己介绍内容的特点，选择合适的背景乐 | 增强对音乐的欣赏力 |

（续表）

| 学科领域 | 能力类型 | 学习环节 | 学习目标 |
|---|---|---|---|
| 美术 | 构图 | 对PPT或美篇图片与文字进行处理，增强美感 | 通过看一看、想一想、画一画、做一做等方法进行简单组合和装饰，体验设计制作活动的乐趣 |
| 综合实践 | 调查 | 通过访谈等方式，对身边的大人进行采访，形成自己的调查报告 | 注重运用观察、访谈等方法，形成理性思维、批判质疑和勇于探究的精神 |
| | 交往 | 在项目学习中学会团队合作，建立学习共同体。展示学习成果，体验成功喜悦 | 在实际工作岗位上或模拟情境中见习、实习，体认职业角色，提升生涯规划能力 |

## 三、学习过程

### 第一阶段：项目导入

#### 教学准备

（1）初步了解军事相关内容，完成预学单。

（2）制作课件。

（3）每小组准备一个平板电脑。

#### 教学过程

1. 军事体验

（1）同学们，开学第一天，我们就进入了“我是小小兵”的军训体验活动中，大家踢正步、意气风发；喊口号，斗志昂扬。骄阳似火，没有畏惧；挥汗如雨，豪情万丈。在为期两天的体验活动中，展示了一个“共生娃”的英姿风采！

说一说，通过这次活动，你最大的收获是什么？

（2）两个星期前，语文老师和班主任为大家推荐了很多文学作品，如《三十六计》《写给儿童的中国历史》《铁丝网上的小花》《小兵张嘎》，还给大家推荐了几个电视节目，如《军情观察室》《海峡两岸》……

你们都选读或者选看了吗？有没有发现这些文学作品和电视节目都跟哪个关键词有关？（军事）

2. 军事畅想

（1）说到军事，你的心里首先想到什么？

① 军人、军队、军种、军旗、武器、战争、历史、国际形势等。

② 和军事有关的成语、歇后语、俗语、诗句、故事等。

③ 和军事有关的书籍、电视节目。

（2）同学们一下子想到了这么多，可见军事的内涵真是太丰富了！

（**设计意图：**军事的畅想鼓励学生想象与军事相关的一切，包括与军队或战斗相关的，与文学作品有关的，等等，让学生脑洞大开，让思维飞起来）

3. 军事表达

（1）引起关注。

同学们，提到军事，我们就会想到军队组成、军事力量、战斗历史、现实矛盾、未来格局等。今天我们非常有幸，邀请到了本年级的家长代表，一位退伍军人为大家做“多彩的军营生活”的讲座，希望同学们能从他的讲座中提出问题，找到自己的研究方向。

（2）小组交流，思考话题。

通过刚才的介绍，你找到了自己最感兴趣的研究话题了吗？请小组内交流。

（3）集体交流，交流话题。

（4）抛出话题，引发关注。

通过刚才的交流，老师发现同学们感兴趣的话题大概有以下几种：

① 你知道中国有多少军种，多少军衔级别吗？

② 你知道中国八一军旗或其他军旗的样子和含义吗？

③ 你最感兴趣的武器是什么？

④ 你读懂了《孙子兵法》和《三十六计》吗？

⑤ 你知道古今中外的战争形式和战争思想吗？

⑥ 你知道中国为什么要发展航母吗？

你还有其他感兴趣的话题吗？

（5）自由组合，成立学习小组。

请大家根据自己的研究兴趣，与有同样研究兴趣的同学组成学习小组，每组3～6人，接下来所有的任务将由你们小组共同分工协作完成。

（6）讨论提升。

① 方法指导。

你觉得要深入研究好某个话题，需要怎么操作呢？

（网上搜索跟话题有关的信息，阅读相关书籍和评论，观看相关视频，与社会专业人士或军人等交谈）

整理信息，分几个方面介绍，形成自己的观点。

② 指导如何将每一步细化。

比如：访问群众，我们可能需要做哪些准备？

（确定访问对象，事先拟好访问提纲，做好访问记录，等等）

再比如：网上搜索，大家觉得怎样才能找到需要的信息呢？

小结：可见要做好一个话题的研究并不容易，需要好好动脑筋。

（**设计意图：**通过小组交流，引发思维碰撞，再抛出相关的话题让学生选择，学生既可以从中找到自己感兴趣的话题，也可以另外再定话题，最后有同样研究兴趣的同学组成学习小组，再进行方法的指导，学生对此项目的研究就有法可依了）

4. 军事聚焦

（1）发布任务。

现在，请各个新成立的小组按小组就座，选好组长，先给你们小组取个响亮的名字，在项目学习单上填写你们小组的研究话题，注意要能表达清楚意思，并吸引别人的目光。

这个项目将以军事小讲坛、PPT汇报、美篇推介或研究小论文的形式呈现，每组可以选择其中一项形式进行成果汇报。

（2）各小组讨论方案。

① 根据自己的特长，确定分工和时间安排。

② 讨论资料获得方式和研究工具准备等。

③ 根据遇到的情况进行适当调整。

（3）大组交流。

选择一两个小组介绍自己小组已有的初步方案，其他小组可以提出质疑或合理化的建议。

（4）为了让我们上传的资料更具体更丰富，我们还可以做什么？

我们可以拍摄或搜索图片，也可以写一写诗歌及与军事有关的故事。

（**设计意图：**让学生聚焦某一话题，通过小组讨论和独立思考，再到大组交流的方式，让学生能够从别人的交流中获得启发，拓宽自己的研究思路。在此过程中，学生始终处于发现问题、解决问题的状态，为后续的项目学习提供了保障）

5. 总结（如表2-10所示）

表2-10 “我是军事观察员”小组学习单

| 班级： | 小组名称： |
| --- | --- |
| 组长：<br>组员： | 家长义工： |
| 研究项目： | |
| 小组分工： | |
| 研究过程： | |

（续表）

| 研究过程评价： | | |
|---|---|---|
| 组内成员自评： | 研究内容为☆☆☆☆☆ | 成果呈现为☆☆☆☆☆ |
| | 小组合作为☆☆☆☆☆ | |
| 家长评价汇总： | 研究内容为☆☆☆☆☆ | 成果呈现为☆☆☆☆☆ |
| | 小组合作为☆☆☆☆☆ | |
| 至少邀请3名旁观者签名评价： | | |
| 备注： | | |

## 第二阶段：发布导引文件与评价量表

### “我是军事观察员”项目学习导引文件

最近，你肯定或多或少读过跟军事有关的文章、听过跟军事有关的故事、看过跟军事有关的视频，如下所示：

（1）《三十六计》《孙子兵法》《儿童军事小百科》《小哥白尼军事科学画报》《兵器知识》……

（2）《弹子袋》《铁丝网上的小花》《安妮日记》《木箱上的小男孩》《汉娜的手提箱》《小兵张嘎》《铁道游击队》《高山下的花环》……

（3）《军情观察室》《军情直播间》《军事纪实》《军情第一线》《海峡两岸》……

10月份，请你继续搜索和阅读跟军队组成、军事力量、战斗历史、现实矛盾、未来格局等方面有关的书籍和评论，找到自己的研究兴趣点，并和有同样兴趣的同学组成项目学习小组（每组3～6人）。

这将是我们要做的一个项目：选择一个研究的主题，在家长和社会专业人士的指导下展开调查研究和总结，并以军事小讲坛、PPT汇报、美篇推介或研究小论文的形式呈现自己的成果（选择其中一项）。

你将和你们小组内的其他成员一起来做这个项目。你们的研究应当包含以下信息：

（1）研究主题的题目能吸引他人关注。

（2）小组分工明确，人人参与。活动过程有文字、照片或视频等资料留存。

（3）PPT汇报、美篇推介图文并茂，军事小讲坛生动有趣，研究小论文思路清晰、观点鲜明。

（4）除了以上所列，你还可以加入其他的你认为有趣的或对学习者有用的信息。

请在10月1日—10月25日与小组其他成员一起研究，并准备于10月26日—11月2日展示你们的完成项目。

期待你们的创意！

“我是军事观察员”评价量表如表2-11所示。

表2-11 “我是军事观察员”评价量表

| | 需要避免的错误或行为 | 基本要求 | 优秀水平 |
|---|---|---|---|
| 研究与介绍设计 | • 发布的军事主题介绍缺少基本要求中的一条或多条信息<br>• 只用了网上的图片，没有自己采集图片<br>• 介绍的层次不够清楚<br>• 没用基于自己实验的数据，完全引用他人现成资料<br>• 引用的资料没有标注出处 | 发布的军事主题介绍应包括：<br>• 军事主题的详细信息<br>• 跟军事主题有关的部分数据<br>• 由小组成员所制作或收集的图像资料至少占三分之一<br>• 对所有的资料来源适当标注（参考文献）出处 | 除了满足基本要求的标准，发布的军事主题介绍还应包括以下至少两项内容：<br>• 从军事主题研究上可以看到有意思的地方<br>• 通过采访相关专家所获得的信息<br>• 对学习小组的实验过程有详细的资料留存<br>• 介绍中能涉及对军事主题原理的研究<br>• 除此之外，还有与众不同的研究视角 |
| 交流 | • 发布的军事主题介绍不完整<br>• 很难在移动设备上获取或阅读 | 发布的军事主题介绍：<br>• 可以通过移动设备获得<br>• 使用方便 | 除了满足基本要求的标准，发布的军事主题介绍的交互界面需要：<br>• 有趣 |

（续表）

| | 需要避免的错误或行为 | 基本要求 | 优秀水平 |
|---|---|---|---|
| 交流 | • 没有平衡图片和文字的比例<br>• 文字或旁白部分有干扰性错误<br>• 文字或旁白部分内容冗长或含糊不清 | • 通过不同形式呈现信息：文字、图片、地图等<br>• 文字（或旁白）内容清晰、简洁，没有错误<br>• 给有需要的图片配说明 | • 吸引眼球<br>• 文字或旁白引人入胜<br>• 创意地交互使用不同形式的表达（文字、图片、地图等） |
| 协作 | 你的小组：<br>• 没有为所有成员创造分享想法的机会<br>• 没有公平地分配工作<br>• 没能充分利用委派任务的机会 | 你的小组：<br>• 倾听并尊重每个人的观点<br>• 相对公平地分配工作<br>• 根据成员各自的强项委派任务 | 你的小组：<br>• 整个过程中保持富有成效的合作关系<br>• 在合适的情况下，考虑每个人的需求<br>• 团队协作所创造的成果远远超过任何个人所创造的成果 |
| 项目管理 | 你的小组：<br>• 由于精力分散或低效而浪费了宝贵时间<br>• 在开始时没有花时间做计划<br>• 错失了修订计划的良机 | 你的小组：<br>• 一直在完成任务或大体工作上有效率<br>• 在项目开始时制订了计划<br>• 在截止时间前已经有了可以分享的成果 | 你的小组：<br>• 掌控整个小组进展<br>• 每当必要时，进行项目计划的修订<br>• 预留了一定时间用于修改最终成果 |

## 第三阶段：团队开展项目研究

从项目研究的准备到展示大概需要一个月的时间。第一周，各学习团队结合老师发布的学习导引文件和项目评价量表再次讨论项目实施方案，填写好小组学习单，并送老师保存、提建议。研究过程阶段大概需要两周时间，前一周以分头研究为主，在研究过程中遇到问题随时在团队群中交流，而且要及时保存研究资料，包括文字、图片、视频、录音等多种形式。后一周以团队集中交流、修改补充为主，团队里的每位成员逐一发言，发表关于自己所研究的内容的进展情况、所遇到的问题，其他成员都要提出评价意见，最后整个团队对照最初的研究成果再次调整自己的研究方案，并形成初步的成果作品。第四周前半周，团队所有成员参与作品的完成，并进行作品交流环节的任务分工和试讲。第四周后半周，班级全体成员集中，各个团队逐一介绍团队共同完成的初步作品，可适当邀请从事军事相关工作的家长及义工参与评价，指出各自的优点与存在的问题，并拓宽思路提出补充意见。最后各研究团队结合评价意见对作品进行修改与优化，形成最终作品。

## 第四阶段：展示与评价

1. 集体展示形式设计

**环节一：**各班级组织展示，邀请全体学生、全体参与老师、部分家长代表到场，各学习团队抽签决定顺序，利用教室里的多媒体设备，逐一进行展示。每一团队展示完毕后，小组成员进行自评，其他人员进行他评。

**环节二：**每班选取两件优秀作品上传学校微信群，进行网上投票选优。

**环节三：**将优秀作品向相关网站投稿。

2. 评价表设计（如表2-12所示）

表2-12 “我是军事观察员”作品评价表

小组名称：______________

| | 团队协作 | 项目管理 | 作品质量 | 展示效果 | 贡献值评价 |
|---|---|---|---|---|---|
| 自评 | | | | | |
| 他评 | | | | | |

3. 优秀作品举例

作品举例略。

## 第五阶段：反思与总结

**【学生感言】**

在进行小组研究讨论时，我们小组先一起去了七战七捷纪念馆、烈士陵园等地进行了实地观摩记录，再各自收集整理历史资料，充分了解海安历史。

在小组合作完成任务时，我们小组分工明确，先将各自整理好的资料发送给一个小组成员，由他集中整理文字资料。我们一起讨论PPT主要内容及各部分文字图片的选用、动画切换方式，提出各人自己的建议后制作了PPT。制作完成后，我们小组的成员都很开心，并且共同观看了自己制作的PPT。

——六（3）班　王文轩

**【家长感言】**

国防强则国家强，国防建设的强大是国家发展的根基，国防教育应从学生抓起，研究军事的实践活动是一项重温历史、焕发报国热情的举措。这次军事观察员活动中，我有幸被学校邀请做了“多彩的军营生活”讲座。通过介绍军营的生活，让孩子们了解部队，了解军营。通过介绍部队的主要任务，让孩子们明白战士们的使命和任务，平时的刻苦训练就是为了将来能打仗、打胜仗。通过介绍军营的文化生活和后勤保障，让孩子们了解到火热的军营不光只有苦和累，还有丰富的业余文化生活。随着国家经济的发展，军营的生活保障也是日渐现代化。总之，通过介绍军营让孩子们对部队有了感观认知，拉近了他们与军营的距离，从而增强孩子们对国防的认识，激发他们的爱国热情。希望学校以后多开展军事观察员活动，让孩子们了解历史、铭记历史，强化爱国主义信念，牢固树立国防意识。

——六（3）班　丁子栗爸爸

**【教师感言】**

我校六年级开展了以“我是军事观察员”为主题的学习实践活动，同学们积极响应，踊跃参与。通过军训活动的体验，阅读与军事战争有关的书籍，以及认真听了“多彩的军营生活”的讲座，同学们感受到官兵的英姿飒爽和中国的精神力量以及战斗实力，心中涌起了浓浓的爱国情。通过搜索、采访、阅读等方式，研究跟军事有关的话题，在实践与研究中学会了理性思考，树立了胸怀世界、放眼全球的大国情怀。同学们这次在项目学习活动中，勇于探索，大胆展示，使出了浑身解数。同学们制作出精美的PPT或美篇，开展“军事小讲坛”讲座，并纷纷走上讲台，交流自己的研究心得。这样的活动提高了他们的归类分析能力和动手操作能力，更重要的是，同学们从获得的资料中整理出自己的观点，能表达出自己独特的见解。

——马爱霞

实践案例篇

# 第三章

# 文化之韵

源远流长的中华文化积淀着中华民族最深沉的精神追求，这也是中华民族独特的精神标志。儿童的文化基因从何培植？文化自信从何而来？文化类项目以不一样的探寻方式滋养着儿童的生命，强健着儿童的精神和体魄。

# 第一节　传承文化，印象中秋

## 一、项目背景

中国传统节日凝结着中华民族的精神和情感，承载着中华民族的文化血脉和思想精华，并成为了维系国家统一、民族团结和社会和谐的重要精神纽带。为引导学生进一步了解和感受中华传统节日文化，更好地继承和弘扬中华优秀传统美德，在2018年中秋节前后，我校开展“传承文化，印象中秋”项目学习活动，让学生了解有关中秋的各种小知识，拓展知识面。同时在活动中提高学生搜集资料、处理资料、动手实践、团队合作的能力，在中秋的欢乐气氛中爱国、爱家，提高学生对中国的传统文化的兴趣，产生民族自豪感。

## 二、脉络分析

脉络分析如表3-1所示。

表3-1　“传承文化，印象中秋”项目学习脉络分析表

| 学科领域 | 能力类型 | 学习环节 | 学习目标 |
|---|---|---|---|
| 科学 | 观察辨识 | 观看纪录片，了解和月亮有关的知识 | 能了解不同时期月亮的变化，知晓有关月亮的科学知识 |
| 美术 | 海报制作 | 制作与中秋有关的作品 | 学习海报制作的基本方法 |
| 语文 | 识记表达 | 学习与中秋相关的诗词，给亲人朋友写一份祝福语 | 完成一份祝福卡 |
|  | 诵读表演 | 诵读、表演有关中秋的诗词 | 感受古诗的韵律美，培养学生的动作、表情等肢体语言表现能力 |
| 音乐 | 音乐欣赏 | 欣赏和中秋有关的戏曲、歌曲等 | 体验“但愿人长久，千里共婵娟”的中秋之情 |
| 信息技术 | 技能 | 以“中秋”等为关键词搜索相关信息，对信息进行分类整理 | 利用关键词熟练使用搜索引擎，并复制整理搜索到的文件 |

（续表）

| 学科领域 | 能力类型 | 学习环节 | 学习目标 |
| --- | --- | --- | --- |
| 综合实践 | 调查实践 | 运用调查、寻访、制作等多种方式体验中秋，了解中秋节的相关知识 | 培养学生收集、处理、整合信息的能力和活动组织、语言表达、交往沟通等能力 |
| | 情感 | 能将自己的研究成果通过不同的形式展示出来，具有创新能力 | 通过对这次活动的合作研究，对自己的成果有喜悦感、成就感，感受到与他人合作交流的乐趣 |

## 三、学习过程

第一阶段：项目导入

### 教学准备

（1）结合学生各自的喜好形成合作小组，取好组名，选出组长；初步分工，制订小组活动计划。

（2）制作PPT。

### 教学过程

1. 聊聊中秋

（1）同学们，说到中秋，你会想到什么？

① 中秋节的美食。

② 中秋节的习俗。

③ 中秋节的来历。

④ 中秋节的传说。

⑤ 中秋节的诗词。

（2）同学们一下子想到了这么多，可真了不起！

（**设计意图**：中秋是学生比较熟悉的节日，从学生熟悉的习俗导入，学生想到多少就说多少，逐步进入了情境）

**2. 聚焦话题**

（1）选定话题。

同学们，刚才你们说了很多跟中秋有关的内容，老师把它们归为5个方面，现在你和你们小组的成员商量一下，你们准备选择哪一个方面去重点研究呢？

（2）小组讨论。

（3）交流选定话题。

**3. 制订方案**

（1）刚才大家都选定了自己喜欢的研究话题，就以“中秋美食”为例，我们根据提示来想一想，可以怎样研究呢？

- 想一想：你想到了哪些中秋的美食？迅速把它们写下来。
- 议一议：要从美食入手研究中秋，我们从哪些角度去研究？
- 说一说：要让研究更深入，我们可以怎么做？

（2）讨论提升。

① 简单交流自己想到的中秋美食。

② 通过讨论，你觉得要从美食的角度入手，研究中秋文化，可以怎么做？

可以亲手制作中秋节的食物；尝一尝中秋节的食物；了解中秋节食物的来历以及意义；读一读与中秋食物有关的文学作品。

③ 我们可以用哪些方法去研究。

寻访相关历史资料、请教父母长辈、亲手做一做中秋美食、找一找有关的古诗词……

④ 指导如何将每一步细化。

比如：请教父母长辈时，我们可能需要做哪些准备？

（确定访问对象，事先拟好访问提纲，做好访问记录等）

再比如：亲手做中秋食物，我们可以怎么做？怎么挖掘出食物背后的文化？

小结：可见要研究好中秋节的食物，并不容易。

⑤ 小结：不管从哪一个角度入手研究中秋节，我们都要挖掘出它背后的内涵，才能更深入地了解中华传统节日的文化。

（**设计意图：**对于学生而言，最困难的是如何进行项目化学习。因此，对于项目化学习的方法指导必不可少。本环节从美食的角度入手研究中秋节的传统文化，指导学生通过做一做、看一看、读一读、问一问等方法，了解中秋节的真正意义）

4. 总结（如表3-2、表3-3所示）

表3-2 “传承文化，印象中秋”项目学习小组活动计划表

班级（中队）：__________ 辅导老师：__________

| 组　别 | | 组　名 | |
|---|---|---|---|
| 组　长 | | 校外指导老师（家长义工） | |
| 小组成员 | | | |
| 项目学习活动计划 | 小组课题名称 | | |
| | 小组成员任务分工 | 组员（　　）：<br>组员（　　）：<br>组员（　　）：<br>组员（　　）：<br>组员（　　）：<br>组员（　　）： | |
| | 问题预见 | | |
| | 解决策略 | | |
| | 活动计划 | | |
| | 小组预期研究成果 | | |

表3-3 “传承文化，印象中秋”项目学习小组活动记录单

| 活动时间： | 活动地点： |
| --- | --- |
| 组长： | 校外指导老师： |
| 组员： | |
| 我们进行了（ ） | |
| 我们采访了（ ），知道了（ ） | |
| 我们还（ ） | |

## 第二阶段：发布导引文件与评价量表

### “传承文化，印象中秋”项目学习导引文件

吃月饼，赏月亮，阖家团圆……中华民族的传统节日——中秋再次向我们走来。我们在这个幸福、快乐、有意义的美好节日里体验“但愿人长久，千里共婵娟”的中秋之情，感受中秋吃月饼、庆丰收、乐团圆、送祝福的意义，增强节日文化理念，传承与弘扬中国梦。中秋节是怎么来的呢？你还知道哪些跟中秋有关的习俗、历史、故事、文章、诗词？

这将是你和小组内的小伙伴们齐心协力要做的一个项目：对传统节日中秋来一次深度寻访，并能把自己的研究成果分享给小伙伴。

你可以去图书馆查找有关中秋的文献资料，可以去收集有关中秋的诗词文集，可以亲自体验有关中秋的习俗，可以亲手制作有关中秋的作品（如做月饼、泡桂花茶、做花灯等）……你们的介绍需要展示自己的研究过程，甚至可根据研究需求，确定是否展示实物或其他。

你将与小组的其他成员一起做这个项目，介绍应该包括以下信息：

（1）对中秋的基本描述。

（2）介绍与中秋相关的一种其他事物。

（3）围绕中秋进行的研究活动过程。

（4）介绍与中秋相关的延伸知识。

（5）除了以上所列，你还可以加入你认为有趣的或对学习者有用的其他信息。

在介绍中，至少包含3位小组成员的讲述，每个讲述者需突出以上一点信息。

最终成果必须有你们小组成员进行研究的照片或视频，也可以有文字或旁白配音（如表3-4所示）。

请准备好在指定时间与小组其他成员一起展示你们的完成项目。

期待你们的创意！

表3-4 “传承文化，印象中秋”评价量表

| | 需要避免的错误或行为 | 基本要求 | 优秀水平 |
|---|---|---|---|
| 研究与介绍设计 | • 介绍的层次不够清楚<br>• 没用基于自己实验的数据，完全引用他人现成资料<br>• 引用资料没有标注出处 | • 数据收集和测算需尽可能基于小组的实验<br>• 对所有的资料来源适当标注（参考文献）出处<br>• 介绍时，表达清晰，声音响亮，让听众感兴趣 | 除了满足基本要求的标准，还应包括以下至少两项内容：<br>• 通过采访相关专家所获得的信息<br>• 学习小组的实验过程有详细的资料留存<br>• 除此之外，还有与众不同的研究视角 |
| 使用效果 | • 展示的作品形式单一<br>• 图案不精美<br>• 没有平衡图片和文字的比例<br>• 内容干巴巴或太长，不吸引人 | 展示的中秋作品：<br>• 运用多种形式艺术、丰富地呈现<br>• 文字（或旁白）内容清晰、简洁，没有错误<br>• 整个作品风格一致 | 除了满足基本要求的标准，还需要：<br>• 有趣<br>• 引人入胜 |
| 协作 | 你的小组：<br>• 没有为所有成员创造分享想法的机会<br>• 没有公平地分配工作<br>• 没能充分利用委派任务的机会 | 你的小组：<br>• 倾听并尊重每个人的观点<br>• 相对公平地分配工作<br>• 根据成员各自的强项委派任务 | 你的小组：<br>• 整个过程中保持富有成效的合作关系<br>• 在合适的情况下，考虑到每个人的需求<br>• 团队协作所创造的成果远远超过任何个人所创造的成果 |

（续表）

| | 需要避免的错误或行为 | 基本要求 | 优秀水平 |
|---|---|---|---|
| 项目管理 | 你的小组：<br>• 由于精力分散或低效而浪费了宝贵时间<br>• 在开始时没有花时间做计划<br>• 错失了修订计划的良机 | 你的小组：<br>• 一直在完成任务或大体工作上有效率<br>• 在项目开始时制订了计划<br>• 在截止时间前已经有了可以分享的成果 | 你的小组：<br>• 掌控整个小组进展<br>• 每当有必要时，进行项目计划的修订<br>• 预留了一定时间用于修改最终成果 |

## 第三阶段：团队开展项目研究

各学习团队结合老师发布的学习导引文件和项目评价量表再次讨论项目实施方案，其中包括研究准备、研究主题的讨论、人员分工、注意事项等。可以将研究方案报送老师，请求指导，也可在大组交流中提出，听取意见。

接下来各小组按照分工开展研究活动，小组成员分别汇报各自的研究进展，讲述研究过程中的成功之处，以及遇到的问题与不足。及时开展讨论，找到解决问题的方法，然后继续展开新的学习、研究或制作。

各团队形成初步的作品后，大组集中开始成果汇报和展示。集体交流评价，指出各自的优点与存在的问题，各研究团队结合评价意见对作品做补充、修改与优化，形成最终作品。

整个研究过程中及时保存、收集过程性资料。

## 第四阶段：展示与评价

1. 集体展示形式设计

**环节一：**“赏中秋”——项目学习成果展

（1）一、二年级——精美书签展、童谣作品展。

（2）三、四年级——书法作品展、优秀习作展。

（3）五、六年级——创意海报展、手抄报展。

各班级组织展示，邀请全体学生、全体参与老师、部分家长代表到场，各学习团队抽签决定顺序，利用教室里的多媒体设备，逐一进行展示。

每一团队展示完毕后，小组成员进行自评，其他人员进行他评。

**环节二：**“品中秋”——丰富的课程展示

（1）讲述中秋文化、习俗等。

（2）中秋月饼图案设计或制作中秋贺卡。

（3）自制月饼、品尝月饼。

**环节三：**“颂中秋”——经典诵读活动

中秋经典诵读活动展示。

2. 评价表设计（如表3-5、3-6所示）

表3-5 “传承文化，印象中秋”项目学习评价表

| 姓名 | | 课题名称 | | 小组名称 | |
|---|---|---|---|---|---|
| 评价内容 | | 我的表现（☆☆☆☆☆） | | | |
| 我在活动中的表现 | | | | | |
| 我承担什么任务及完成情况 | | | | | |
| 我在活动中做出了什么贡献 | | | | | |
| 我在活动中有什么收获 | | | | | |
| 小组伙伴的评价 | | | | | |
| 家长的评价 | | | | | |

（续表）

| 评价内容 | 我的表现（☆☆☆☆☆） |
| --- | --- |
| 指导老师的评价 | |
| 我的收获与努力目标 | |

表3-6 “传承文化，印象中秋“作品评价表

小组名称：________________

| | 团队协作 | 项目管理 | 作品质量 | 展示效果 | 贡献值评价 |
| --- | --- | --- | --- | --- | --- |
| 自评 | | | | | |
| 他评 | | | | | |

3. 优秀作品举例（略）

## 第五阶段：反思与总结

学校“传承文化，印象中秋”项目学习核心团队，从寻找核心知识、设计驱动性问题、设计公开成果及评价要点、设计认知策略、设计学习实践及评价要点、深化全程评价等方面进行了全方位的考虑、设计，引导学生真实地、有效地开展项目学习。

学生的合作学习融洽、和谐、快乐。

**【学生感言】**

我们小组经过讨论，相约在仲怡洁的家里，一起制作中秋海报。

“但愿人长久，千里共婵娟。”这是古人在中秋佳节对故乡的思念，也是所有在外游子的心声。我用白色的颜料在黑色卡纸上写下了这脍炙人口、千古传诵的诗句。仲怡洁用颜料画上了一个大大的月亮，在紫色云雾中若隐若现。江奕菲用铅笔画出三盏孔明灯，它们仿佛凝聚着人们的盼望，游子们的心声，母亲们的祈祷。大家开了“小诸葛亮会”，决定用由黄渐红的方法给孔明灯上色。大家相信我能做好这项工作，我便竭尽全力，不辜负大家对我的信任。我一点一点地描画，生怕出问题，大家也很体贴我，这个帮我挤颜料，那个帮我洗画笔。在大家的齐心协力下，海报很快就完成了。大家看着充满诗意的海报，内心洋溢着满满的幸福感。

诗意中秋，感受中国韵味；诗意中秋，收获同学真情。

——六（4）班　徐嘉瑄

【家长感言】

我家苏芮嫣在展示活动中负责中国传统习俗美食“桂花汤圆”的解说。通过这次活动，她学到了很多。她不仅了解到更多有关中秋节的知识和故事，对中国这一传统佳节和传统文化有了深层次的了解和热爱，还极大地提升了自信心，有效地提高了她的沟通能力和团队协作精神。

真实的体验胜过千言万语的教导，作为家长，我非常感谢学校开展这样的活动，也希望今后多多举办这样精彩的活动，让孩子多参与其中，让“素质教育之花”在海安市实验小学盛放。

——六（11）班　苏芮嫣妈妈

【教师感言】

又逢中秋，菊黄桂香。在这样一个携着欢庆丰收，又带着浪漫色彩的日子里，学生们兴高采烈，以各种形式欢度这个传统节日。

——江月琴

同学们把祈愿幻化成一个个圆圆的月饼，将思念酿成一枚枚香甜的桂花汤圆，把祝福融进了一盏盏美丽的花灯，惬意地品尝着向往和想象。做月饼，品月饼，学生既感受到月饼的香甜，又体验了劳动与分享的乐趣。精美的中秋月饼图案设计是他们对中秋美食的理解，更是对中秋传统节日浓浓的爱。

# 第二节　印象端午，粽子飘香

## 一、项目背景

群龙飞渡，百舸争流，万粽飘香……中华民族的传统节日——端午凝结着中华民族的民族精神和民族情感，承载着中华民族的文化血脉和思想精华，成了维系国家统一、民族团结和社会和谐的重要精神纽带。本次项目学习面向四、五年级学生，在端午节期间开展，以端午为活动载体，引导师生一起探索、创造、传播和分享关于端午的知识，加深人与社会、人与文化之间的对话，实现人与文化、人与人之间（家庭、师生、社区）的共生、共建、共享。小组合作探究、设计创新活动旨在增强学生自主行动的意识，提升实践能力，让项目学习融入生活，让师生在实践中受到启智，在学习中实现共生。

## 二、脉络分析

脉络分析如表3-7所示。

表3-7　“印象端午，粽子飘香”项目学习脉络分析表

| 学科领域 | 能力类型 | 学习环节 | 学习目标 |
|---|---|---|---|
| 信息技术 | 技能 | 以端午等为关键词搜索相关信息，对信息进行分类整理 | 利用关键词熟练使用搜索引擎，并分类整理信息 |
| 语文 | 观察辨识 | 观看纪录片 | 系统了解端午文化 |
| | 识记表达 | 学习与端午有关的诗词，并诵读、表演 | 感受古诗词的韵律美，培养学生的动作、表情等肢体语言表现能力 |
| 音乐 | 欣赏表达 | 欣赏和端午有关的戏曲、歌曲等，有能力的学生可以适当表演 | 体验端午民风民俗 |
| 美术 | 海报制作 | 制作与端午有关的作品 | 学习海报制作的基本方法 |

（续表）

| 学科领域 | 能力类型 | 学习环节 | 学习目标 |
|---|---|---|---|
| 劳动技能 | 技能情感 | 与外国友人、同伴、家人一起包粽子、吃粽子 | 提高创新能力与操作能力，体验成功的乐趣 |
| 综合实践 | 调查实践 | 运用调查、寻访、实践等多种方式体验端午，了解端午的相关知识 | 培养学生收集、处理、整合信息的能力和活动组织、语言表达、交往沟通等能力 |

## 三、学习过程

第一阶段：项目导入

**教学准备**

（1）结合学生各自的喜好形成合作小组，取好组名，选出组长；初步分工，制订小组活动计划。

（2）制作PPT。

**教学过程**

1. 畅想端午

（1）同学们，最近有几位外国老师要到我们学校访学。适逢端午，你觉得作为一名海安市实验小学的学生，可以怎样向外国老师介绍这个传统节日呢?

说到端午，你的心里首先想到什么?

① 端午的习俗。

② 端午的来历。

③ 端午的传说。

④ 端午的音乐。

⑤ 端午的画面。

⑥ 端午的诗词。

（2）同学们一下子想到了这么多，可见中华传统节日——端午的内涵真是太丰富了！

（**设计意图：**借用真实情境，激发真实话题。鼓励学生们积极与外国老师沟通交流，并想象与端午相关的一切，让学生们积极动脑筋，让思维飞起来）

2. 聚焦话题

（1）选定话题。

同学们，刚才你们说了很多跟端午有关的内容，老师提炼了6个方面，现在小组的成员商量一下：你们小组准备选择哪一个方面去重点介绍呢？

（2）小组讨论。

（3）交流选定话题。

3. 制订方案

（1）以端午习俗为例，我们根据提示来想一想，可以怎样介绍呢？

- 想一想：想到哪些端午的习俗，迅速把它们写下来。
- 议一议：从习俗入手研究端午，我们从哪些角度去介绍？
- 说一说：要让外国老师了解得更深入，我们可以怎么做？

（2）讨论提升。

① 简单交流自己想到的端午习俗。

② 通过讨论，你觉得要从习俗的角度入手，向外国人介绍端午文化，可以怎么做？我们可以了解端午习俗的来历以及意义、与端午习俗有关的文学作品，画一画端午习俗的场面。邀请他们体验端午的习俗，如包粽子、赛龙舟等。

③ 我们可以用哪些方法去研究？

调查、寻访、请教、亲手做一做与端午有关的物品、找一找有关的古诗词……

④ 指导如何将每一步细化。

比如：请教父母长辈时，我们可能需要做哪些准备？

确定访问对象，事先拟好访问提纲，做好访问记录等。

再比如：包粽子时，我们可以怎么做？怎么挖掘出粽子背后的文化？

小结：要介绍好端午，就必须先研究好端午，这并不容易。

⑤ 小结：不管从哪一个角度入手研究端午，我们都要能挖掘出它背后的内涵，才能更深入地了解中华传统节日文化。

（**设计意图：**对于学生而言，最困难的是如何进行项目化学习。因此，对于项目化学习的方法指导必不可少。本环节从习俗的角度入手研究端午的传统文化，指导学生通过看一看、读一读、问一问、做一做等方法了解端午的真正意义，从而生动、深刻地进行介绍）

4. 总结（如表3-8所示）

表3-8 “印象端午，粽子飘香”小组学习单

<table>
<tr><td>项目名称</td><td colspan="3"></td></tr>
<tr><td>子课题名称</td><td></td><td>指导教师</td><td></td></tr>
<tr><td>组　　员</td><td></td><td>组　　长</td><td></td></tr>
<tr><td colspan="4">已知<br><br><br></td></tr>
<tr><td colspan="2">需要知道的</td><td colspan="2">如何得知</td></tr>
<tr><td colspan="2"></td><td colspan="2"></td></tr>
<tr><td colspan="2"></td><td colspan="2"></td></tr>
<tr><td colspan="2"></td><td colspan="2"></td></tr>
<tr><td colspan="2"></td><td colspan="2"></td></tr>
<tr><td colspan="2"></td><td colspan="2"></td></tr>
<tr><td colspan="4">收获<br><br><br></td></tr>
</table>

## 第二阶段：发布导引文件与评价量表

### “印象端午，粽子飘香”项目学习导引文件

端午节如今成了我国的法定节假日，每年端午会有三天的假期，人们会在端午当天互道“端午节快乐”，但是这种说法是错误的。你知道为什么吗?端午节应该说什么呢? 你还知道哪些跟端午有关的习俗、历史、故事以及文章呢?

这将是你和小组内的小伙伴们齐心协力要做的一个项目：对传统节日端午来一次深度寻访，并能把自己的研究成果分享给小伙伴。

你可以去图书馆查找端午的文献资料，可以在网络上搜集端午的诗词文集，可以亲自体验与端午有关的习俗（挂艾枝、饮雄黄酒、包粽子、赛龙舟等），可以亲手制作与端午有关的作品……你们的介绍需要展示你们的研究过程，甚至可根据研究需求，确定是否展示实物或其他。

你将与小组的其他成员一起做这个项目，介绍应该包括以下信息：

（1）对端午的基本描述。

（2）介绍与端午相关的一种其他事物。

（3）围绕端午进行的研究活动过程。

（4）介绍与端午相关的延伸知识。

（5）除了以上所列，你还可以加入你认为有趣的或对学习者有用的其他信息。

在介绍中，至少包含3位小组成员的讲述，每个讲述突出以上一点信息。

最终成果必须有你们小组成员进行研究的照片或视频，也可以有文字或旁白配音（如表3-9所示）。

请准备好在指定时间与小组其他成员一起展示你们的完成项目。

期待你们的创意!

表3-9 “印象端午，粽子飘香”评价量表

| | 需要避免的错误或行为 | 基本要求 | 优秀水平 |
|---|---|---|---|
| 研究与介绍设计 | • 层次介绍得不够清楚<br>• 没用基于自己实验的数据，完全引用他人现成资料<br>• 引用的资料没有标注出处 | • 数据收集和测算需尽可能基于小组的实验<br>• 对所有的资料来源做了适当标注（参考文献） | 除了满足基本要求的标准，还应包括以下至少两项内容：<br>• 通过采访相关专家所获得的信息<br>• 对学习小组的实验过程有详细的资料留存<br>• 除此之外，还有与众不同的研究视角 |
| 使用效果 | • 对事物的描述不完整<br>• 图片和文字的位置不当<br>• 文字或旁白部分有干扰性错误<br>• 文字或旁白部分内容冗长或含糊不清 | • 描述完整且条理清晰<br>• 图片清晰，符合所介绍事物的特点<br>• 文字（或旁白）内容清晰、简洁，没有错误<br>• 给有需要的图片配说明 | 除了满足基本要求的标准，还需要：<br>• 有趣<br>• 引人入胜<br>• 除此之外，还有令人耳目一新的效果 |
| 协作 | 你的小组：<br>• 没有为所有成员创造分享想法的机会<br>• 没有公平地分配工作<br>• 没能充分利用委派任务的机会 | 你的小组：<br>• 倾听并尊重每个人的观点<br>• 相对公平地分配工作<br>• 根据成员各自的强项委派任务 | 你的小组：<br>• 整个过程中保持富有成效的合作关系<br>• 在合适的情况下，考虑每个人的需求<br>• 团队协作所创造的成果远远超过任何个人所创造的成果 |
| 项目管理 | 你的小组：<br>• 由于精力分散或低效而浪费了宝贵时间<br>• 在开始时没有花时间做计划<br>• 错失了修订计划的良机 | 你的小组：<br>• 一直在完成任务或大体工作上有效率<br>• 在项目开始时制订了计划<br>• 在截止时间前已经有了可以分享的成果 | 你的小组：<br>• 掌控整个小组进展<br>• 每当有必要时，进行项目计划的修订<br>• 预留了一定时间用于修改最终成果 |

## 第三阶段：团队开展项目研究

各小组讨论制订项目实施方案，包括研究准备、研究主题的讨论、人员分

工、注意事项等。可以将研究方案报送老师，请求指导，也可在大组交流中提出，听取意见。

接下来各小组按照分工开展研究活动，小组成员分别汇报各自的研究进展，讲述研究过程中的成功之处以及遇到的问题。及时开展讨论，找到解决问题的方法，然后继续展开新的学习、研究或制作。

各团队形成初步的作品后，大组集中开始成果汇报和展示。集体交流评价，指出各自的优点与存在的问题，各研究团队结合评价意见对作品做补充、修改与优化，形成最终作品。整个研究过程及时保存、收集过程性资料。

## 第四阶段：展示与评价

1. 集体展示形式设计

**环节一：**各班级组织展示，邀请全体学生、全体参与老师、部分家长代表到场，各学习团队抽签决定顺序，利用教室里的多媒体设备，逐一进行展示。每一团队展示完毕后，小组成员进行自评，其他人员进行他评。

**环节二：**每班邀请全体学生、全体参与老师、部分家长代表到场，以团队为单位，包粽子、吃粽子。

2. 评价表设计（如表3-10所示）

表3-10　“印象端午，粽子飘香”评价表

| 姓名 | | 课题名称 | | 小组名称 | |
|---|---|---|---|---|---|
| 评价内容 | | 我的表现（☆☆☆☆☆） | | | |
| 我在活动中的表现 | | | | | |
| 我承担什么任务及完成情况 | | | | | |
| 我在活动中做出了什么贡献 | | | | | |

（续表）

| 评价内容 | 我的表现（☆☆☆☆☆） |
| --- | --- |
| 我在活动中有什么收获 | |
| 小组伙伴的评价 | |
| 家长的评价 | |
| 指导老师的评价 | |
| 我的收获与努力目标 | |

## 第五阶段：反思与总结

与春节、元宵节、中秋节这些中华传统节日相比，端午节的节日氛围并不隆重。但是借外国友人端午前后访学之际，作为一名中国小学生，向外国人介绍我们的节日，大大地激发了学生们的民族文化自豪感。

**【学生感言】**

每逢节日，遇到亲朋好友，我们总习惯说："节日快乐！"然而，通过这次项目学习，我和我的伙伴们认识到"端午节是不能说快乐的"。

理由如下：

第一，根据史料记载，端午节源于纪念屈原。公元前278年，秦军攻破楚国京都。屈原眼看自己的祖国被他国侵略，心如刀割，不愿背国投敌的他，于农历五月五日，写下了绝笔《怀沙》之后，抱石投汨罗江，用生命谱写了一曲壮丽的爱国主义诗篇。

第二，汉代人认为，五月五日为恶月、恶日，所以人们在这一日要除瘟、驱邪、求吉祥，举行相关的文化活动，这才形成了颇有特色的端午节。

综上所述，端午节既是一个祭祀的日子，又是一个悲壮的日子。所以它和清明节一样，不能互祝“快乐”，只能互送“安康”。

知道了这一点后，我和伙伴们向全班进行了汇报，并和大家一起在假日里走上街头，进行了调查和讲解。我感到自己为传播中华传统文化尽了一分力量，非常自豪。希望你们也能了解和喜欢我们的端午节！

——四（3）班　肖可欣

**【家长感言】**

5月24日下午，在义工家长和老师们的指导下，孩子们欢聚在食堂一楼和外国老师一起，亲手尝试包粽子。清香的苇叶，白白的糯米，各色的馅儿，虽然手法稚嫩，但孩子们包得可用心啦！等到粽子出锅，大家一起品尝自己的劳动成果，个个脸上笑开了花。

一缕粽香，一份浓情，一次体验，一段经历，定格成孩子们最温暖的回忆！

——五（1）班　周炜贻妈妈

**【教师感言】**

真实的情境激发了真实的问题。学生以小组为单位开展研究，精心准备，快乐分享。他们在小组中交流自己搜集的资料、创作的诗歌、制作的海报，还精心制作了幻灯片在班级中分享：端午由来说一说，端午习俗议一议，端午故事讲一讲，端午诗歌诵一诵……

“印象端午，粽子飘香”项目学习活动让学生了解了端午节、热爱端午节，提高了他们搜集信息、解决问题、交流合作、操作实践等多方面的能力。最重要的是，在向外国老师介绍我们中华传统节日文化的过程中，学生们充满了民族文化的自豪感和爱国主义情怀。

——王新芳

# 第三节　文化重阳

## 一、项目背景

中国的传统节日形式多样，内容丰富，是中华民族悠久的历史文化的一个组成部分。传统节日的形成过程是一个民族或国家的历史文化长期积淀、凝聚的过程。海安市实验小学四年级拟围绕重阳节开展项目学习，旨在引导学生跳出单一学科知识学习，与不同年龄、职业的人主动交往，关注传统节日渗透出的深厚文化底蕴，同时借助节日的内聚力和包容性，实现宝贵精神文化遗产的传承，弘扬中华民族“爱家、爱国、敬老、感恩”的传统美德。

## 二、脉络分析

脉络分析如表3-11所示。

表3-11　“文化重阳”项目学习脉络分析表

| 学科领域 | 能力类型 | 学习环节 | 学习目标 |
| --- | --- | --- | --- |
| 科学 | 观察辨识 | 观看纪录片，认识菊、茱萸等与重阳相关的植物，实物辨识 | 能认识几种不同品种的菊，了解其生长习性 |
| 美术 | 泥塑制作 | 制作菊、蟹等与重阳有关的作品 | 学习泥塑的基本方法 |
| 语文 | 识记表达 | 学习与重阳相关的诗词，给老人写一份祝福语 | 制作完成一份祝福卡 |
|  | 诵读表演 | 诵读、表演有关重阳的诗词 | 感受古诗词的韵律美，培养学生的动作、表情等肢体语言表现能力 |
| 音乐 | 戏曲欣赏 | 欣赏豫剧小戏《家有贤媳》、传统京剧《坐宫》（“四郎探母”中的一折） | 感受传统孝亲之情 |
| 信息技术 | 技能 | 以重阳等为关键词搜索相关信息，对信息进行分类整理 | 利用关键词熟练使用搜索引擎，并复制整理信息 |

（续表）

| 学科领域 | 能力类型 | 学习环节 | 学习目标 |
| --- | --- | --- | --- |
| 体育 | 技巧 | 攀爬、运动技巧 | 培养学生动作协调、集体合作的能力 |
| 综合实践 | 调查实践 | 运用调查、寻访、制作等多种方式体验重阳，了解重阳的相关知识 | 培养学生收集、处理、整合信息的能力和活动组织、语言表达、交往沟通等能力 |
|  | 交往 | 能将自己的研究成果通过不同的形式展示出来，具有创新能力 | 通过对这次活动的合作研究，对自己的成果有喜悦感、成就感，感受到与他人合作交流的乐趣 |

## 三、学习过程

### 第一阶段：项目导入

**教学准备**

学生：分好项目学习小组（6人左右），定好学习小组名称（如第一学习小组或其他），确立组长及家长义工。

教师：教学课件。

**教学过程**

1. 闲话重阳

（1）同学们，说到重阳节，你会想到什么？

① 重阳节的美食。

② 重阳节的习俗。

③ 重阳节的来历。

④ 尊老敬老。

⑤ 重阳节的诗词。

（2）同学们一下子想到了这么多，可真了不起！

（**设计意图：**重阳节是学生比较熟悉的节日，从学生熟悉的习俗导入，学

生想到多少就说多少，逐步勾起了他们对重阳节的记忆）

2. 聚焦话题

（1）选定话题。

同学们，刚才你们说了很多跟重阳节有关的内容，老师把它们归为5个方面，现在你和你们小组的成员商量一下，你们小组准备选择哪一个方面去重点研究呢？

（2）小组讨论。

（3）交流选定话题。

3. 指导制订方案

（1）刚才大家都选定了自己喜欢的研究话题，就以“美食中的重阳”为例，我们根据提示来想一想，可以怎样研究呢？

- 想一想：你想到哪些重阳的美食，迅速把它们写下来。
- 议一议：要从美食入手研究重阳，我们从哪些角度去研究呢？
- 说一说：要让研究更深入，我们可以怎么做呢？

（2）讨论提升。

① 简单交流自己想到的重阳美食。

② 通过讨论，你觉得要从美食的角度入手，研究重阳文化，可以怎么做？

我们可以亲手制作重阳节的食物，尝一尝重阳节的食物，了解重阳节食物的来历以及意义，了解与重阳食物有关的文学作品。

③ 我们可以用哪些方法去研究？

寻访相关历史资料、请教父母长辈、亲手做一做与重阳相关的物品、找一找有关的古诗词……

④ 指导如何将每一步细化。

比如：请教父母长辈时，我们可能需要做哪些准备？

确定访问对象，事先拟好访问提纲，做好访问记录等。

再比如：亲手做重阳食物，我们可以怎么做？怎么挖掘出食物背后的文化。

小结：可见要研究好重阳节的食物，并不容易。

⑤ 小结：不管从哪一个角度入手研究重阳节，我们都要能挖掘出它背后的内涵，才能更深入地了解中华传统节日的文化。

（**设计意图：**对于中年级学生而言，最困难的是如何进行项目化学习。因此，对于项目化学习的方法指导必不可少。本环节从美食的角度入手，研究重阳节的传统文化，指导学生通过做一做、看一看、读一读、问一问等方法了解重阳节的真正意义）

**4. 话题深入**

（1）自古以来，重阳还是尊老敬老的节日。

（2）讨论：重阳节，我们还可以为爷爷奶奶、外公外婆做些什么呢？

① 小组讨论。

② 指导：制订活动计划。

**5. 总结（如表3-12、表3-13所示）**

表3-12　“文化重阳”项目学习小组活动计划表

班级（中队）：__________　　　　辅导老师：__________

<table>
<tr><td>组　　别</td><td></td><td>组　　名</td><td></td></tr>
<tr><td>组　　长</td><td></td><td>校外指导老师（家长义工）</td><td></td></tr>
<tr><td>小组成员</td><td colspan="3"></td></tr>
<tr><td rowspan="6">项目学习活动计划</td><td>小组课题名称</td><td colspan="2"></td></tr>
<tr><td>小组成员<br>任务分工</td><td colspan="2">组员（　　　　）：<br>组员（　　　　）：<br>组员（　　　　）：<br>组员（　　　　）：<br>组员（　　　　）：<br>组员（　　　　）：</td></tr>
<tr><td>问题预见</td><td colspan="2"></td></tr>
<tr><td>解决策略</td><td colspan="2"></td></tr>
<tr><td>活动计划</td><td colspan="2"></td></tr>
<tr><td>小组预期<br>研究成果</td><td colspan="2"></td></tr>
</table>

表3-13 “文化重阳”项目学习小组活动记录单

| 活动时间： | 活动地点： |
|---|---|
| 组长： | 校外指导老师： |
| 组员： | |
| 我们进行了（　　　　　　　　） | |
| 我们采访了（　　　　），知道了（　　　　　　　　） | |
| 我们还（　　　　　　　　） | |

## 第二阶段：发布导引文件与评价量表

### “文化重阳”项目学习导引文件

“独在异乡为异客，每逢佳节倍思亲。遥知兄弟登高处，遍插茱萸少一人。”农历九月初九，二九相重，便是重阳节到了。登高、赏菊、插茱萸……这些都是和重阳节有关的风俗。重阳节是怎么来的呢？你还知道哪些跟重阳有关的习俗、历史、故事、文章、诗词？

这将是你和小组内的小伙伴们齐心协力要做的一个项目：对传统节日重阳节来一次深度寻访，并能把自己的研究成果分享给小伙伴。

你可以去图书馆查找重阳的文献资料，可以去收集有关重阳节的诗词文集，可以亲自体验与重阳节有关的习俗（登高、陪伴老人等），可以亲手制作与重阳节有关的食品（泡菊花茶、做重阳糕等），也可以去寻访老年人养老专业机构（如敬老院、老年公寓等），关爱老年人的生活现状……你们的介绍需要展示你们的研究过程，甚至可根据研究需求，确定是否展示实物或其他。

你将与小组的其他成员一起做这个项目，介绍应该包括以下信息：

（1）对重阳节的基本描述。

（2）介绍与重阳节相关的一种其他事物。

（3）围绕重阳节进行的研究活动过程。

（4）介绍与重阳节相关的延伸知识。

（5）除了以上所列，你还可以加入其他的你认为有趣的或对学习者有用的信息。

在介绍中，至少包含3位小组成员的讲述，每个讲述突出以上一点信息。

最终成果必须有你们小组成员进行研究的照片或视频，也可以有文字或旁白配音（如表3-14所示）。

请准备好在指定时间与小组其他成员一起展示你们的完成项目。

期待你们的创意！

表3-14 “文化重阳”评价量表

| | 需要避免的错误或行为 | 基本要求 | 优秀水平 |
|---|---|---|---|
| 研究与介绍设计 | • 没有自己的实践，完全依赖组内其他成员<br>• 没用基于自己实验的数据，完全引用他人现成资料<br>• 介绍的层次不够清楚<br>• 引用资料不标注出处 | • 资料收集和测算需尽可能基于小组的实践<br>• 研究现象背后的文化内涵<br>• 尽量用自己的话去介绍重阳节的文化，而不是照读资料<br>• 对所有的资料来源的适当标注（参考文献） | 除了满足基本要求的标准，还应包括以下至少两项内容：<br>• 通过采访相关专家所获得的信息<br>• 对学习小组的实验过程有详细的资料留存<br>• 从一个角度将重阳文化谈深入<br>• 除此之外，还有与众不同的研究视角 |
| 使用效果 | • 形成的文字报告杂乱，无主题<br>• 作品呈现形式单一，仅有文字或者图片<br>• 文字内容干巴巴，不吸引人 | • 能结合图片、文字、音像等资料丰富地呈现自己小组的研究成果<br>• 能适当地介绍重阳活动背后的文化内涵<br>• 能说出自己的独特感受 | 除了满足基本要求的标准，还需要：<br>• 有趣生动<br>• 引人入胜<br>• 研究报告有个性特点 |
| 协作 | 你的小组：<br>• 没有为所有成员创造分享想法的机会 | 你的小组：<br>• 倾听并尊重每个人的观点 | 你的小组：<br>• 在整个过程中保持富有成效的合作关系 |

（续表）

| | 需要避免的错误或行为 | 基本要求 | 优秀水平 |
|---|---|---|---|
| 协作 | ●没有公平地分配工作<br>●没能充分利用委派任务的机会 | ●相对公平地分配工作<br>●根据成员各自的强项委派任务 | ●在合适的情况下，考虑每个人的需求<br>●团队协作所创造的成果远远超过任何个人所创造的成果 |
| 项目管理 | 你的小组：<br>●由于精力分散或低效而浪费了宝贵时间<br>●在开始时没有花时间做计划<br>●错失了修订计划的良机 | 你的小组：<br>●一直在完成任务或大体工作上有效率<br>●在项目开始时制订了计划<br>●在截止时间前已经有了可以分享的成果 | 你的小组：<br>●掌控整个小组进展<br>●每当必要时，进行项目计划的修订<br>●预留了一定时间用于修改最终成果 |

## 第三阶段：团队开展项目研究

**环节一：**眼里的“重阳”（“童眼看‘重阳’”）

时间：10月1日—10月12日

内容：

（1）以小组为单位研究重阳节或研究一种与重阳节紧密相关的事物。

（2）选择最感兴趣的内容研究。

① 研究内容：与重阳节有关的习俗，与重阳节有关的作品，调查老年人养老专业机构，关爱老年人的生活现状……

② 研究方法：问一问、找一找、查一查、辨一辨……

③ 成果展示：各研究小组将研究过程、研究结果汇总，以文件夹形式打包发送到班级QQ群共享。

**环节二：**行动的“重阳”（“童心汇‘重阳’”）

1. 美在“重阳”

时间：10月8日—10月14日

内容一：

（1）美术老师利用美术课、选修课指导学生画或手工制作菊花、蟹等作品。

（2）周内美术课、选修课及周末时间进行创作。

（3）评选22份或更多够布置一个展点的作品。

内容二：

科学老师利用科学课组织学生观看有关菊花的视频，现场进行菊花辨识大赛。

2. 趣在“重阳”

时间：10月8日—10月12日

内容：

体育老师利用体育课和学生一起进行与攀爬有关的技巧训练。

3. 歌在“重阳”

时间：10月8日—10月12日

内容：

（1）音乐老师利用音乐课组织学生欣赏豫剧小戏《家有贤媳》、传统京剧《坐宫》（“四郎探母”中的一折戏）。

（2）学习一种与传统节日有关的表演技能。

4. 爱在“重阳”

时间：10月8日—10月14日

内容：

（1）利用早读、语文课，语文老师进行有关诗歌诵读的指导。

（2）评选出一、二等奖（拍照），挑选优秀作品录制音频展示。

**环节三：**欢乐的“重阳”（“童语话‘重阳’”）

项目学习汇报与评价。

时间：10月17日

展示形式：形成5个展区，搭建展棚。

内容：

（1）品菊花茶。

现场炮制各种菊花茶，讲解菊花茶的品种、寓意、功效、泡茶方法、口感等，与来宾交流品茶感受。

（2）尝重阳糕。

准备重阳糕点、一次性杯子、牙签、手套，请大家品尝重阳糕。讲解员介绍各类糕点的做法、口感、特色等以及重阳节吃重阳糕的寓意。

（3）办重阳手工作品展。

现场进行泥塑、拼折绘画、剪纸等关于重阳话题的手工作品展。

（4）看菊花展。

收集各类菊花供展会摆放，并给各类菊花配介绍标签，小小讲解员现场讲解释疑。

（5）重阳节知识区。

关于重阳节的民俗知识问答、古诗词对答等，答对赠送书签等小礼品。

## 第四阶段：反思与总结

项目学习期间，同学们或去图书馆查找关于重阳节的文献资料，收集关于重阳节的诗词文集；或相约公园欣赏菊花，并回家亲手栽种菊花；或动手学做重阳糕、泡菊花茶；或陪伴老人共度美好时光……各小组成员共同体验了多彩多姿的重阳节。

项目学习中，重阳节活动渗透在各个学科中：体育课攀爬，培养动作协调、集体合作能力；语文课诵读有关重阳节的诗词，感受古诗词韵律美；美术课上制作重阳节有关的作品，承载着孝心和浓浓的爱意；音乐课上欣赏戏剧，感受习俗和孝亲之情；科学课上观看纪录片，认识和辨析相关植物；美术课、社团活动课上，学生们欣赏菊花图片、创作菊花画作、进行重阳拼图等，在活动中提高自己的审美能力和创造力。

“文化重阳”的项目学习，激发了学生们对重阳节文化的浓厚兴趣，丰富和充实了生活，扩大了活动领域，密切了与自然、社会的联系，培养了合作和创造能力。家长和老师欣慰于学生们的积极、努力和成长，大家无不受益良多，感慨万千。

**【学生感言】**

因为重阳节又称老人节，所以周末的时候我们组去了敬老院。我们代表海安市实验小学四年级的全体同学来看望这些老人，为此，我感到无比自豪！我们给爷爷奶奶们带来了各种各样的健康食品：水果、牛奶、面包、麦片……还给他们带来了欢声笑语。开始表演了，你听，那美妙的歌声点燃了观众的激情，他们眼睛里发着光，笑得嘴巴也合不拢了。

——四（4）班　刘沛然

**【家长感言】**

通过这次重阳项目学习，孩子们深刻了解了重阳节的习俗和由来。小组全体成员辗转4个地点，感受到放风筝的乐趣，品尝到重阳糕的鲜甜，体会到登高的魅力，欣赏到菊花的美丽。九九重阳节，百善孝为先，更是让孩子们体验到与老人间浓浓的亲情，并且用自己的行动来表达对爷爷奶奶的情感。孩子们体验其中，乐在其中。活动结束后，大家异口同声道："这是我们过得最有意义、最快乐、最充实的一个假期。"我想，这不就是对重阳项目学习最好的褒奖吗！

——四（8）班　仲为楷妈妈

**【教师感言】**

项目学习之中，查找重阳节的来历、习俗，搜集重阳节的诗词、佳句，烹饪重阳节的节令美食，参与重阳节的登高、赏菊与爱老、敬老活动，展示重阳节的项目学习成果……每一个实践都给了学生们忙碌并快乐的真实体验。活动期间，他们制作送给爷爷的立体贺卡时，好几次从头再来，更是激发了他们学习的内驱力，锻炼了他们不轻易放弃的坚毅品质。

——金斌

一个月的项目学习，学生将传统节日与文化传承融合在生活与学习中，传承中华传统文化的使命在每一个学生的心中生根、发芽，深深定格在他们的眼睛中，落实在他们的探索里，烙印在他们的心坎上。

# 第四节　校园民族文化节

## 一、项目背景

历史长河漫漫，中华文明闪耀。中华民族文化是历经数千年传承的精华，是每一位中华儿女民族自豪感产生的源头所在。加强少年儿童的民族文化教育，意义重大，影响深远。本次项目学习面向全校学生，以“校园民族文化节”为活动主题，引导师生一起探索、传播和分享中华民族文化精华，通过加深人与社会、人与文化之间的对话，来实现人与文化、人与人之间（家庭、师生、社区）的共生、共建、共享。小组合作探究、设计创新活动旨在增强学生自主行动的意识，提升实践能力，让项目学习融入生活，让师生在实践中受到启智，在学习中实现共生。

## 二、脉络分析

脉络分析如表3-15所示。

表3-15　“校园民族文化节”项目学习脉络分析表

| 学科领域 | 能力类型 | 学习环节 | 学习目标 |
| --- | --- | --- | --- |
| 信息技术 | 技能 | 以中华民族文化等为关键词搜索相关信息，对信息进行分类整理 | 利用关键词熟练使用搜索引擎，并分类整理信息 |
| 语文 | 观察辨识 | 观看纪录片 | 系统了解中华民族文化 |
|  | 识记表达 | 学习与中华民族文化相关的诗词、文章等，并诵读、表演；也可自己进行相关创作 | 感受中华民族文化的魅力与中华民族的语言美，培养学生诵读、表演及语言表达的能力 |
| 音乐 | 欣赏表达 | 欣赏与民族文化有关的戏曲、歌曲、舞蹈等，有能力的可以适当表演 | 体验多样的民间音乐形式，学会欣赏 |

（续表）

| 学科领域 | 能力类型 | 学习环节 | 学习目标 |
|---|---|---|---|
| 美术 | 民间工艺制作、海报制作 | 尝试制作民间工艺、练习制作海报 | 了解并尝试制作脸谱、皮影、宫灯等民间工艺，学习海报制作的基本方法 |
| 体育 | 技能 | 了解民族体育文化的常识，开展民族体育活动 | 体验多样的民族体育文化，掌握一些民族体育活动的要领 |
| 劳动技能 | 技能情感 | 与同伴、家人一起制作民族美食 | 提高创新能力与操作能力，体验成功的乐趣 |
| 综合实践 | 调查实践 | 运用调查、寻访、实践等多种方式体验中华民族文化，了解中华民族文化的相关知识 | 培养学生收集、处理、整合信息的能力和活动组织、语言表达、交往沟通等能力 |

## 三、学习过程

### 第一阶段：项目导入

#### 教学准备

（1）结合学生各自的喜好形成合作小组，取好组名，选出组长，初步分工，制订小组活动计划。

（2）制作PPT。

#### 教学过程

1. 畅谈民族文化

（1）同学们，说到中华民族文化，你的心里首先想到了什么？

① 56个民族。

② 各民族的服装。

③ 各民族特有的节日。

④ 各民族特有的习俗。

⑤ 各民族的音乐。

⑥ 各民族的舞蹈。

⑦ 各民族独特的民间工艺。

（2）同学们一下子说到了这么多，可见中华民族文化内涵真是太丰富了！

（**设计意图：**鼓励学生想象与中华民族文化相关的一切，让学生开动脑筋，让思维拓展开来）

2. 聚焦话题

（1）选定话题。

同学们，刚才你们说了很多跟中华民族文化有关的内容，如果我们要设立一个“校园民族文化节”，你们准备选择哪一个民族重点研究呢？和你的小组成员商量商量。

（2）小组讨论。

（3）交流选定话题。

3. 制订方案

（1）刚才大家都选定了自己感兴趣的民族，就以“校园民族文化节”为话题，我们根据提示来想一想，可以怎样研究呢？

- 想一想：围绕“校园民族文化节”，你想到了哪些方面？迅速把它们写下来。
- 议一议：要设立“校园民族文化节”，我们从哪些角度去研究？
- 说一说：要让研究更深入，我们可以怎么做？

（2）讨论提升。

① 简单交流自己想到的与“校园民族文化节”有关的内容。

② 通过讨论，你觉得要设立“校园民族文化节”可以怎么做？

了解各民族的习俗。开设民族风情街，穿上民族服装，布置相关场景。亲自体验各民族的习俗。

③ 我们可以用哪些方法去研究？

调查、寻访、请教、亲手做一做……

④ 指导如何将每一步细化。

比如：请教父母长辈时，我们可能需要做哪些准备？

确定访问对象，事先拟好访问提纲，做好访问记录等。

再比如：布置场景时，我们可以怎么做？怎样使自己的设计更吸引人？

小结：可见要研究好民族文化，并不容易。

⑤ 小结：不管从哪一个角度入手研究民族文化，我们只有挖掘出它背后的内涵，才能更深入地了解中华民族文化。

（**设计意图：**对于学生而言，最困难的是如何进行项目化学习。因此，对于项目化学习的方法指导必不可少。本环节通过“校园民族文化节”的设立，指导学生通过看一看、想一想、问一问、做一做等方法了解中华民族文化）

4. 总结（如表3-16所示）

表3-16　“校园民族文化节”小组学习单

| 项目名称 | | | |
|---|---|---|---|
| 子课题名称 | | 指导教师 | |
| 组　　员 | | 组　　长 | |
| 已知 | | | |
| | | | |
| 需要知道的 | | 如何得知 | |
| | | | |
| | | | |
| | | | |
| | | | |
| | | | |
| 收获 | | | |
| | | | |

## 第二阶段：发布导引文件与评价量表

### “校园民族文化节”项目学习导引文件

“五十六个民族五十六枝花，五十六族兄弟姐妹是一家。”中华民族文化是历经数千年传承的精华，是每一位中华儿女的骄傲。你了解我国的民族文化吗？你知道哪些跟民族文化有关的习俗、节日、美食呢？

这将是你和小组内的小伙伴们齐心协力要做的一个项目：设立“校园民族文化节”，并能把自己的研究成果分享给小伙伴。

可以去图书馆查找民族文化的文献资料，可以在网络上搜集民族节日的由来，可以亲自体验与民族文化有关的习俗，可以亲手制作各民族的特色美食……你们的介绍需要展示自己的研究过程，可根据研究需求，确定是否布置民族生活场景。

小组成员需要一起做这个项目，介绍包括以下信息：

（1）对某一民族的基本介绍。

（2）具体介绍与这一民族相关的一个节日。

（3）围绕民族文化进行的研究活动过程。

（4）介绍与民族文化相关的延伸知识。

（5）除了以上所列，你还可以加入你认为有趣的或对学习者有用的其他信息。

在介绍中，至少包含3位小组成员的讲述，每个讲述突出以上一点信息。

最终成果必须有你们小组成员进行研究的照片或视频，也可以有文字或旁白配音，并做好“校园民族文化节”某一场景的布置（如表3-17所示）。

请准备好在指定时间与小组其他成员一起展示你们的完成项目。

期待你们的创意！

表3-17 “校园民族文化节”评价量表

| | 需要避免的错误或行为 | 基本要求 | 优秀水平 |
|---|---|---|---|
| 研究与介绍设计 | • 介绍的层次不够清楚<br>• 没用基于自己实验的数据，完全引用他人现成资料<br>• 引用的资料没有标注出处 | • 数据收集和测算需尽可能基于小组的实验<br>• 对所有的资料来源适当标注（参考文献） | 除了满足基本要求的标准，还应包括以下至少两项内容：<br>• 通过采访相关专家所获得的信息<br>• 对学习小组的实验过程有详细的资料留存<br>• 除此之外，还有与众不同的研究视角 |
| 使用效果 | 出现知识性错误 | 节日设计合理 | 除了满足基本要求的标准，还需要：<br>• 有趣<br>• 引人入胜 |
| 协作 | 你的小组：<br>• 没有为所有成员创造分享想法的机会<br>• 没有公平地分配工作<br>• 没能充分利用委派任务的机会 | 你的小组：<br>• 倾听并尊重每个人的观点<br>• 相对公平地分配工作<br>• 根据成员各自的强项委派任务 | 你的小组：<br>• 整个过程中保持富有成效的合作关系<br>• 在合适的情况下，考虑每个人的需求<br>• 团队协作所创造的成果远远超过任何个人所创造的成果 |
| 项目管理 | 你的小组：<br>• 由于精力分散或低效而浪费了宝贵时间<br>• 在开始时没有花时间做计划<br>• 错失了修订计划的良机 | 你的小组：<br>• 一直在完成任务或大体工作上有效率<br>• 在项目开始时制订了计划<br>• 在截止时间前已经有了可以分享的成果 | 你的小组：<br>• 掌控整个小组进展<br>• 每当有必要时，进行项目计划的修订<br>• 预留了一定时间用于修改最终成果 |

## 第三阶段：团队开展项目研究

这一阶段一般周期较长，需要一个月左右，根据学生的学习情况可适当调整。

**环节一：研究准备（1周）**

各学习团队结合老师发布的学习导引文件和项目评价量表再次讨论项目实施方案，包括研究内容分解、人员分工、研究准备、进度安排、注意事项等，将上述的研究方案记录下来，形成文字材料。老师可根据具体情况决定是否提出一定的建议。

**环节二：团队研究（2周）**

各团队按照分工分头开展“校园民族文化节”研究活动，及时保存研究资料。过程资料与阶段性成果资料可以是文字、图片、视频、录音等多种形式。学习团队要定期开展交流，对照方案发现问题，针对问题修正方案。按照修正以后的计划进一步开展研究。各团队形成初步的成果作品。

**环节三：交流改进（1周）**

在团队学习的最后阶段，班级全体成员集中，各研究团队逐一介绍共同完成的初步作品，鼓励团队集体介绍，鼓励形式创新。集体评价，指出各自的优点与存在的问题。各研究团队结合评价意见对作品做补充、修改与优化，形成最终作品。

## 第四阶段：展示与评价

1. 集体展示形式设计

**环节一：**各班级组织展示，邀请全体学生、全体参与老师、部分家长代表到场，各学习团队抽签决定顺序，利用教室里的多媒体设备，逐一进行展示。每一团队展示完毕后，小组成员进行自评，其他人员进行他评。

**环节二：**全校集体展示，邀请全体学生、全体参与老师、部分家长代表到场，利用共生大道、学校操场等场地，进行布置并适时展示。展示完毕后，所有人员进行作品评价。

2. 评价表设计（如表3-18所示）

表3-18 “校园民族文化节”评价表

| 姓名 | | 课题名称 | | 小组名称 | |
|---|---|---|---|---|---|
| 评价内容 | | 我的表现（☆☆☆☆☆） | | | |
| 我在活动中的表现 | | | | | |

**（续表）**

| 评价内容 | 我的表现（☆☆☆☆☆） |
| --- | --- |
| 我承担什么任务及完成情况 | |
| 我在活动中做出了什么贡献 | |
| 我在活动中有什么收获 | |
| 小组伙伴的评价 | |
| 家长的评价 | |
| 指导老师的评价 | |
| 我的收获与努力目标 | |

## 第五阶段：反思与总结

活动以班级为单位，每个班分成几个学习小组，在老师的指导下，先分组围绕“校园民族文化节”提出自己最想了解的知识或最感兴趣的方面，经过讨论，确立研究内容，填好学习单。学生们有的收集各民族的由来、习俗等资料，有的制作民族服饰，有的学习各民族的歌舞和其他民间工艺，有的撰写各民族的介绍，并准备相关展览……个个有条不紊、分工明确，忙得如火如荼、不亦乐乎。

“校园民族文化节”展示活动开始了，学生们可高兴啦！精彩的场景布置、有趣的展览、美妙的民族歌舞表演、美味的民族美食……花样还真不少呢！一个个场地热闹非凡，学生们快乐多多，收获多多。家长们和老师们也感慨良多。

【学生感言】

“校园民族文化节”活动给了我们放松和喜悦，在每个环节中，我们都有不同的快乐。学剪纸、做脸谱考验了我们动手创作的能力，还让我们在做出自己漂亮作品的同时，增强了自信心呢！这次活动也让我们更加热爱我们的学校——海安市实验小学，上学真是一件快乐的事啊！

——六（3）班 吉新

【家长感言】

快乐的时光总是短暂的，随着孩子们一项项展示，这次校园民族文化节活动也在集体歌舞中圆满结束。看着孩子意犹未尽的笑脸，我不由得感慨万千：曾几何时，作为家长的我们，随着年龄的增长，在不断追求实现自我价值的同时，能否自问一下，自己有多久没有开心大笑了？其实，幸福与快乐真的很简单。

——六（2）班 邓默林家长

【教师感言】

细细翻阅同学们填写的项目单，问题设置合理，有引导性，稚嫩的语言、奇妙的问答无不透露出童年时代的天真、率性和创意无限。小组活动计划表中一项项的安排，又显示出超越小小年龄的组织能力和策划能力。各民族的民间故事、民族独特的习俗、民族民间艺术……同学们在这样的活动中，收获了无限的快乐，更收获了前所未有的成长。

——张晓倩

校园民族文化节，创意无限！看似普通的项目学习，在学生的奇思妙想和探索实践中焕发出不一样的魅力。学生在整个活动中始终是主角，我们相信，有了这样的创意，有了这样的自信，学生的明天会更灿烂！

# 第五节　走近家乡非物质文化遗产

## 一、项目背景

本次项目学习的学习者为二年级学生，主题为“走近家乡非物质文化遗产”。“家乡非物质文化遗产”是家乡泱泱历史长河中最绚烂的浪花。为引导学生进一步了解和感受家乡的非物质文化遗产，更好地继承和弘扬家乡的传统文化，本年级学部开展系列活动，让学生了解有关“家乡非物质文化遗产”的各种知识，拓展知识面，同时在活动中提高学生自己搜集资料、处理资料、动手实践、团队合作的能力。小组合作探寻家乡海安非物质文化遗产项目，让项目学习融入生活，增强学生自主行动的意识，提升实践能力，在学跳海安花鼓、学做海安扎染等活动中，激发学生对家乡传统文化的兴趣，产生“我是海安人”的自豪感。为家乡的非物质文化遗产制作介绍信，成为海安非物质文化遗产的守护人。

## 二、脉络分析

脉络分析见表3-19。

表3-19　“走近家乡非物质文化遗产”项目学习脉络分析表

| 学科领域 | 能力类型 | 学习环节 | 学习目标 |
|---|---|---|---|
| 语文 | 写作 | 针对某一个海安非物质文化遗产项目，形成该项目的介绍信。海安非物质文化遗产项目守护人宣言 | 学习浏览，扩大知识面，根据需要搜集信息。能根据交流的对象和场合，稍做准备，做简单的发言 |
| 数学 | 计算测量 | 以海安市实验小学为出发点，利用方向板，绘制所要寻访的非物质文化遗产项目的路径图 | 让学生将所学的有关方面的知识用到活动中，形成有实效的寻访路径图 |
| 音乐 | 舞蹈 | 了解海安花鼓的音乐特点、动作特点，学跳海安花鼓 | 学会跳少儿版海安花鼓 |

（续表）

| 学科领域 | 能力类型 | 学习环节 | 学习目标 |
| --- | --- | --- | --- |
| 信息技术 | 技能 | 借助网络搜索、了解非物质文化遗产，认识海安的非物质文化遗产有哪些 | 培养采集、加工以及整合等处理信息的基本技能 |
| 美术 | 设计 | 设计简单的扎染作品 | 通过看看、想想、画画、做做等方法进行简单的组合和装饰，体验活动的乐趣 |
| 综合实践 | 调查 | 通过现场调查、访谈非物质文化遗产传承人等方式，了解海安的非物质文化遗产项目 | 注重运用实地观察、访谈、实验等方法，获取材料，形成理性思维、批判质疑和勇于探究的精神 |
| | 交往 | 在项目学习中学会团队合作，建立学习共同体。展示学习成果，体验成功喜悦 | 在实际工作岗位上或模拟情境中见习、实习，体认职业角色，提升生涯规划能力，增强家国情怀 |

## 三、学习过程

第一阶段：项目导入

### 教学准备

（1）初步了解非物质文化遗产，了解海安非物质文化遗产。

（2）制作课件。

（3）每小组准备一个平板电脑。

### 教学过程

1. 了解非物质文化遗产

（1）对我们来说，非物质文化遗产是一个陌生的词，看到这个词，你有哪些想问的问题？

（2）PPT介绍。

① 文化遗产、物质文化遗产、非物质文化遗产。

② 中国有名的非物质文化遗产。

例如少林功夫、京剧、白蛇传的传说故事、皮影戏、春节、泼水节……

③ 列举中国非物质文化遗产。

国家对非物质文化遗产有4级保护体系：国家级、省级、市级、县级。

国务院先后批准并命名了4批国家级非物质文化遗产名录共1372项，批准时间为2006年、2008年、2011年、2014年。

④ 世界非物质文化遗产。

如我国的昆曲、古琴艺术、新疆木卡姆民族歌舞与蒙古族长调民歌等，都是联合国教科文组织公布的世界非物质文化遗产。中国已经成为拥有世界非物质文化遗产数量最多的国家。

（**设计意图：**对于二年级的学生来说，非物质文化遗产是一个陌生的名词，让学生提出心中的问题，带着这些问题观看精心制作的PPT，可以拉近学生与项目的关系）

2. 了解海安的非物质文化遗产

（1）海安现在共有多少非物质文化遗产项目？

（2）登录相关网站，了解家乡的非物质文化遗产项目。

（**设计意图：**通过网络观看视频、文字，学会基本的搜集资料的方法，了解海安的非物质文化遗产项目，对即将展开的研究有一个粗略的了解，为后面任务的确定与开展奠定基础）

3. 寻访、走近海安的非物质文化遗产

（1）发布任务。

海安的非物质文化遗产项目如：海安花鼓、海安苍龙舞、海安罗汉龙、里下河号子、莲花落、唱麒麟、唱凤凰、海安剪纸、角斜灯彩、里下河灶头画、海安钩针衣、南通扎染技艺、胡集竹编技艺、里下河小方糕制作技艺、冰雪酒酿制技艺、糯米陈酒酿制技艺……

自由建小组，选定一项海安的非物质文化遗产项目为研究对象，深入了解这项非物质文化遗产项目，制作该项目的介绍信，参加“海安非物质文化遗产项目小小守护人”的竞选。

（2）小组讨论。

① 怎么去深入了解一项非物质文化遗产项目？

第一，搜集文字资料、视频资料进行学习。

第二，寻访非物质文化遗产项目的传承人，寻访身边对该项目有了解的人。

② 项目的介绍可以包括哪些内容？

包括图片（采访拍摄、网络搜索）、视频、必要的文字说明。

③ 如何才能成为“海安非物质文化遗产项目小小守护人”？

④ 要做到这些，我们需要哪些帮助？

（3）大组交流。

同一班级尽量引导各小组选择不同的项目。

（**设计意图：**以一项具体的海安非物质文化遗产项目为实践、研究对象，重在学习的真实体验，学习中通过小组讨论和独立思考，商量确定研究的方法、途径，规划期待的结果）

4. 总结（如表3-20所示）

表3-20 “走近家乡非物质文化遗产”项目学习小组学习单

班级：__________ 组名：__________ 班长：__________

校外指导老师（家长义工）：__________ 组长：__________

小组成员：__________ 活动计划：__________

| 研究的内容： | 任务分工： |
| --- | --- |
| 活动的步骤： | 预期的展示： |

## 第二阶段：发布导引文件与评价量表

### “走近家乡非物质文化遗产”项目学习导引文件

你知道吗？海安花鼓、海安扎染、海安钩针衣都是海安非物质文化遗产。你想知道什么叫非物质文化遗产吗？你想知道我们家乡海安有哪些非物质文化遗产吗？

请你通过查阅资料、寻访非物质文化遗产传承人等方式具体了解一项海安非物质文化遗产，并把你了解到的选择一种分享方式介绍给大家（如表3-21所示），可以写几句简短的话，可以拍几张照片或录一段小视频，也可以用彩笔画一画。介绍清楚这一项海安非物质文化遗产的名称和特点，以及自己的感受。

表3-21　“走近家乡非物质文化遗产”评价量表

| | 需要避免的错误或行为 | 基本要求 | 优秀水平 |
|---|---|---|---|
| 交流 | • 发布的项目介绍不完整<br>• 很难在移动设备上获取或阅读<br>• 没有注意图片和文字的比例<br>• 文字或旁白部分有干扰性错误<br>• 文字或旁白部分内容冗长或含糊不清 | 发布的项目内容：<br>• 可以通过移动设备获得<br>• 使用方便<br>• 通过不同形式呈现信息，如文字、图片、地图等<br>• 文字（或旁白）内容清晰、简洁，没有错误<br>• 给有需要的图片配说明 | 除了满足基本要求的标准，发布的海安非物质文化遗产项目交互界面还需要：<br>• 有趣<br>• 吸引眼球<br>• 文字或旁白引人入胜<br>• 创意地交互使用不同形式的表达（文字、图片、地图等） |
| 协作 | 你的小组：<br>• 没有为所有成员创造分享想法的机会<br>• 没有公平地分配工作<br>• 没能充分利用委派任务的机会 | 你的小组：<br>• 倾听并尊重每个人的观点<br>• 相对公平地分配工作<br>• 根据成员各自的强项委派任务 | 你的小组：<br>• 整个过程中保持富有成效的合作关系<br>• 在合适的情况下，考虑每个人的需求<br>• 团队协作所创造的成果远远超过任何个人所创造的成果 |

（续表）

| | 需要避免的错误或行为 | 基本要求 | 优秀水平 |
|---|---|---|---|
| 项目管理 | 你的小组：<br>• 由于精力分散或低效而浪费了宝贵时间<br>• 在开始时没有花时间做计划<br>• 错失了修订计划的良机 | 你的小组：<br>• 一直在完成任务或大体工作上有效率<br>• 在项目开始时制订了计划<br>• 在截止时间前已经有了可以分享的成果 | 你的小组：<br>• 掌控整个小组进展<br>• 每当有必要时，进行项目计划的修订<br>• 预留了一定的时间用于修改最终成果 |

## 第三阶段：团队开展项目研究

1. 活动主要方式与内容

（1）利用走访、调查、网络、电视、书籍等获取信息。

（2）现场参观访问，开展调查研究。

（3）学习跳花鼓舞、扎染、捏泥人等。

2. 活动时间

大约3个月。

3. 活动开展

第一阶段：预备阶段。（1周）

① 学生通过查阅资料、走访等形式初步了解海安非物质文化遗产。

② 设计寻访表格。

第二阶段：启动仪式

邀请海安文化艺术中心非物质文化遗产部长做非物质文化遗产讲座，邀请海安非物质文化遗产传承人作相关讲解和表演，激发学生对海安非物质文化遗产的兴趣。

第三阶段：学习阶段。（2个月）

① 继续查找资料，通过各种渠道收集信息。

② 寻访各非物质文化遗产项目的传承人，记录寻访过程、寻访内容。

③ 邀请海安花鼓表演艺术家给大家进行海安花鼓教学。

④ 邀请海安扎染大师给大家进行海安扎染教学。

⑤ 邀请海安其他非物质文化遗产传承人给大家进行教学。

第四阶段：阶段小结，成果汇报展示。（1周）

① 花鼓表演展示、扎染展示等。

② 各非物质文化遗产项目小小守护人竞选。

**4. 教师的指导、协助工作**

（1）了解学生的调查进程，及时处理遇到的问题和困惑。

（2）在学生学跳花鼓舞等非物质文化遗产项目时，做好纪律指导和图片视频等资料的收集工作。

## 第四阶段：展示与评价

**1. 集体展示形式设计**

**环节一：**海安花鼓表演。

**环节二：**“小小非物质文化遗产项目守护人”竞选。

（1）各班级组织展示，邀请全体学生、全体参与老师、部分家长代表到场，各学习团队抽签决定顺序，利用教室里的多媒体设备，逐一进行展示。每一团队展示完毕后，小组成员进行自评，其他人员进行他评。

（2）每班择优选择2～5名项目守护人参加级部的比赛。

邀请非物质文化遗产传承人担任评委，每个项目最终选出一位守护人。

**2. 评价表设计**

如表3-22所示。

表3-22 “走近家乡非物质文化遗产”作品评价表

小组名称：________________

| | 团队协作 | 项目管理 | 作品质量 | 展示效果 | 贡献值评价 |
|---|---|---|---|---|---|
| 自评 | | | | | |
| 他评 | | | | | |

3. 优秀作品举例（略）

## 第五阶段：反思与总结

中共中央办公厅、国务院办公厅印发了《关于实施中华优秀传统文化传承发展工程的意见》，提出实施非物质文化遗产传承发展工程等项目。海安市实验小学二年级学部在这样的大背景下，带领所有的学生以海安非物质文化遗产为研究对象，以了解海安非物质文化遗产项目为研究目的，最后形成某个海安非物质文化遗产项目的介绍，以此成为该非物质文化遗产项目的小小守护人、传承人。该项目把非物质文化遗产传承与素质教育、拓展研究和文化交流相结合，使非物质文化遗产在少年儿童群体当中既能被广泛接受又能被主动传承。

通过为期3个月的项目学习，师生对于海安的非物质文化遗产有了深刻的了解，一个个班级和级部的“非物质文化遗产项目守护人”，走近海安的省市级非物质文化遗产，寻访它们的历史，了解它们的特点，观察它们的现状，甚至亲自去学习、实践、创造，获得了不一般的体验。

**【学生感言】**

海安花鼓是咱们海安人的骄傲，曾在两次国庆大典上，在天安门广场进行表演，深受国内外人士的好评，还多次受邀去国外表演呢！这是我们海安的非物质文化遗产。我们是海安的希望和未来，我们要将这宝贵的非物质文化遗产一代一代传承下去。我是二年级（12）班的李中恒，我是海安花鼓的守护人，我会好好地跳花鼓，跳出最好的水平，为海安花鼓增添光彩！

——二（12）班　李中恒

这次活动我了解了舞苍龙、扎染、罗汉龙、钩针衣等4种具有海安特色的非物质文化遗产项目，并有幸听到非物质文化遗产传承人的讲解。作为传承人的爷爷奶奶们还让我体验、感受了非物质文化遗产的魅力。一个个简单的动作、一块块简单的花布、一件件漂亮的钩针衣都深深地吸引着我。这看似简单的背后却凝聚着爷爷奶奶们的心血，我为这样的爷爷奶奶们自豪。爷爷奶奶们遗憾地告诉我，现在学这些手艺的孩子是越来越少了，他们希望我们经常过来看看，多了解祖祖辈辈传下来的东西。

——二（3）班　杭钰淇

**【教师感言】**

带着学生走近海安非物质文化遗产，成为海安非物质文化遗产项目的守护人，是一个很有意义的项目。学生选择自己想守护和传承的项目，于是有共同喜好的学生形成了学习共同体，一起研究，一起寻访，一起体验，深入了解该项目，从而熟悉了海安的非物质文化遗产。这项活动，不仅丰富了学生的课外活动，锻炼了学生的研究能力，而且有利于学生树立民族自豪感、增强文化自信心、深化文化认同感。

——何老师

学生在这样的学习中，能找到自己感兴趣的项目，个性化地学、联系性地学、团队式地学、创造性地学，做好传承，做好创新，真正成为海安非物质文化遗产的守护人与继承人。

实践案例篇

# 第四章

# 生活之美

教育是为了儿童更美好的生活。生活类项目学习的课堂便是儿童的真实生活情境，儿童在其中发现生活之美，品尝生活之味，享受生活之趣，了解生活之境，感悟生活之情，改变生活之丑，从而创造新的生活之美。

# 第一节　茶韵悠悠

## 一、项目背景

我国茶文化博大而悠远，小学各学科教材也都涉及茶的知识。“茶韵悠悠”这一项目学习主要面向六年级学生，以茶为活动载体，引导师生一起沉浸于中华民族灿烂的文化中，聆听茶的故事，感受茶的韵味，品味茶的芳香，在其间通过课程整合，对接生活，最大限度地开放学习时空，丰富学习经验，使师生在项目学习中提升实践能力，感受生命的充实与幸福。

## 二、脉络分析

脉络分析如表4-1所示。

表4-1　“茶韵悠悠”项目学习脉络分析表

| 学科领域 | 能力类型 | 学习环节 | 学习目标 |
| --- | --- | --- | --- |
| 科学 | 调查 | 了解茶的有关知识 | 运用调查、采访、上网查阅等多种方式了解茶的种类、名称，传统的制茶方法、泡茶方法，茶与健康和不同地区甚至不同国家的茶道艺术等 |
| 美术 | 摄影 | 用相机记录下茶的不同形态 | 能够拍摄出不同的茶叶形状及泡开后茶叶与茶汁的写真 |
| 音乐 | 歌唱 | 欣赏与茶有关的戏曲、歌曲、舞蹈等，有能力的可以进行表演 | 在歌唱表演中感知茶文化 |
| 语文 | 写作 | 查阅与茶有关的文章。在与人沟通中进行茶艺推介 | 引导学生利用网络和图书馆等收集、阅读与茶有关的文章（诗词、散文），初步了解中国五千年茶文化的发展过程；能根据交流的对象和场合进行茶艺推介 |

（续表）

| 学科领域 | 能力类型 | 学习环节 | 学习目标 |
|---|---|---|---|
| 综合实践 | 实践 | 通过观察、访谈等方式研究茶，学习茶艺与茶道 | 培养学生在学习以及生活中发现问题、解决问题的能力，促进学生的综合实践能力的发展 |
| | 交往 | 在项目学习中学习怎样进行团队合作，建立学习共同体。积极展示学习成果，体验学习的成功与喜悦 | 通过学生对这次活动的合作研究，使学生对自己的成果有喜悦感、成就感，感受到与他人合作交流的乐趣 |

## 三、学习过程

第一阶段：项目导入

**教学准备**

（1）初步了解茶，完成预学单。

（2）制作课件。

（3）每小组准备一个平板电脑。

**教学过程**

1. 茶的源头

（1）同学们，你们知道古人的“开门七件事”指哪七件事吗？

（柴、米、油、盐、酱、醋、茶）

（2）播放中国茶艺视频，点出茶是中国传统文化之一。

（**设计意图：**从古人的“开门七件事”引出茶，通过观看茶艺视频让学生懂得茶是历史，更是文化。这样的学习溯及茶的源头，既有意境也有深度）

2. 茶的韵味

（1）聚焦主题。

不同的茶有不同的形态、不同的功效，还有不同的韵味。联系你的生活，你知道有哪些茶吗？（绿茶、红茶、乌龙茶、花茶、白茶等）

（2）自主学习。

① 出示学习要求。

• 学一学：各小组通过平板电脑自主学习网络上关于“绿茶、红茶、乌龙茶、花茶、白茶”的知识。从茶的特点、冲泡器具、主要代表品种、饮用功效及饮用禁忌等方面进行分辨。

• 想一想：用思维导图的方式具体介绍一种茶，该怎样介绍？

• 议一议：不同的茶的特点、冲泡器具、主要代表品种、饮用功效及饮用禁忌等方面有什么不同与特色？

② 完成表格式学习单。

（3）交流提升。

① 简单交流表格的内容。

② 通过学习，你觉得要清楚地介绍一种茶，在思维导图中有哪些元素不可少？

③ 以绿茶（碧螺春）为例，讨论交流怎样制作思维导图。（组内合作制作思维导图）

④ 方法的小结与提炼。

明确介绍哪种茶，想清楚从哪些方面进行介绍，茶的特点及亮点着重标出……

⑤ 小组介绍、指导点评。

⑥ 现场炮制碧螺春与祁门红茶，指导观察与品饮，同时对比绿茶与红茶的思维导图介绍，思考这两种茶不同在什么地方。

⑦ 小结：每一种茶都有它的特别之处，我们可以通过思维导图分辨出它们的不同，为我们的后续研究进行必要的准备。

（**设计意图：**不同的茶有不同的韵味。学习中，通过指导学生借助平板电脑检索相关知识，认真阅读电子文本，在此基础上运用思维导图强化认知。同时，要求学生泡茶并进行品饮，较深入地引导学生比较出不同茶的不同特点。通过这样的学习，学生在经历与体验中习得知识，获得成长）

3. 茶的探秘

（1）发布任务。

① 除了茶叶的不同，关于茶还有哪些值得研究的？

例如茶的历史、茶的种类、泡茶方式、茶艺与礼仪、茶与健康、茶与艺术等。

② 想一想，茶中有这么多的学问，我们可以通过哪些方式把这些学问展现出来？

例如与茶有关的诗歌、音乐、绘画、表演，个体讲述，学习泡茶的技巧与方法等。

（2）小组设计方案。

① 确定小组研究的任务及课题项目。

② 讨论研究方案：

第一，组内进行任务分工。

第二，思考研究的计划与时间安排。

第三，预想研究中会遇到的问题以及解决的策略。

第四，选择成果汇报或展示的方式（思维导图、现场展示以及研究报告等）。

（3）大组交流补充。

选择一两个小组介绍自己小组已有的初步方案，其他小组可以提出质疑或合理化的建议。

（**设计意图：**让学生借鉴研究不同茶的方法，寻找与茶相关的其他研究课题。通过小组讨论设计初步研究方案，同时进行大组交流与补充，让学生进一步明确研究的目的，对研究的可能性进行更精准的预判。这样的学习，引导学生的思维始终聚焦研究对象与研究活动，有效地促进了后续项目学习的持续开展）

4. 总结

如表4-2所示。

表4-2 “茶韵悠悠”项目学习小组学习单

<table>
<tr><td>组　别</td><td></td><td>组　名</td><td></td></tr>
<tr><td>组　长</td><td></td><td>校外指导老师（家长义工）</td><td></td></tr>
<tr><td>小组成员</td><td colspan="3"></td></tr>
<tr><td rowspan="6">项目学习活动计划</td><td>小组课题名称</td><td colspan="2"></td></tr>
<tr><td>小组成员<br>任务分工</td><td colspan="2">组员（　　　　）：<br>组员（　　　　）：<br>组员（　　　　）：<br>组员（　　　　）：<br>组员（　　　　）：<br>组员（　　　　）：</td></tr>
<tr><td>问题预见</td><td colspan="2"></td></tr>
<tr><td>解决策略</td><td colspan="2"></td></tr>
<tr><td>活动计划</td><td colspan="2"></td></tr>
<tr><td>小组预期<br>研究成果</td><td colspan="2"></td></tr>
</table>

## 第二阶段：发布导引文件与评价量表

### “茶韵悠悠”项目学习导引文件

中国是世界上最早发现和利用茶树的国家。茶文化是中国文化的一种，是中国传统文化的重要组成部分。同学们，你们了解茶的有关知识吗？知道它的起源、发展吗？你知道与茶有关的诗、词、歌、赋及有趣的故事吗？

这将是我们要做的一个项目：探究茶文化，并形成相关成果，最好能包括一个电子版的介绍，使其他人能够从网络上下载使用，或者访问学习。

你将和小组成员一起来做这个项目。你们的研究成果可以包含以下信息中的5项：

（1）研究的某种茶的名称。

（2）该茶的起源、发展。

（3）与茶有关的诗、词、歌、赋以及故事等。

（4）以茶为主题的手抄报、绘画作品、文学创作等。

（5）与茶有关的电子小报。

（6）与茶有关的PPT。

（7）与茶有关的美篇介绍。

（8）与茶有关的调查报告。

（9）与伙伴走进茶社或茶园观茶、品茶。

（10）小组制作项目学习的微视频、微电影。

除了以上所列，你还可以加入你认为有趣的或对学习者有用的其他信息。

最终成果必须包括图片和视频，也可以有文字或旁白配音。

请与小组其他成员一起开展你们的项目学习。在学习过程中，注意搜集好图片、文字、音像（自己制作的美篇、小视频）等资料（如表4-3所示），并在指定日期前做好小组学习成果呈现、展示的准备。

期待你们的创意！

表4-3 “茶韵悠悠”评价量表

| | 需要避免的错误或行为 | 基本要求 | 优秀水平 |
|---|---|---|---|
| 研究与介绍设计 | • 只用了网上的图片，没有自己采集图片<br>• 对有关茶的知识讲述层次不够清楚，讲述的茶的历史及渊源有错误<br>• 没用基于自己实验的数据，完全引用他人现成资料<br>• 引用的资料没有标注出处<br>• 茶艺展示没有掌握动作要领 | • 运用网络、书籍以及实地访查等途径进行资料搜集<br>• 搜集的资料大多和主题相关，比较丰富和完整，大部分有价值<br>• 对有关茶的知识讲述层次基本清楚，讲述的茶的历史及渊源没有错误<br>• 对搜集的资料能进行归类整理<br>• 掌握了一定的茶艺展示动作要领 | • 运用了网络、书籍、实地访查等多种途径和渠道搜集了大量的资料<br>• 搜集的所有资料都与主题相关，丰富完整，很有价值<br>• 对有关茶的知识讲述层次十分清楚，讲述的茶的历史及渊源合理准确<br>• 对搜集的资料整理归类很有条理<br>• 熟练掌握茶艺展示的动作要领，知道茶道礼仪 |

（续表）

| | 需要避免的错误或行为 | 基本要求 | 优秀水平 |
|---|---|---|---|
| 使用效果 | • 展示介绍茶文化的知识内容简单，语言平淡，组织不严密<br>• 搜集的茶文化知识文字或旁白部分有干扰性错误<br>• 茶文化知识文字或旁白部分内容冗长或含糊不清 | • 展示介绍茶文化的知识内容充实，表达准确，同时通过不同的形式呈现了文字及图片等<br>• 搜集的茶文化知识文字（或旁白）内容清晰、简洁，没有错误<br>• 讲述茶文化知识的文字或旁白部分中给有需要的图片配了说明 | • 展示介绍茶文化的知识内容充实，有条理、有依据，表达准确、严密，同时通过不同的形式呈现文字及图片等<br>• 搜集的茶文化知识文字及旁白引人入胜<br>• 茶文化知识文字或旁白部分创意地交互使用不同形式的表达（文字、图片等） |
| 协作 | 你的小组：<br>• 没有为所有成员创造分享个人意见与想法的机会<br>• 没有公平地分配工作<br>• 没能充分利用委派任务的机会 | 你的小组：<br>• 倾听并尊重每个人的观点<br>• 相对公平地分配工作<br>• 根据成员各自的强项委派任务 | 你的小组：<br>• 整个过程中保持富有成效的合作关系<br>• 在合适的情况下，考虑了每个人的需求<br>• 团队协作所创造的成果远远超过任何个人所创造的成果 |
| 项目管理 | 你的小组：<br>• 由于精力分散或低效而浪费了宝贵时间<br>• 在开始时没有花时间做计划<br>• 在项目进行过程中错失了修订计划的良机 | 你的小组：<br>• 一直在完成任务或大体工作上有效率<br>• 在项目开始时制订了计划<br>• 在截止时间前已经有了可以分享的成果 | 你的小组：<br>• 掌控着整个小组进展<br>• 每当有必要时，进行项目计划的修订<br>• 预留了一定时间用于修改最终成果 |

## 第三阶段：团队开展项目研究

**环节一：研究准备（1周）**

各学习团队结合老师发布的学习导引文件和项目评价量表再次讨论项目实施方案。

（1）学习两份文本资料的细则要求，弄清研究方向。

（2）形成团队研究方案，包括研究内容分解、人员分工、研究准备、进度安排、注意事项等。将上述的研究方案记录下来，形成文字材料。

（3）将团队的研究方案报送给老师保存，老师可根据具体情况决定是否提出一定的建议。

（4）在此过程中，团队随时可以就制订方案过程中遇到的困难咨询老师、家长，听取建议。

**环节二：团队研究（2周）**

（1）各团队按照分工分头开展研究活动，及时保存研究资料。（过程性资料与阶段性成果资料，可以是文字、图片、视频、录音等多种形式）

（2）团队集中交流。

① 团队成员分别汇报各自的研究进展，自我剖析研究过程中的成功之处以及遇到的问题。

② 团队成员逐一发言，发表关于项目整体研究状况的评价意见。

③ 对照最初的研究方案，纠偏与修正方案。

（3）按照修正以后的计划进一步开展研究。

（4）各团队形成初步的成果作品。

**环节三：交流改进（1周）**

（1）班级全体成员集中。

（2）各研究团队逐一介绍团队共同完成的初步作品。（鼓励团队协作与形式创新）

（3）集体评价，指出各自的优点与存在的问题。

（4）各研究团队结合评价意见对作品做补充、修改与优化，形成最终作品。

## 第四阶段：展示与评价

### 1. 集体展示形式设计

**环节一：**各班级组织展示，邀请全体学生、全体参与老师、部分家长代表到场，各学习团队抽签决定顺序，利用教室里的多媒体设备，逐一进行展示。

每一个团队展示完毕后，小组成员进行自评，其他人员进行他评。

**环节二：**每班选取一两件优秀作品以年级部进行集中展示与介绍。

2. 评价表设计（如表4-4所示）

表4-4 “茶韵悠悠”项目学习活动评价表

| 姓名 | | 课题名称 | | 小组名称 | |
|---|---|---|---|---|---|
| 评价内容 | 评价结果 | | | | |
| 我在团队中承担任务的完成情况 | | | | | |
| 我在活动中的收获 | | | | | |
| 我在活动中的表现 | | | | | |
| 小组伙伴对我的评价 | | | | | |
| 家长的评价 | | | | | |
| 指导老师的评价 | | | | | |
| 我的努力目标 | | | | | |

3. 优秀作品举例（略）

## 第五阶段：反思与总结

“茶韵悠悠”这一项目学习立足于学生的成长与发展，力求在活动的独特性、启发性、深刻性上给学生的童年生活留下难忘的记忆。在活动中，不管是查找、演说茶的故事，学习泡茶的工艺，品味各种茶香，还是展示学习成果，参与活动的每位学生都可以自己先做起来，同时在小组与班级进行的交流与分享中不断丰富自己的实践经验，提高自己的实践水平。学生的研究没有仅仅停留在网络、书本上，他们走进茶叶铺、茶园、茶楼，分辨茶叶，闻茶，摸茶，买茶；走近茶客，倾听他们讲述自己与茶的情缘；与茶艺师相约，亲身感受茶艺的精湛。学生们还尝试着以茶为主题写儿童诗、写自己与茶的故事，想象关于茶的美丽传说……这种文字的创意，对于学生意义非凡。文字和茶一起引领着他们去迎接挑战、去抒写、去创新、去奋发。

当然，回顾学习活动的全过程，也留下一些遗憾和不足：首先是活动的热身与铺垫不够，一些学生对与茶相关的知识了解不深，掌握不多，前期对资料的熟悉与拥有没有达到应有的目标；二是团队的作用发挥不够，团队或小组对于个体的分工没有做到科学、合理，与个体的契合度不紧，个体互动与团队协作没有深度融合；三是活动的开放度不够，在项目学习从教材走向生活、融通课内与课外、自然与社会结合等方面需要继续提升。

# 第二节　生活垃圾去哪儿了

## 一、项目背景

随着人们生活水平的迅速提高，生活产生的垃圾也越来越多。如果垃圾处理不当，容易造成环境污染，影响人们的正常生活，严重的还会引发疾病，危害人们的健康。但是学生对于垃圾的认知是肤浅的，需要升华到对垃圾的产生、危害、处理及回收利用等较科学的认识层面上，这就必须给学生提供实践、研究的机会。我们设计的本次项目学习活动，就是让学生通过调查、参观、访问、小课题研究、成果展示等活动形式亲身体验与探究，激励他们积极参与环保实践活动，增强环保意识和社会责任感，启发他们关注、思考人与自然的关系。

## 二、脉络分析

脉络分析如表4-5所示。

表4-5　“生活垃圾去哪儿了”项目学习脉络分析表

| 学科领域 | 能力类型 | 学习环节 | 学习目标 |
|---|---|---|---|
| 科学 | 观察 | 参观现代化的垃圾处理工厂 | 了解不同垃圾的性能，体会垃圾分类的科学性和必要性 |
| 数学 | 测量计算 | 以家庭为单位，测算一个普通小区一天产生的垃圾量 | 能根据条件画出图形；能运用图形形象地描述问题，通过图形来进行直观的思考 |
| 信息技术 | 搜索制作 | 网上查询关于垃圾处理的相关知识；制作PPT | 培养查找、采集、加工以及发布信息等处理信息的基本技能 |
| 语文 | 写作表达 | 撰写“垃圾与环保”的讲述内容；完成倡议书；加强沟通，了解人际交往的桥梁 | 学习浏览，扩大知识面，根据需要搜集信息。能根据交流的对象和场合，稍做准备，做简单发言 |
| 美术 | 绘画制作 | 绘制手抄报，制作变废为宝的手工作品 | 通过画一画、做一做等方法，用艺术的方式展示研究成果，体验变废为宝的设计制作乐趣 |

（续表）

| 学科领域 | 能力类型 | 学习环节 | 学习目标 |
|---|---|---|---|
| 综合实践 | 调查 | 通过网上搜索、现场访谈等方式，对垃圾的处理进行实地考察，撰写调查报告 | 注重运用实地观察、访谈等方法获取资料，提倡理性思维、批判质疑和勇于探究的精神 |
| | 交往 | 在项目学习中学会团队合作，建立学习共同体；展示学习成果，体验成功的喜悦 | 在模拟情境中见习、实习，体验职业角色，提升生涯规划能力 |

## 三、学习过程

第一阶段：项目导入

### 教学准备

（1）初步了解有关生活垃圾处理的知识。

（2）制作视频及课件。

（3）每小组准备一个平板电脑。

### 教学过程

1. 观看视频，引出环境问题

（1）同学们，观看了刚才的视频，你有什么想说的？

① 小河变脏了。

② 生活变好了，环境变差了。

（2）同学们说得真好！随着社会工业化的发展，人们的生活水平不断提高，人类对地球资源的攫取也不断地加速，工业垃圾与生活垃圾产生得越来越多，直接影响人类的生活环境，甚至对人类的生命健康安全造成极大的威胁。

2. 结合实际，聚焦生活垃圾处理问题

（1）这些影响环境的垃圾是怎么产生的呢？

① 小组内根据课前研究交流、讨论，归纳小结，并确定组内发言人。

② 全班以小组为单位交流，形成统一认识。

（2）垃圾是人类日常生活和生产中产生的固体废弃物，我们日常生活中会产生哪些垃圾呢？

① 自主学习。

- 学一学：各小组自主学习平板电脑上关于生活垃圾的有关信息。
- 说一说：生活垃圾的危害及分类。
- 议一议：你对如何处理生活垃圾有什么建议？

② 完成表格式学习单。

③ 交流提升。

简单交流表格内容。通过学习，你觉得生活垃圾处理中最关键的是什么环节？

**3. 自主设计，研究生活垃圾处理现状**

（1）发布任务。

我们家乡海安市城区有近25万人口，日产生活垃圾200余吨。这些生活垃圾都运到哪里去了呢？这些生活垃圾都进行分类处理了吗？我市生活垃圾处理的现状是什么样的呢？

请各小组讨论确定一个你们最关心或最感兴趣的研究内容，并设计出你们的研究方案。

（2）各小组讨论方案。

① 确定研究的主题。

为什么确定这个主题？研究它的价值是什么？通过研究能发现什么问题或解决什么问题？

② 初步设计研究的计划。

研究的方式、方法；研究的时间安排；研究内容的分解；预估可能会碰到的问题。

③ 小组成员的分工与协作。

④ 研究资料的记录与成果的展示。可以通过调查小报告、制作手抄报、

摄影展、视频等方式展示。

（3）大组交流。

选择一两个小组介绍小组已有的初步方案，其他小组可以提出质疑或合理化的建议。

**4. 总结（如表4-6、表4-7所示）**

表4-6 “生活垃圾去哪儿了”小组学习单

班级：＿＿＿＿＿＿ 小组：＿＿＿＿＿＿ 小组成员：＿＿＿＿＿＿

| 描述垃圾的产生 | 简述其危害或可利用的价值 | 所属种类 | 你的处理建议 |
| --- | --- | --- | --- |
| | | | |
| | | | |
| | | | |
| | | | |
| | | | |
| | | | |
| | | | |
| | | | |
| | | | |

表4-7 “生活垃圾去哪儿了”小组研究计划表

| 研究内容 | | | |
|---|---|---|---|
| 组　长 | | 组　员 | |
| 研究计划 | | | |
| 成员分工 | | | |
| 过程性资料记录 | | | |
| 预期成果展示（调查小报告、手抄报、摄影、视频等） | | | |
| 注意事项 | | | |

## 第二阶段：发布导引文件与评价量表

### “生活垃圾去哪儿了”项目学习导引文件

地球是我们生存的家园，我们与大自然紧紧相依，息息相关，和谐地融为一体。随着社会的工业化发展，人们生活水平的不断提高，人类对地球资源的攫取不断加速，工业垃圾与生活垃圾产生得越来越多。垃圾的随意丢弃，致使蚊蝇孳生，甚至臭气熏天；垃圾混放，处理成本增加；“危化垃圾”超标排放、违规填埋，不仅造成了严重的环境污染，而且对人类的生命健康和安全造成极大的威胁。垃圾的合理分类、科学处置、有效利用等问题成为我们每个人不得不关心的话题。

这将是你们要做的一个项目：确定一个有关生活垃圾处理的研究内容，将研究的经历、过程、故事（或发现）、成果制作成PPT或视频，以方便介绍和展示，可以是有创意的变废为宝的制作，但要为这些创意制作配上创意说明。

你将与小组的其他成员一起做这个项目。你们介绍的内容应该包括以下信息：

（1）研究的主题。

（2）确定此主题的原因或期待通过研究发现什么问题、解决什么问题。

（3）研究过程中搜集的数据。

（4）研究过程中遇到的人或事。

（5）制作的变废为宝的创意作品。

除了以上所列，还可以加入你认为有趣的或对学习者有用的其他信息。

在介绍中，至少包含3位亲历者的讲述，每个讲述要突出以上某一点信息。

最终成果必须包括PPT或视频，也可以有文字或旁白配音（如表4-8所示）。

请准备好在指定时间与小组其他成员一起展示你们的初步研究成果。

期待你们的精彩！

表4-8 “生活垃圾去哪儿了”评价量表

| | 需要避免的错误或行为 | 基本要求 | 优秀水平 |
|---|---|---|---|
| 研究与介绍设计 | • 介绍的研究过程内容不全<br>• 只用了网上的图片，没有自己采集的图片<br>• 介绍的层次不够清楚<br>• 没用基于自己调查的数据，完全引用他人现成资料<br>• 引用的资料没有标注出处 | 介绍的内容应包括：<br>• 研究的主题<br>• 小组成员的分工<br>• 研究的推进过程及阶段性成果<br>• 研究的结论或发现<br>• 由小组成员所记录的研究的数据或绘制的图表<br>• 对所有的资料来源的适当标注（参考文献） | 除了满足基本要求的标准，介绍的内容还应包括以下至少两项内容：<br>• 通过采访相关专家所获得的信息（文字资料、照片、视频）<br>• 学习小组的研究过程有详细的资料留存<br>• 小组有自己独特的思考或提出建设性的问题<br>• 除此之外，还有与众不同的研究视角 |
| 制作效果 | • 制作的成品没有名称<br>• 制作的材料没有体现出变废为宝<br>• 没有设计创意说明<br>• 创意说明的文字不清楚或部分内容冗长 | 制作的成品：<br>• 有完整、恰当的名称<br>• 使用方便或便于展示<br>• 创意说明文字内容清晰、简洁，没有错误<br>• 能恰当地展现变废为宝的创意 | 除了满足基本要求的标准，还需要满足以下的一两项：<br>• 有趣，吸引眼球<br>• 创意说明引人入胜<br>• 体现原创性<br>• 体现实用性 |

（续表）

| | 需要避免的错误或行为 | 基本要求 | 优秀水平 |
|---|---|---|---|
| 协作 | 你的小组：<br>● 没有为所有成员创造分享想法的机会<br>● 没有公平地分配工作<br>● 没能充分利用委派任务的机会 | 你的小组：<br>● 倾听并尊重每个人的观点<br>● 相对公平地分配工作<br>● 根据成员各自的强项委派任务 | 你的小组：<br>● 整个过程中保持富有成效的合作关系<br>● 在合适的情况下，考虑每个人的需求<br>● 团队协作所创造的成果远远超过任何个人所创造的成果 |
| 项目管理 | 你的小组：<br>● 由于精力分散或低效而浪费了宝贵时间<br>● 在开始时没有花时间做计划<br>● 错失了修订计划的良机 | 你的小组：<br>● 一直在完成任务或大体工作上有效率<br>● 在项目开始时制订了计划<br>● 在截止时间前已经有了可以分享的成果 | 你的小组：<br>● 掌控整个小组进展<br>● 每当必要时，进行项目计划的修订<br>● 预留了一定时间用于修改最终成果 |

## 第三阶段：团队开展项目研究

这一阶段尽量控制在一个月之内，根据学生的学习情况可适当调整。

学习开始前，各学习团队结合老师发布的学习导引文件和项目评价量表讨论确定项目实施方案。方案内容包括研究内容分解、人员分工、研究准备、进度安排、注意事项等，在此基础上需要形成文字材料。

各团队按照调查、采访、问卷、拍摄、写作、统计等方法分工，要注意过程性资料与阶段性成果资料的收集与保留，资料可以是文字、图片、视频、录音等多种形式。学习团队要定期开展交流，对照方案发现问题，针对问题修正方案。

团队学习的最后阶段，班级全体成员集中，各研究团队逐一介绍团队共同完成的初步作品。大家彼此鼓励团队协作与形式创新，指出各自的优点与存在的问题。各研究团队结合评价意见对作品做补充、修改与优化，形成最终作品。

## 第四阶段：展示与评价

1. 集体展示形式设计

**环节一：**各班级组织展示活动。每个团队按序展示；展示完毕后，小组成员进行自评，其他人员进行他评。

**环节二：**各年级组织展示。邀请全体学生、全体参与老师、部分家长代表到场，各班学习团队代表抽签决定顺序，利用多媒体设备，逐一进行展示。展示后进行网上投票选优。

2. 评价表设计（如表4-9、表4-10所示）

表4-9　自我评价表

学生姓名：________________

| 评价内容 | 自评 |
| --- | --- |
| 你对本次研究活动是否感兴趣？ | |
| 你认为自己做的结果如何？ | |
| 在做的过程中，你遇到的最大的困难是什么？你是怎么面对困难的？ | |
| 你的小组合作是否愉快？ | |
| 通过这次活动，你最大的收获是什么？ | |

表4-10　作品评价表

小组名称：________________

| | 团队协作 | 项目管理 | 作品质量 | 展示效果 | 贡献值评价 |
| --- | --- | --- | --- | --- | --- |
| 自评 | | | | | |
| 他评 | | | | | |

3. 优秀作品举例

作品举例略。

## 第五阶段：反思与总结

垃圾是学生生活中经常接触到的，但学生对于垃圾的认知是非常片面、肤浅的，要将这种认知提升到对垃圾的产生、危害、处理及回收利用等较为科学的认识，就必须给学生提供实践认识和交流的机会。

我校五年级的学生围绕“生活垃圾去哪儿了”开展项目学习。学生亲身体验，真实探究，调查了解垃圾的来源、危害，以及怎样处理垃圾等问题。学生在项目实践中，了解到垃圾的危害，养成了从自己身边小事做起的习惯，增强了环保意识，形成了强烈的社会责任感。在调查研究活动中，学生深刻地体验到环保的重要性。

**【学生感言】**

我们在利用地球上的自然资源的同时排放出大量的废物，对生态环境造成了严重的破坏，以致空气不再清新了，湖水不再清澈了，天空也不再蔚蓝了，地球变成了一个“垃圾球”。为了保护我们赖以生存的地球母亲，让我们的家园变得更加美丽，我们必须从身边小事做起。如果每一个人扔垃圾的时候，都能多一点环保意识，那么整个社会就可以少受垃圾的困扰。

——五（11）班　周丁卓

**【家长感言】**

最让我深有感触的是孩子们变废为宝的制作展示，那绝对是一次视觉盛宴。展示过程中，我看着那些原本废弃无用的、被很多人当作垃圾扔掉的东西，在一双双巧手下变成各式各样的有用的宝物。一直以来被我们忽视的一次性杯子也可以让我们发现众星捧月般的美；一个个废弃的一次性矿泉水瓶子也可以支撑一盏指向光明的灯；一张张废纸也可以帮我们实现梦寐以求的梦中婚礼；一条破旧的牛仔裤也可以裁剪出百般璀璨的夏天；就连多余的颜料也可以打造时尚，等等。那一刻，我不禁感叹，孩子们想象的潜能真的是无穷的，只要用心、努力，一切皆有可能。

——五（1）班　苏子洋妈妈

孩子们参加社会实践活动，真是一件十分有意义的教育活动，是真正开展素质教育的有效形式，孩子们尽早、尽快、尽可能多地感受各种教育，在一定程度上是比目前的课程学习还重要的学习。这些课外实践，为孩子们今后的知识学习提供了更好的帮助，衷心地希望今后能举行更多的类似活动！

——五（3）班　吴依澄家长

【教师感言】

印主任在讲座中讲了一个小水花的故事，以小朋友的口吻讲述小溪、河流、大海之间水系循环的道理，让小学生知道一处的水污染会破坏整个水系的生态系统净化功能，进而影响动物，乃至人类的生存。这样的内容既有童趣又有环保特色，小学生在寓教于乐中接受环保教育，自然而然地增强了环保的意识。讲座还使用我们身边的事情，比如雾与霾的甄别，使用浅显易懂的图案，讲述了两者之间的差别，通过颜色、可见度的分析，让学生能够每天清晨起床，看看外面的状况就明白有雾，还是有霾。这样容易使小学生产生亲切感，达到宣传教育的目的。

——王玉婷

当学生以一种研究的态度对待学习、对待生活时，当家长以一种协助和参与的态度关注孩子的学习、生活内容时，当老师以一种引领却不牵引的智慧欣赏着学生的成长时，校园中的一切都将变得无比丰富与灵动！

# 第三节　神奇的帽子

## 一、项目背景

俗话说，穿衣戴帽，各有所好。世界各国、各民族的服饰文化璀璨多彩，作为人类特有的劳动成果，帽子可用于防寒避暑、礼仪装饰。从帽子诞生之始，人们就将生活习俗、审美情趣、文化心态、宗教观念、色彩爱好等融入其中，从而构筑了帽饰文化物质和精神的双重内涵。近年来，关于帽子的研究在文化史和社会史中也是一个热门话题。虽然经历了几千年时间，随着时代的进步，帽子的式样发生了许多变化，但在某些人的头上，仍然可以找到它最初的模样。让四年级的学生研究古今中外的帽子，不仅可以使他们看到帽子的变化，还可以了解帽子的演变历程，同时引导他们通过灵巧的双手设计、装扮帽子，从中感受创意帽子的情趣，获得快乐。

## 二、脉络分析

脉络分析如表4-11所示。

表4-11　“神奇的帽子”项目学习脉络分析表

| 学科领域 | 能力类型 | 学习环节 | 学习目标 |
|---|---|---|---|
| 物理 | 观察验证 | 了解制作帽子的原理 | 了解物体具有一定的特征，材料具有一定的性能 |
| 劳动技能 | 设计制作 | 设计、制作一顶或美观、实用或有创意的帽子 | 依据科学原理设计和制作帽子，并在过程中解决制作难题 |
| 数学 | 计算测量 | 准备好材料，做好预算、采购。头围数据的测算 | 能根据设计画出图形；利用图形形象地描述问题，利用直观图进行思考，使用数据进行制作 |
| 信息技术 | 制作网页 | 查询与帽子相关的信息；欣赏各类各式的帽子图片；尝试用电脑进行画图设计 | 让学生学会收集、分类、加工等处理信息的基本技能；能电脑绘图 |

（续表）

| 学科领域 | 能力类型 | 学习环节 | 学习目标 |
|---|---|---|---|
| 语文 | 写作 | 对大量的帽子知识进行提炼、总结；写出团队制作的帽子的创意说明；记录活动体验、随感、收获等 | 根据需要整理、归纳、阐述信息。能根据交流的对象和场合，做简单、精彩的发言；用文字记录活动过程中对帽子的所思所想 |
| 美术 | 绘画 | 画喜欢的帽子，设计制作帽子的草图 | 通过看一看、想一想、画一画、做一做等方法进行简单的组合和装饰，体验设计制作活动的乐趣 |
| 综合实践 | 交往 | 在项目学习中学会团队合作，建立学习共同体。展示学习成果，体验成功的喜悦 | 通过团队研究，促进学生合作，激发学生创造力和思维能力，提升思维品质，全面提高核心素养 |

## 三、学习过程

### 第一阶段：项目导入

#### 教学准备

（1）初步了解帽子，完成预学单。

（2）制作课件。

#### 教学过程

1. 初次接触

（1）同学们，我们先来看一段文字，说一说，你想到了什么？

据史书《玉篇》记载：“巾，佩巾也。本以拭物，后人着之于头。”

由此可见，巾原来是劳动时围在颈部擦汗用的布。由于自然界中风沙、酷热、寒流对人类的袭击，人们将巾从颈部逐渐裹到了头上。巾在保暖、防暑、挡风、避雨、护头等实用功能的基础上，逐渐演变成帽子的形式。

随着社会的进步和经济的发展，帽子逐渐具有装饰人体的功能。在历代服饰的演变中，衣冠配套构成了中国传统衣着风尚的一大特点。

帽子文化源远流长，有和帽子有关的成语、典故、谚语、歇后语、诗歌、故事等。

（2）说到帽子，你有什么想说的？我们来畅所欲言。

① 和帽子有关的小游戏。

② 如何制作帽子。

……

（3）同学们一下子想到了这么多，可见小小一顶帽子，学问还真大呀！

（**设计意图：**由一句古文引出帽子，拓宽学生的思维宽度。再由帽子二字，让学生畅想与其相关的内容，于是，学生们谈起了各式各样的帽子、古今中外的帽子、艺术作品中的帽子、想象中的帽子、梦想中的帽子等。思维的火花被点燃，研究的激情被激发）

2. 认识帽子

（1）引起话题。

世界各国不同的文化造就了不同的帽子文化，每一种都有其独特的特点。在我国，古代帽子被称为“冠”，一直是权力、荣誉和奖励的标志或象征。汉代时，“冠”就发展到了十几种，方便不同身份的人在不同场合使用。经历了几千年时间，跟随时代的进步，帽子的式样发生了许多变化。（展示各式各样的帽子）

对于千千万万顶帽子，总有一款或其某一个时期的一段历史令你感兴趣，让我们对它们进行简单介绍吧。

（2）自主学习。

① 出示学习要求。

• 学一学：各小组通过平板电脑，自主学习网络上关于帽子的各种信息。

• 说一说：网上查出了哪些相关信息，总结着说一说。

• 议一议：比如你对哪个时期、哪个国家的哪种帽子感兴趣。

② 完成表格式学习单。

（3）讨论提升。

① 简单交流表格内容。

② 通过学习，你觉得要对哪一方面进行研究？

交流：刚才的学习是哪方面的？其中包括了哪些内容？（根据刚刚初步了解的文化、历史、科学、故事等方面）

假如让我们来做这方面的研究，这些内容信息怎么得到呢？

③ 方法的小结与提炼。

寻访相关历史资料、访问家长和老师、参观博物院、看网上描述……

④ 进一步指导。

我们可能需要做哪些准备？

比如：确定研究方向，事先做好相关功课等。

（4）确定主题。

可见，要做好知识介绍并不容易，是要根据所选的帽子信息，仔细阅读，认真分析并整理。

① 是什么导致了帽子的不同特色？（不同的文化）

② 小结：不管是哪一顶帽子，如果能找到它的文化历史，我们就能为它做出特别的介绍。

（**设计意图：**通过对帽子的认识，引导学生通过平板电脑检索相关的信息，进行信息收集和大范围阅览。学生通过对大量信息的快读，认识到帽子的种类繁多，有古今中外的、各个民族的、各种功能的。梳理出其中的一种）

（5）感受帽子的文化底蕴。

收集与帽子相关的历史、成语、典故、谚语、歇后语，以及有关帽子的诗、文章等。

① 小组内商讨选定一首有关帽子的诗歌，集体吟诵。

② 小组内创编一首与帽子有关的歌词，并配上自己喜欢的音乐唱出来。

（6）任务的布置。

学生是学习的主人。各小组成员共同出谋划策，商量内容，整理出关于帽子的知识，并制成精美的PPT。各小组在班级内进行交流汇报。

3. 制作帽子

（1）发布任务。

请大家看老师找来的这个帽子图片。请仔细观察，说说你的想法。

（造型、材料、创意、时代等方面）

让同学们来做帽子，大家会怎么制作？

（2）各小组讨论方案。

围绕这顶帽子，大家觉得应该从哪几个方面考虑？每个部分有何不同？哪些部分需要做哪些准备？它的各个部分的材料是如何决定的？大小是怎样把握的？

① 小组交流。

② 小组汇报。

那么如何设计一顶与众不同，有创意、有思想、有内涵的帽子呢？请各小组现在开展初步的方案设计。（帽子的名称、设计理念、成员分工、材料获得方式、时间进度安排、研究工具准备等）

帽子的名称。小组讨论，自行命名。

设计理念。创意的缘由，也可以说灵感来自哪儿？构思时的基础是什么？它有什么特点？简介里需要把什么讲清楚？

成员分工。小组各成员的特长是什么？小组成员相对的兴趣点是什么？

材料获得方式。支持收集环保材料。

时间进度安排。校内和校外、周内和周末相结合。

研究工具准备。尽量生活化，在家中能解决。

这里面有哪些问题我们可以解决？如何解决？小组内讨论讨论。

提醒：在今天的课堂上还请来了数学老师和美术老师。当大家遇到实在解决不了的问题时，可以主动请教老师。

（3）大组交流。

选择一两个小组介绍自己小组已有的初步方案，其他小组可以提出质疑或合理化的建议。

① 针对它的形状、结构、材料，我们怎么做才能使其更有特点？

② 如果想让组里的每个成员都能戴这顶帽子，我们还有什么好的方式

吗？（亲自测量）需要做哪些准备？小组商量、汇报。

③ 还有哪些问题是我们不能解决的？有什么办法呢？

④ 为了让我们的创意说明既全面又精炼，既赏心悦目又清晰、明了，我们还可以做什么？

⑤ 用图片描绘不同角度的帽子，可以手绘图、电脑画图。

⑥ 成品。可以让班级各小组秀一秀帽子，还可以让年级各班优秀作品走秀。

（**设计意图：**先让学生聚焦一项帽子，看看别人的设计造型、材料工艺等。然后小组合作做一项自己的帽子，讨论制订各方面的方向、计划、重点等。讨论中通过小组交流和独立思考，培养学生的组织能力和团队协作能力）

4. 总结

小组内充分讨论和交流，需要每一位学生亲自去查阅资料、梳理知识体系、模拟实验进行验证及发挥创造想象，学习途径是多样而复杂的。无论采用什么学习方法和途径，都必须紧密围绕帽子而实施。项目学习的课堂不同于传统课堂，更加注重培养学生的组织能力和表达能力。因此，每位学员都要掌握一些计算机技术，合理利用数字化和网络化的工具和资源，快速、准确地处理所收集到的各项信息资源，以求在发现资源、整合资源、改造优化资源的过程中完成学习任务（如表4-12所示）。

表4-12 “神奇的帽子”小组学习单

班级：＿＿＿＿＿＿　小组：＿＿＿＿＿＿　小组成员：＿＿＿＿＿＿

| 对于帽子，我了解： |
| --- |
| 对于帽子，我最感兴趣的是： |

（续表）

| 如果用帽子进行创作，我打算这样做： |
| --- |
| 对于我特别想了解的帽子知识，我想这样研究： |
| 在小组讨论的过程中，我做了：<br><br>我特别认同的想法：<br>经过讨论，我们小组决定研究有关帽子的：<br>决定创作： |

## 第二阶段：发布导引文件与评价量表

### “神奇的帽子”项目学习导引文件

随着时代的变迁，帽子如何变化？有哪些种类的帽子？人类创造出哪些关于帽子的文化？你对多少国家的帽子有了解？

这将是小组齐心协力要做的一个项目：为你们研究的帽子的文化、历史、故事、制作过程或创意做介绍。这个介绍必须小组合作制成彩色电子文稿，并打印下来，在班级里互相传阅；或者制成视频，可以传播和下载。

你所选择的帽子可以是中国的、外国的，古代的、现代的，民族的、时尚的，也可以是其他类别的。该介绍需要体现该时代帽子的特点，可根据研究需求，确定制作或展示实物及模型。

你将与小组的其他成员一起做这个项目。介绍应该包括帽子的以下信息：

（1）确定研究哪个时代的哪种类型的帽子。

（2）描述帽子的样子。

（3）帽子出现的时机。

（4）你掌握的帽子的文化。

（5）介绍与帽子相关的延伸知识。

除了以上所列，你还可加入其他的你认为有趣的或对学习者有用的信息。

在介绍中，至少包含3位亲历者的讲述，每个讲述要突出以上某一点信息。

最终成果必须包括图片、介绍和帽子实物，可以制成视频，有文字或旁白配音（如表4-13所示）。请准备好在“帽子节”与小组其他成员一起展示你们的完成项目。

期待你们的创意！

表4-13 “神奇的帽子”评价量表

| | 需要避免的错误或行为 | 基本要求 | 优秀水平 |
|---|---|---|---|
| 研究与介绍帽子文化 | • 介绍的帽子知识没有系统性<br>• 只用了网上的图片，没有自己采集图片<br>• 介绍的层次不够清楚<br>• 信息没有归纳整理，完全摘抄现成资料<br>• 引用资料没有标注出处 | 帽子相关知识介绍包括：<br>• 哪个时代<br>• 时代背景<br>• 特定的设计说明<br>• 陈述内容经过小组的讨论<br>• 对所有的资料（参考文献）来源要适当标注出处 | 除了满足基本要求的标准，帽子文化介绍还应包括以下至少两项内容：<br>• 介绍上可以看到吸引人的地方<br>• 通过整理相关信息，思路清晰、明了<br>• 对学习小组探讨过程有详细的资料留存，每个人都有思考和研究<br>• 介绍中要图文并茂<br>• 做成PPT或小视频等 |
| 研究与制作帽子 | • 没有初步设计草图<br>• 帽子材料耗材过多<br>• 帽子创意说明陈述不清<br>• 文字或旁白部分内容冗长或含糊不清 | 展示的帽子：<br>• 有名称<br>• 小组成员都可以戴<br>• 通过不同造型呈现创意<br>• 创意说明文字内容清晰、简洁，没有错误 | 除了满足基本要求的标准，制作的帽子还需要：<br>• 造型独特，吸引眼球<br>• 创意说明语言精练，阐述到位<br>• 材料节能、环保 |
| 协作 | 你的小组：<br>• 没有为所有成员创造分享想法的机会<br>• 没有公平地分配工作<br>• 没能充分利用委派任务的机会 | 你的小组：<br>• 倾听并尊重每个人的观点<br>• 相对公平地分配工作<br>• 根据成员各自的强项委派任务 | 你的小组：<br>• 整个过程中保持富有成效的合作关系<br>• 在合适的情况下，考虑到每个人的需求<br>• 团队协作所创造的成果远远超过任何个人所创造的成果 |

（续表）

| | 需要避免的错误或行为 | 基本要求 | 优秀水平 |
|---|---|---|---|
| 项目管理 | 你的小组：<br>• 由于精力分散或低效而浪费了宝贵时间<br>• 在开始时没有花时间做计划<br>• 错失了修订计划的良机 | 你的小组：<br>• 一直在完成任务或大体工作上有效率<br>• 在项目开始时制订了计划<br>• 在截止时间前已经有了可以分享的成果 | 你的小组：<br>• 掌控整个小组进展<br>• 每当有必要时，进行项目计划的修订<br>• 预留了一定时间用于修改最终成果 |

## 第三阶段：团队开展项目研究

各小组讨论制订项目实施方案，主要分为两个阶段：一是“帽子的文化”的研究方案，二是“制作一顶帽子”的活动方案。包括研究准备、研究主题的讨论、人员分工、注意事项等。可以将研究方案报送老师，请求指导，也可在大组交流中提出，听取意见。

接下来各小组按照分工开展研究活动，小组成员分别汇报各自的研究进展，讲述研究过程中的成功之处以及遇到的问题。及时开展讨论，找到解决问题的方法，然后继续展开新的学习、研究或制作。

各团队形成初步的作品后，大组集中，开始成果汇报和展示。集体交流评价，指出各自的优点与存在的问题，各研究团队结合评价意见对作品做补充、修改与优化，形成最终作品。

整个研究过程及时保存、收集过程性资料。

## 第四阶段：展示与评价

1. 集体展示形式设计

**环节一：**各班级组织展示，各学习团队抽签决定顺序，利用教室里的多媒体设备，逐一进行帽子文化的介绍。每一团队展示完毕后，小组成员进行自评，其他人员进行他评。

**环节二：**每班选取两个优秀帽子文化简介录成视频，利用晨会课播放。每班选取四个优秀作品到小剧场走秀展演，邀请全体学生、全体参与老师、部分家长代表到场参加。

**环节三**：将优秀作品陈列在图书展览区展示，将帽子名称和创意说明粘贴在作品旁边。

2. 评价表设计（如表4-14所示）

表4-14 “神奇的帽子”作品评价表

小组名称：________________

| | 团队协作 | 项目管理 | 作品质量 | 展示效果 | 贡献值评价 |
|---|---|---|---|---|---|
| 自评 | | | | | |
| 他评 | | | | | |

3. 优秀作品举例（略）

## 第五阶段：反思与总结

帽子可以折射出一个民族的性格特征，也可以反映出一个民族丰富的文化内涵。帽子在世世代代的传承中形成了多姿多彩的风貌，性别、年龄、职业、等级观念、功能用途、审美情趣等都是构成帽饰民俗的重要因素。

从目前的研究看，学生角度清晰，切入点小，研究深入，团队交流时各抒己见，收获满满。需要注意的是，学生立足于帽子文化研究的已有成果大多立足于某方面的研究，并没有很深入地去探讨中西方帽子文化之间的共同与相异之处，这也是需要老师指导和深入发掘与探讨的地方。

**【学生感言】**

小组内不断在出创意，一些创意不断被否定，突然小组成员林欣提议：大地之间，宇宙浩瀚，日月星辰变迁，沧海桑田变幻……我们做一项日月星辰

帽，好吗？大家都觉得不错。又经过了对细节激烈的讨论，丁朵婷画出草图，在反复修改后终于定稿。两张8K纸用胶带粘在一起变成一张大纸，轻轻一卷，把下边一圈边剪平，就做成了一顶尖顶帽子。周生在红纸上画上一轮火红的太阳，剪下贴到帽顶，戴着试了试，越看越喜欢。又在黄纸上画上弯弯的月亮和光芒四射的星星，剪下依次贴到了太阳的下面，左看看，右瞧瞧，总觉得缺了点什么？脑海中闪过一句话：无日月星辰，不成神话；无万物百态，不成人间。对，再用植物装点一下……于是，笑容满面的太阳，温柔可亲的月亮，活泼可爱的星星，调皮搞怪的向日葵，它们组成了相亲相爱的一家。

——四（7）班　程楚涵

一顶小小的帽子激发了学生无限的创造潜力和探究问题的能力，培养了学生的组织能力和团队协作能力，同时让学生了解了不同的民俗文化，提高了学生的审美情趣，使他们知道了各种立体表现形式所展现出来的不同的视觉感受。

# 第四节　童话人物总动员

## 一、项目背景

本次项目学习面向二年级学生，以童话人物为载体，引导师生一起徜徉在童话的世界，通过传播、分享、创作童话，加深儿童与童话、现实与幻想的对话，实现美好的儿童的童话人生。本项目学习活动旨在增强学生热爱童话、热爱童年的情感，提升学生的实践能力，让项目学习融入童年、融入生活，师生在实践中萌生智慧，在学习中实现共生。

## 二、脉络分析

脉络分析如表4-15所示。

表4-15　“童话人物总动员”项目学习脉络分析表

| 学科领域 | 能力类型 | 学习环节 | 学习目标 |
| --- | --- | --- | --- |
| 语文 | 阅读写作 | 讲述人物：讲述自己最喜欢的童话人物；朗读故事：在同学面前朗读与这个童话人物相关的有趣故事；创意写作：想象你最喜欢的这个童话人物会发生什么样有趣的故事呢？ | 能根据交流的对象和场合，稍做准备，做简单的发言。声情并茂地讲述自己所喜欢的童话人物及与其相关的童话故事。能发挥想象，用生动的文字书写自己的想象 |
| 美术 | 绘画 | 画自己最喜欢的童话人物形象 | 通过看一看、想一想、猜一猜、画一画等方法再创造童话人物，体验创作的乐趣 |
| 手工 | 制作道具 | 制作舞台表演所需要的头饰、道具，甚至是简单的服装 | 能根据条件制作表演需要的服饰，尽量做到废物利用 |
| 音乐舞蹈 | 舞台表演 | 为舞台表演寻找或创作适宜的歌曲及舞蹈动作 | 能根据小组的表演形式，选择最合适的歌曲，设计最生动的舞蹈动作，以丰富舞台感 |

（续表）

| 学科领域 | 能力类型 | 学习环节 | 学习目标 |
| --- | --- | --- | --- |
| 综合实践 | 调查 | 通过访谈熟识的伙伴以及采访陌生的小伙伴等方式，对同学们最喜欢的童话人物进行调查，编制调查报告 | 注重运用访谈、采访等方法，获取第一手资料，形成理性思维、批判质疑和勇于探究的精神 |
| | 交往 | 在项目学习中学会团队合作，建立学习共同体；展示学习成果，体验成功喜悦 | 在合作学习中，寻找自我，发挥自我，体会分享和合作的乐趣，找到属于自己的那份成就感与自豪感 |

## 三、学习过程

第一阶段：项目导入

**活动准备**

初步尝试深入童话，在人物与情节里徜徉，完成预学单。

**活动过程**

1. 童话人物万花筒

（1）同学们，说起童话，你想起了什么呢？（各种各样的童话故事）

（2）说起这些童话故事，你又想起了什么呢？

① 童话故事中的人物。

② 幼时听父母讲童话故事时的一些趣事。

③ 最喜欢的一个童话人物是谁？为什么最喜欢这个人物？

（3）看来这些美丽的童话人物点亮了你们的童年，是你们不可缺少的好朋友。

（**设计意图：**“童话人物万花筒”唤起学生美好生活的记忆，童话故事中的人物、父母讲述童话故事时的趣事……让学生从美好生活的记忆中触发对童话故事的探究热情，符合低年级儿童的年龄特点）

2. 童话情节大碰撞

（1）讲故事小能手。

① 在小组里讲一讲自己最喜欢的一个童话故事。

② 选出小组里讲得好的，在全班讲述。

③ 发放小礼品给讲故事小能手。

（2）童话故事大揭秘。

小组合作讨论：听着这些童话故事，你觉得什么样的童话情节最吸引你？（童话人物之间发生了一些有趣的故事，故事富有想象力，带着美丽的幻想，发生着现实生活中不可能发生的事情……）

（**设计意图：**“童话情节大碰撞”旨在唤起学生对童话情节的深入关注。这些富有想象力的情节，是童话故事的灵魂所在，也是吸引读者的第一要素。之前学生对童话的了解还处于粗浅的感性认识阶段，在这一环节中，学生试着以理性分析的方式走近童话。通过研究童话情节的表达妙处，从而以较深刻的认识来全方位了解自己最喜欢的童话人物，为创作童话打下基础）

3. 童话人物总动员

（1）情境导入：童话人物总动员。

同学们，我们来开一个大party，名为“童话人物总动员”。邀请你们喜欢的这些童话人物都来参加这个大party，怎么样？这真是个好创意啊！不要着急，不要着急，我们先来欣赏老师从网络上找到的一个情景剧。

（2）欣赏情景剧。

① 全班共赏情景剧《心愿》《美人鱼》。

② 赏析情景剧：你喜欢情景剧吗？这些表演哪里吸引了你？

③ 布置任务：同学们，我们也化身为最喜欢的那个童话人物，参加一个最特别的情景剧表演，好吗？

（3）小组讨论方案。

① 第一聚焦点：每个小组创编一个剧本，力争有创意，大家集思广益。

② 第二聚焦点：每个小组讨论最初的设计方案。

（作品名称，亲子沟通，合作的要点，可能的创新之处，成员分工，资料获得方式，时间进度安排，作品完成所需要的材料、工具、技术支持，等等。）

指导：以小组形式参加聚会，哪些是必备的？（作品名称、道具、一定的艺术形式）这些必备品如何获得？

作品名称：小组讨论，自行命名。

道具：同伴合作、亲子合作、自我创意，利用废旧物品创造性完成。

一定的艺术形式：可上网搜索一些资料，寻找灵感；也可寻找家长支持；还可发挥小组的创造力。

除了这些问题，还有哪些问题需要解决？如何解决？提出来在小组里讨论。

每个小组的舞台表演时间不需要太长，3～5分钟即可。

（4）全班交流。

选择两个小组介绍已有的初步方案，其他小组可以提出合理化建议，或提出自己的疑惑。

每个小组都来谈谈最大的困难是什么？寻求其他小组的相关支持。

（**设计意图：**“童话人物总动员”是本次项目学习的一个引子。这个引子的成功展示至关重要。学生在合作的氛围中，寻找自己的呈现方式，并相互商量，发挥每个人最大的力量，这就是共生最好的体现。在此环节中，学生的思维始终处于亢奋状态，这样的状态为后面的持续研究注入了活力与乐趣，为项目学习的成功打下了坚实的基础）

4. 总结（如表4-16所示）

表4-16　“童话人物总动员”小组学习单

班级：＿＿＿＿＿＿　小组：＿＿＿＿＿＿　小组成员：＿＿＿＿＿＿

| | |
|---|---|
| 情景剧表演所需 | （1）名称；（2）头饰；（3）道具；（4）配乐；（5）舞蹈；（6）服装；（7）剧本；（8）舞台设计<br>（选择合适的在序号上打“○”） |
| 我们的发现和思考 | |
| 我们的项目计划 | |

## 第二阶段：发布导引文件与评价量表

### “童话人物总动员”项目学习导引文件

著名儿童文学作家梅子涵说：“童话是播种幸福的种子。”童年生活如果没有童话，便不能领略生活的情趣和格调。我们要让学生的童年成为他们生命中最美丽的童话，和他们一起去领略缤纷童话园的精彩！

这将是你要做的一个项目：确定你最喜欢的一个童话人物，并化身为这个人物，来参加一个大party——“童话人物总动员”。

你将与小组的其他成员一起做这个项目。“童话人物总动员”的项目学习包含以下信息：

（1）童话人物的确定。

（2）童话人物参加聚会的化身形式。

（3）表演头饰的自我制作。

（4）表演道具的自我制作。

（5）表演服装的自我裁定。

（6）表演音乐的自我选择。

（7）表演舞蹈的自我设定。

（8）表演视频上传至网络，查看点击量。

除了以上所列，你还可以加入其他的你认为有趣的或对学习者有用的信息。

最终成果必须包括图片和视频，也可以有文字或旁白配音（如表4-17所示）。

请准备好在指定时间与小组其他成员一起展示你们的初步项目成果。

期待你们的创意！

表4-17 “童话人物总动员”评价量表

| | 需要避免的错误或行为 | 基本要求 | 优秀水平 |
| --- | --- | --- | --- |
| 研究与介绍设计 | • 童话人物的选定过于单一<br>• 童话表演中缺少想象力<br>• 道具过于华丽，未以朴素为美<br>• 服装网购，未自我设计，未采用环保材料 | 表演应包括：<br>• 报幕：美好的童话名称<br>• 每个成员都要参加舞台表演<br>• 童话表演的形式较生动<br>• 表演时间在3～5分钟内，不可过短 | 除了满足基本要求的标准，童话故事的表演还应包括以下至少两项内容：<br>• 呈现不雷同，有创新<br>• 表演的时间在5分钟左右<br>• 道具、服装贴近童话人物<br>• 除此之外，还有与众不同的童话视角 |
| 协作 | 你的小组：<br>• 没有为所有成员创造分享想法的机会<br>• 没有公平地分配工作<br>• 没能充分利用委派任务的机会 | 你的小组：<br>• 倾听并尊重每个人的观点<br>• 相对公平地分配工作<br>• 根据成员各自的强项委派任务 | 你的小组：<br>• 整个过程中保持富有成效的合作关系<br>• 在合适的情况下，考虑每个人的需求<br>• 团队协作所创造的成果远远超过任何个人所创造的成果 |
| 项目管理 | 你的小组：<br>• 由于精力分散或低效而浪费了宝贵时间<br>• 在开始时没有花时间做计划<br>• 错失了修订计划的良机 | 你的小组：<br>• 一直在完成任务或大致工作上有效率<br>• 在项目开始时制订了计划<br>• 在截止时间前已经有了可以分享的成果 | 你的小组：<br>• 掌控整个小组进展<br>• 每当有必要时，进行项目计划的修订<br>• 预留了一定时间用于修改最终成果 |

### 第三阶段：团队开展项目研究

这一阶段是学生开展项目学习的主要阶段，周期较长，正常需要一个月左右，活动过程中可根据学生学习情况适当调整。

各学习团队首先要结合老师发布的学习导引文件和项目评价量表讨论确定项目实施方案，明确活动要求，弄清研究方向。方案内容包括研究内容分解、人员分工、研究准备、进度安排、注意事项等，最后要形成文字材料。

团队开展研究的过程中要注意过程性资料与阶段性成果资料的收集与保留，可以是文字、图片、视频、录音等多种形式。学习团队要定期开展交流，对照方案发现问题，针对问题修正方案。

团队学习的最后阶段，班级全体成员集中，各研究团队逐一介绍团队共同完成的初步作品。大家彼此鼓励团队协作与形式创新，指出各自的优点与存在的问题。各研究团队结合评价意见对作品做补充、修改与优化，形成最终作品。

## 第四阶段：展示与评价

1. 集体展示形式设计

**环节一：** 各班级组织展示，邀请全体学生、全体参与老师、部分家长代表到场，各学习团队抽签决定顺序，逐一进行舞台展示。每一团队展示完毕后，小组成员进行自评，其他人员进行他评。

**环节二：** 将每组的参赛视频发到网络上，关注点击量。

2. 评价表设计（如表4-18所示）

表4-18 “童话人物总动员”作品评价表

小组名称：________________

| | 团队协作 | 项目管理 | 作品质量 | 展示效果 | 贡献值评价 |
|---|---|---|---|---|---|
| 自评 | | | | | |
| 他评 | | | | | |

3. 优秀作品举例

作品举例略。

### 第五阶段：反思与总结

首先，创意之花绽放。“童话人物总动员”里，满满都是创意。学生们最喜欢的匹诺曹竟然可以和狐狸爸爸、小红帽、白雪公主在一起。学生们可以化身为自己最喜欢的童话人物，可以自己做头饰、做服装，这太神奇了！学生们穿着自己制作的服装，表演自己编写的童话故事，真是难得一见的“最佳表演”啊！

其次，个性之光闪亮。包涵宇爸爸这样说：“陪伴儿子的这一个月，是与众不同的30天，是非常有意义的童年生活。感谢‘童话人物总动员’项目学习所带来的乐趣，它让学习真正发生。看着儿子忙，忙着设计表演服装，为了一个小细节，自己打电话请教当美术老师的阿姨；忙着找服装材料，在储藏室里一找就是半天；忙着自己裁剪服装，反复做了五六套服装，缠着我给他拍照发朋友圈，请朋友们投票选最好看的那一套……我觉得这就是对‘不亦乐乎’最好的解释了！这样的学习，值得给孩子们点赞！感谢‘项目学习’，感谢‘共生教育’！”

再次，合作魅力永存。笔者原本还在纠结：“童话人物总动员”项目的学习，对二年级学生来说，会不会稍复杂？自己裁剪服装？自己创编故事？自己设计舞台？这么不可思议的事情，学生们都在努力地尝试着，在尝试中探索，在探索中商量，在商量中展现自我，在展现自我中成就自我。这就是合作的意义，也是项目学习的最大意义所在。虽说学生的服装还略显简易，舞台动作还稍显稚嫩，舞台效果还有待改进。但在笔者眼里，这样的表现方式恰是最好的，最好的儿童化的表演，最好的项目学习莫过于此。

# 第五节　大美家乡图

## 一、项目背景

我们的家乡海安位于长江北岸、黄海之滨，历史悠久，位置优越，交通发达，素有“茧丝绸之乡”“禽蛋之乡”“建筑之乡”“龙舞之乡”等称号，是苏中平原上的一颗璀璨明珠。本次项目学习面向高年级学生，引领他们走进家乡海安，欣赏身边的风景，聆听家乡的声音，领略家乡的风采。通过搜集、寻访、查阅等方式深入认识自己的家乡，通过小组合作设计大美海安图，加强对家乡海安的宣传与推介，激发学生对家乡、对生活的热爱之情。

## 二、脉络分析

脉络分析如表4-19所示。

表4-19　“大美家乡图”项目学习脉络分析表

| 学科领域 | 能力类型 | 学习环节 | 学习目标 |
|---|---|---|---|
| 语文 | 写作 | 在制作的美图旁标注说明文字；描述家乡的特产、风俗；整理搜集资料，写家乡介绍 | 学习浏览，扩大知识面，根据需要搜集信息。能根据交流的对象和场合，稍做准备，做简单的发言 |
| 数学 | 计算测量 | 察看家乡地标建筑，测算面积；围绕家乡的经济、城市面积等方面的数据进行统计、测算 | 能根据数据做出立体模型或画出图形；能运用图形形象地描述问题，利用直观图进行思考 |
| 信息技术 | 制作网页 | 制作家乡的名片网页，上传网络 | 培养采集、加工以及发布信息等处理信息的基本技能 |
| 美术 | 绘画 | 画出家乡的地形图，设计与历史、地理、交通、经济、美食、建筑等有关的图片 | 通过看一看、想一想、画一画、做一做等方法进行简单的组合和装饰，体验设计制作活动的乐趣 |
| 综合实践 | 调查 | 通过现场测绘、访谈等方式，对家乡进行实地考察，形成调查报告；查阅海安历史沿革，弄清家乡的发展历史 | 注重运用实地观察、访谈、实验等方法，获取材料，形成批判质疑和勇于探究的精神 |

（续表）

| 学科领域 | 能力类型 | 学习环节 | 学习目标 |
| --- | --- | --- | --- |
| 综合实践 | 交往 | 在项目学习中学会团队合作，建立学习共同体；展示学习成果，体验成功喜悦 | 在团队中发挥自己的独特作用，能借助图片进行讲解，提高自己的语言表达能力 |

## 三、学习过程

### 第一阶段：项目导入

**教学准备**

（1）初步收集、了解家乡海安的相关知识，完成预学单。

（2）制作相关课件。

（3）每小组准备一个平板电脑。

**教学过程**

1. 初步交流

（1）同学们，每个人都有自己的家乡。我们的家乡在哪里呢？海安！你对它有哪些了解呢？

① 名字来历。

② 历史沿革。

③ 地理位置。

④ 家乡物产。

……

（2）同学们一下子从不同的方面说了自己对家乡的了解，可见我们的家乡历史悠久、交通发达、风景优美、物产丰富。

（**设计意图：**引导学生交流对于家乡的认识，让学生说出自己对家乡的初步印象，激发学生进一步探究的欲望）

2. 引导探究

（1）同学们对自己的家乡海安有了初步的了解，但还不够全面深入，我们要为家乡制作一张美图，一张有创意的美图，能吸引别人关注，宣传家乡特色。大家要继续深入地了解家乡，可以针对某一方面内容做细致的调查，这样才能更好地宣传自己的家乡，吸引更多的人关注。

老师课前查阅了一些海安的地形图，从这一幅图中可以知道许多家乡的信息，请看。（出示海安地形图）

（2）自主学习。

① 出示学习要求。

- 查一查：各小组通过平板电脑自主在网上搜索海安地形图。
- 想一想：从图上你能获得哪些信息？
- 议一议：互相交流各自的信息，哪些信息体现了海安的特色和亮点？

② 完成表格式学习单。

（3）讨论提升。

① 简单交流表格内容。

② 通过查看海安地形图获得哪些信息？

③ 交流：图中包括了哪些内容？（地形、地理位置、道路、河流等）

④ 走进海安，可以采取各种方法。

比如查阅相关历史资料、访问周围群众、实际测量、看地图描述……

⑤ 优化相关活动细节。

比如：访问群众，我们可能需要做哪些准备？

确定了访问对象，事先要拟好访问提纲，做好访问记录，等等。

⑥ 对比海安交通图和行政图：共同点是什么？又有什么不同点？完成学习单。

共同点：海安的图形像一把钥匙。周边市镇都一样，都有镇名、村名等。

不同点：交通图将公路、铁路、河道等标注得很明显。行政图上所有镇、村的名称更加齐全。

⑦是什么导致地图内容不同呢？

不同的图有着不同的价值、作用，要求能发挥地图的最大作用，制作者是根据自己的目的和需要来设计制作的。

小结：除了行政图、交通图外，还有旅游图、地貌图、规划图等，反映了海安不同方面的信息，发挥了各自不同的作用。

（**设计意图：**让学生查看地图，了解更多的家乡信息。比较行政图、交通图，知晓不同的图有不同的作用，激发学生的探究兴趣，为自己设计图打下基础）

3. 家乡的推介

（1）发布任务。

改革开放以来，我们的家乡发生了天翻地覆的变化。我们应该制作一张什么图来宣传报道海安，向省内外推介自己的家乡呢？要能聚焦海安某一方面的特色，通过一张图和自己小组的推介，给别人留下深刻的印象。

（2）各小组讨论方案。

①整体规划。

围绕家乡某一方面的资料，小组将制作一张什么图？每个栏目又怎么去获取资料？需要做哪些准备？如何使你们设计的图主题聚焦，别具一格，富有创意呢？请各小组现在开展初步的方案设计。

（聚焦的主题、内容选择、成员分工、资料获得方式、时间进度安排、研究工具准备等）

②过程指导。

内容设计如何呈现？

图的名称（海安风景图、海安旅游图、海安美食图、海安建筑图等）。小组讨论，自行命名。

简介（给图配一段说明文字）。围绕主题，通过查阅资料、实地察看、人员寻访等做好相关资料的积累。

做电子照片集（展现海安的特产、特色）。

制作图（海安区域图就像一把钥匙，在这张图上呈现海安的某一特色）。

③ 讨论方法。

相关资料如何获得？可以查阅资料、寻访记录、实地查看。

④ 优化创作。

相关素材积累后，如何制作、美化这幅图？有关文字简介要力求全面、生动。遇到问题，哪些问题我们可以解决？如何解决？小组讨论。

特别提醒：课后可以主动请教老师、家长或者相关社区人员。

（3）大组交流。

选择一两个小组介绍自己小组已有的初步方案，其他小组可以提出质疑或合理化的建议。

① 它的主题是否聚焦？这幅图有没有价值？

② 设计制作的方案是不是可行？我们用什么方式能获知素材？（查阅资料、亲自测量、实地寻访）需要做哪些准备，如何分工？小组商量、汇报。

③ 还有哪些问题是我们不能解决的，有什么办法？（采访有关人员）

④ 为了让我们上传的资料更具体更丰富，我们还可以做什么？

拍摄照片（根据主题内容到实地拍照片）。

写简介（把图的内容用一段文字进行介绍）。

作推介（结合图讲给别人听，做好某一方面的宣传）。

（**设计意图：**让学生聚焦家乡的某一方面，以小组合作的方式进行实践、研究，重在让学生有真实的认知、真实的体验，通过小组讨论不断完善内容学习，借助寻访、考察活动，将资料收集、整理得全面具体。在此过程中，学生始终处于发现问题、解决问题的状态，为后续的项目学习提供保障）

4. 总结（见表4-20、表4-21所示）

同学们确定了家乡风景、地标建筑、水乡美食、海安特产或英雄人物等主题内容后，还可以利用图书馆、网络等渠道搜集家乡的有关资料（文字、照片、文学作品等），丰富自己的素材，小组内要加强合作，充分发挥各人所长，制作出一张别具一格的美图。

表4-20 “大美家乡图”小组学习单一

班级：__________ 小组：__________ 小组成员：__________

| 项目 | 获取信息 | 特点 |
| --- | --- | --- |
| 图形 | | |
| 周边地区名称 | | |
| 主要公路 | | |
| 主要河道 | | |
| 其他 | | |

表4-21 “大美家乡图”小组学习单二

| | 海安行政图 | 海安交通图 |
| --- | --- | --- |
| 相同点 | | |
| 不同点 | | |
| 我的发现和思考 | | |

## 第二阶段：发布导引文件与评价量表

### “大美家乡图”项目学习导引文件

图4-1 大美家乡图

我们的家乡海安，是江苏省县级市，由“海水永不扬波”之意而得名，是一座滨江临海枢纽城市，“扬子江城市群”中的一员。它地处江苏省中南部，位于南通、盐城、泰州三大市交界处；东临黄海，与如东接壤；西与泰州的姜堰区为邻，南和如皋、泰兴相连；北与东台毗邻。海安东西直线最长71.1千米，南北最宽39.35千米，总面积1184平方千米，常住人口86.55万人（2017年末统计）。

海安历史悠久，人文荟萃，是江海文明的起源地。海安境内的青墩遗址将江淮平原的历史追溯到6000年前。青墩遗址代表了新石器时代江淮东部先进水平。海安市是“中国禽蛋之乡”“中国茧丝绸之乡”“中国湖桑之乡”“中国河豚之乡”“中国紫菜之乡”。2018年，海安成功入围全国文明城市提名城市。2018年10月，海安市入选“综合实力百强县”“全国投资潜力百强县市”“全国绿色发展百强县市”“全国科技创新百强县市”“全国新型城镇化质量百强县市”。

看了这些资料，你应该为自己的家乡感到无比自豪吧！为了更好地宣传自己的家乡，请你们小组做一个项目：设计制作一张图，展现海安的独特风貌、风俗人情、特产资源等。

你将与小组的其他成员一起做这个项目。这张图可以从以下不同角度进行制作：

（1）海安的历史沿革。

（2）海安的交通优势。

（3）海安的地理环境。

（4）海安的自然资源。

（5）海安的历史文化。

（6）海安的名优特产。

（7）海安的风景名胜。

（8）海安的美食文化。

除了以上所列，你还可以从其他感兴趣的主题去搜集有用的信息，做一张独特的海安图。

另外，为图配一段文字，便于向同学推介自己的图。

最终成果必须包括图片和视频，也可以有文字或旁白配音（如表4-22所示）。

请准备好在指定时间与小组其他成员一起展示你们的初步项目成果。

期待你们的创意！

表4-22 “大美家乡图”评价量表

| | 需要避免的错误或行为 | 基本要求 | 优秀水平 |
|---|---|---|---|
| 研究与介绍设计 | • 图中缺失相关信息<br>• 缺少相关的图片<br>• 介绍的层次不够清楚<br>• 没用基于自己实验的数据，完全引用他人现成资料<br>• 引用的资料没有标注出处 | 图应包括：<br>• 图的名称（主题）<br>• 图的内容紧扣主题<br>• 图的有关数据、图片要准确<br>• 数据收集和测算需尽可能基于小组的研究实践<br>• 由小组成员所制作或收集的图像资料至少占三分之一<br>• 对所有的资料来源适当标注（参考文献） | 除了满足基本要求的标准，发布的作品还应包括以下至少两项内容：<br>• 图的内容聚焦主题<br>• 通过采访相关专家获得准确信息<br>• 对学习小组的实验过程有详细的资料留存<br>• 图的字体、图片使用美观<br>• 有独特的信息 |
| 使用效果 | • 制作的图名称不完整<br>• 图的基本内容或数字不准确<br>• 相关区域（地名）名称有错误<br>• 相关图片使用不当<br>• 简介材料表述不当 | • 图文并茂，引人注目<br>• 各种比例恰当<br>• 通过不同形式呈现信息，如文字、图片、图例等<br>• 文字（或旁白）内容清晰、简洁，没有错误<br>• 给有需要的图片配上说明 | • 内容丰富、美观得体<br>• 文字或旁白引人入胜<br>• 创意地交互使用不同形式的表达（文字、图片、地图等） |

（续表）

| | 需要避免的错误或行为 | 基本要求 | 优秀水平 |
|---|---|---|---|
| 协作 | 你的小组：<br>●没有为所有成员创造分享想法的机会<br>●没有公平地分配工作<br>●没能充分利用委派任务的机会 | 你的小组：<br>●倾听并尊重每个人的观点<br>●相对公平地分配工作<br>●根据成员各自的强项委派任务 | 你的小组：<br>●整个过程中保持富有成效的合作关系<br>●在合适的情况下，考虑每个人的需求<br>●团队协作所创造的成果远远超过任何个人所创造的成果 |
| 项目管理 | 你的小组：<br>●由于精力分散或低效而浪费了宝贵时间<br>●在开始时没有花时间做计划<br>●错失了修订计划的良机 | 你的小组：<br>●一直在完成任务或大体工作上有效率<br>●在项目开始时制订了计划<br>●在截止时间前已经有了可以分享的成果 | 你的小组：<br>●掌控整个小组进展<br>●每当有必要时，进行项目计划的修订<br>●预留了一定时间用于修改最终成果<br>●充分利用校外资源 |

## 第三阶段：团队开展项目研究

这一阶段需要4周左右的时间，周期较长，各小组可根据学习情况适当调整。

各学习团队结合老师发布的学习导引文件和项目评价量表讨论完善项目实施方案。方案的内容包括研究内容分解、人员分工、研究准备、进度安排、注意事项等，将上述的研究方案记录下来，形成文字材料。

各团队按照方案的分工，分头开展研究活动，注意及时保存研究过程资料。过程性资料与阶段性成果，可以是文字、图片、视频、录音等多种形式。团队成员定期集中交流、汇报各自的研究进展，自我剖析研究过程中的成功之处，以及遇到的问题与不足，针对问题修正方案，还可以请教老师、家长及社区相关人员。

最后，各研究团队在班级集中，逐一介绍团队共同完成的初步作品，多多鼓励团队协作与创新，指出各自的优点与存在的问题。各研究团队结合评价意见对作品做补充、修改与优化，形成最终作品。

## 第四阶段：展示与评价

1. 集体展示形式设计

**环节一：**各班级组织展示，邀请全体学生、全体参与老师、部分家长代表到场，各学习团队抽签决定顺序，利用教室里的多媒体设备，逐一进行展示。每一团队展示完毕后，小组成员进行自评，其他人员进行他评。

**环节二：**每班选取两个优秀作品上传学校微信群，进行网上投票选优。

**环节三：**将优秀作品向相关网站投稿。

2. 评价表设计（如表4-23所示）

表4-23 “大美家乡图”项目学习活动评价表

<table>
<tr><td>姓名</td><td></td><td>研究项目名称</td><td></td><td>小组名称</td><td></td></tr>
<tr><td colspan="2">评价内容</td><td colspan="4">我的表现（☆☆☆☆☆）</td></tr>
<tr><td colspan="2">我在活动中的表现</td><td colspan="4"></td></tr>
<tr><td colspan="2">我承担什么任务及完成情况</td><td colspan="4"></td></tr>
<tr><td colspan="2">我在活动中做出了什么贡献</td><td colspan="4"></td></tr>
<tr><td colspan="2">我在活动中有什么收获</td><td colspan="4"></td></tr>
<tr><td colspan="2">小组伙伴的评价</td><td colspan="4"></td></tr>
<tr><td colspan="2">家长的评价</td><td colspan="4"></td></tr>
</table>

（续表）

| 评价内容 | 我的表现（☆☆☆☆☆） |
| --- | --- |
| 老师的评价 | |
| 我的收获与努力目标 | |

3. 优秀作品举例（略）

## 第五阶段：反思与总结

“大美家乡图”项目学习引导学生借助图来推介自己的家乡，创设了真实的任务情境，激发了学生强烈的学习动机和浓厚的学习兴趣，给予了学生充足、自由的时间、空间，学生经历查阅资料、走访实情、讨论方案、绘制图形等过程，提升了自主、合作、探究的能力，培养了社会交往能力，也进一步加深了对家乡的了解，激发了对家乡的热爱之情。

在项目学习实施初期，学生要广泛地搜集信息、查阅资料、走访实情，这就为学生提供了获得真实的知识和技能的机会，让项目学习与学生生活融合起来，帮助学生在生活实践中萌发、生成核心素养。

**【学生感言】**

最令我们记忆犹新的是参观海安档案馆。观看了近年来海安发展的短片，看到了海安人努力奋斗的成果，我们产生了深刻的感受：那是先人的教诲，激励后代勇敢拼搏；那是长辈的叮咛，催促子孙后代在新征程上奋勇前行。大家默默无语，仿佛懂得了要好好学习、天天向上，用真情报答脚下这片厚重的土地。

——五（2）班　刘思源

“大美家乡图”的创作富有挑战性，留给学生很大的创新空间。学生在项目学习中遇到问题，既可以通过个人的深入思考来解决，也可以通过团队合作、请求校外人员的帮助来解决，这样的学习体现着学生在21世纪生活、学习与工作的多元的能力。

【家长感言】

这次活动，从寻访时间、确定路线，到任务分工等都是学生们自己商量制定。这样的项目化学习，能给予孩子们更多的时空，解放他们的手脑、解放他们的四肢，让他们自己去观察、发现、探究，并搭建各种舞台让他们充分展示自我，孩子们不仅学会了利用多种途径获取信息、处理信息的能力，还学会了与人交流、合作与分享，锻炼了孩子们的组织、合作能力，更激发了孩子们对家乡的热爱之情。

——五（7）班　薛筱涵妈妈

教学评价从单一走向多元，由评价个人到评价小组合作成效，由课堂随机评价向过程积累评价，由单个学科评价向多学科融合评价，有助于学生的个性化学习。“大美家乡图”项目学习通过引发学生对真实任务的探索、分享，让他们对自己赖以生存的家乡能用自己的独特理解与表达方式进行展示。这样的活动是开放的、富有成效的。当然，在实施中，我们也要不断反思，尽可能让更多学生积极展示自己，充分发挥各自的智力潜能，让“大美家乡图”的创作成果更加丰富多彩。

# 第六节　我们的学校

## 一、项目背景

项目学习旨在改善儿童学习方式，提高儿童学习能力，应注重不断地挖掘适合儿童发展的学习资源。海安市实验小学作为一所百年老校，拥有浓郁的历史文化底蕴、完备的现代化教学设施、优美的校园环境……这些也是不可忽视的项目学习资源。而一个儿童真正迈入一所学校的时候，是他了解了学校的过去和现在，并自觉融入了学校文化的时候。本项目学习面向低年级的学生，以探寻了解学校为线索，引导学生采用小组合作的学习方式，游览学校、访问老师、参观旧址、学唱校歌……让学校的过去与现在在学生心中活起来，以此激发学生对学校的认同、自豪、热爱之情，促进学生对集体的亲密融入，培养学习能力，为接下来的学习奠定良好的基础。

## 二、脉络分析

脉络分析如表4-24所示。

表4-24　“我们的学校”项目学习脉络分析表

| 学科领域 | 能力类型 | 学习环节 | 学习目标 |
| --- | --- | --- | --- |
| 语文 | 表达 | 在搜寻到的学校资料旁做说明；介绍调查、访问、观察到的学校信息 | 能用通顺的句段对学校资料做出准确的说明；能向他人准确、流利地介绍学校 |
| 数学 | 计算测量 | 团队协作明确学校的方位、学校各建筑物的方位；在大人的协助下观察、估算、了解学校的面积等相关信息 | 能明确学校方位；能通过观察估算或利用合适的工具测量学校的大小，并能形象描述 |
| 美术 | 绘画 | 画出我们的学校 | 通过观察、想象，画出学校的现在或过去、概貌或细节 |

**（续表）**

| 学科领域 | 能力类型 | 学习环节 | 学习目标 |
| --- | --- | --- | --- |
| 音乐 | 歌唱 | 唱校歌 | 学会唱校歌，获得音乐美感，感受学校精神 |
| 综合实践 | 调查 | 通过参观、走访等方式，了解学校的历史 | 学习参观、走访等学习方法，初步处理信息，表达感受 |
| | 体验 | 体验百年前的学生启蒙课程 | 在经典诵读中感受传统文化底蕴 |
| | 交往 | 培养合作能力；促进对集体的亲密融入；激发对学校的认同、自豪、热爱之情 | 热爱学校、热爱集体，学会在团体中更有效地学习 |

## 三、学习过程

### 第一阶段：项目导入

**教学准备**

（1）了解学校相关信息。

（2）了解学生，指导学生分组。

（3）设计引导性的问题，帮助学生了解学校各方面的情况。

**教学过程**

1. 交流：我知道的“我们的学校”

同学们，我们现在是海安市实验小学的学生了，你一定对我们的学校有了一些了解，你能说一说吗？

小结：同学们对我们的学校了解了一些，但还有很多不清楚。现在我们就开展一次活动——“我们的学校”。

（**设计意图：**充分交流，使学生从已知知识探究到未知领域，从而激发学生的探究欲望，为开展有效学习打下良好的基础）

2. 发问：我不知道的“我们的学校”

（1）同学们，你还想了解学校的什么？

学生自由发问。如我们的学校为什么叫“实验小学”？我们的学校一直叫这个名字吗？我们学校有多少座楼房？我们的学校有多少个班级？我们学校有多大？我们学校的校长是谁？……

（2）前几天，老师参观了两所学校，听到了那两所小学的小导游介绍他们的学校。你听——（播放视频）

这是别的学校的介绍，听了他们的介绍，你还想了解我们学校的哪些内容呢？

（3）归类总结。

同学们想了解的内容可以归纳成这些方面：学校的过去；学校的规模；学校的文化；学校的环境；学校的设施；学校的老师……

（**设计意图：**引导学生自由发问，并在倾听他人介绍的基础上做适当归纳，既体现了项目学习基于学生的需求，也引导了学生认真思考，为分组学习做好铺垫）

3. 探讨：怎样了解“我们的学校”

（1）分组。

大家想了解的学校的内容可真不少。其中你最想了解什么？就让我们这些有相同或者相似问题的同学一起组成学习小组，一起研究这方面的内容。

（2）方法。

①讨论：怎样了解这些问题呢？要注意些什么呢？

② 小结：各个学习小组可以在家长的带领下参观、调查、测量、访问……

学校的过去：参观学校旧址——凤山书院，在凤山书院读一读书。

学校的规模：走一走，学校大概有多大？数一数，有多少座楼房，有多少间教室？采访一下学校校长，全校共有多少老师，多少同学？

学校的设施：观看学校图片。你对哪些感兴趣？提前和管理员老师预约好参观的时间。

学校的环境：逛一逛校园，说一说、画一画最美的校园一景。

学校的文化：学唱校歌，学画校树，从校歌中你又学到什么？

（**设计意图：**在明确了学习内容之后，在一年级的项目学习导入阶段，教师需要适当指导学生怎样开展项目学习，培养项目学习的基础能力，并且以学习内容作为分组依据，将相同兴趣的同学组成学习小组，并提供一些方法，令其不至于无所适从，又留下一些空白，使学生在实践学习过程中探索、研究，在合作学习中有所得）

4. 总结（如表4-25所示）

表4-25 “我们的学校”小组学习单

| 班　　级：________ | 指导老师（家长义工）：________ |
| --- | --- |
| 小组名称：________ | 组　　长：________ |
| 小组成员：________ | 活动计划：________ |
| 学习的内容： | 任务分工： |
| 活动的步骤： | 过程记录： |

## 第二阶段：发布导引文件与评价量表

### “我们的学校”项目学习导引文件

学校是同学们每天要来的地方，在这里会交到很多朋友，学到很多知识。如果有人问起你的学校，你会怎样介绍呢？

这将是你要做的一个项目：介绍我们的学校，这份介绍要尽可能全面，同时又要突出一些重点。

你将与小组的其他成员一起做这个项目。介绍应该包括学校的以下信息中的至少三个方面的信息：

（1）学校的过去。

（2）学校的位置。

（3）学校的规模。

（4）学校的设施。

（5）学校的文化。

（6）学校的成绩。

除了以上所列，还可以加入你认为有意思的其他信息。

在介绍中，至少包含3位亲历者的讲述，每个讲述要突出以上某一点信息。

最终成果必须包括习作、图片（配文字说明）、讲解（表演）的音频或视频（如表4-26所示）。

请准备好与小组其他成员一起展示你们的初步项目成果。

期待你们的精彩展示！

表4-26 “我们的学校”评价量表

| | 需要避免的错误或行为 | 基本要求 | 优秀水平 |
|---|---|---|---|
| 研究与介绍设计 | • 只用了别人给的现成资料，没有自己采集整理的文字、图片<br>• 学校介绍缺少要求的一条或多条信息<br>• 介绍的内容不够准确 | • 信息的收集和整理需尽可能基于小组的观察、访问、测量<br>• 介绍应包括学校的基本情况<br>• 尽量用自己的话介绍学习的成果，而不是照读资料 | 除了满足基本要求的标准，介绍还应包括以下至少两项内容：<br>• 从介绍可以看到儿童的特点，不是成人的千篇一律<br>• 介绍的信息准确，大部分由自己观察、测量及调查后整理得来<br>• 对学习小组的学习过程有详细的资料留存<br>• 介绍中能涉及对相关学科的深入学习 |
| 协作 | 你的小组：<br>• 没有为所有成员创造分享想法的机会<br>• 没有公平地分配工作<br>• 没能充分利用委派任务的机会 | 你的小组：<br>• 倾听并尊重每个人的观点<br>• 相对公平地分配工作<br>• 根据成员各自的强项委派任务 | 你的小组：<br>• 整个过程中保持富有成效的合作关系<br>• 在合适的情况下，考虑每个人的需求<br>• 团队协作所创造的成果远远超过任何个人所创造的成果 |

**（续表）**

| | 需要避免的错误或行为 | 基本要求 | 优秀水平 |
|---|---|---|---|
| 项目管理 | 你的小组：<br>• 由于精力分散或低效而浪费了宝贵时间<br>• 在开始时没有花时间做计划<br>• 错失了修订计划的良机 | 你的小组：<br>• 一直在完成任务或大体工作上有效率<br>• 在项目开始时制订了计划<br>• 在截止时间前已经有了可以分享的成果 | 你的小组：<br>• 掌控整个小组进展<br>• 每当有必要时，进行项目计划的修订<br>• 预留了一定时间用于修改最终成果 |

## 第三阶段：团队开展项目研究

本次项目学习约需3周。

第1周，各小组讨论制订项目实施方案，包括研究准备、研究主题的讨论、人员分工、注意事项等。可以将研究方案报送老师，请求指导，也可在大组交流中提出，听取意见。

第2周，各小组按照分工开展研究活动，小组成员分别汇报各自的研究进展，讲述研究过程中的成功之处，以及遇到的问题与不足。及时开展讨论，找到解决问题的方法，然后继续展开新的学习、研究或制作。

第3周，各团队形成初步作品后，大组集中，开始成果汇报和展示。集体交流评价，指出各自的优点与存在的问题，各研究团队结合评价意见对作品做补充、修改与优化，形成最终作品。

整个研究过程要及时保存、收集过程性资料。

## 第四阶段：展示与评价

1. 集体展示形式设计

**环节一：**各班级组织展示，邀请全体学生、全体参与老师、部分家长代表到场，利用教室里的多媒体设备，逐一进行展示。每一团队展示完毕后，小组成员进行自评，其他人员进行他评。

**环节二：**每班选取两三个优秀的学校介绍，在学校网站组织投票，选出前十名成为“我们的学校小小十佳形象人”，代表学校接待外来参观团。

2. 评价表设计（如表4-27所示）

表4-27 “我们的学校”评价表

小组名称：________________

| | 团队协作 | 项目管理 | 作品质量 | 展示效果 | 贡献值评价 |
|---|---|---|---|---|---|
| 自评 | | | | | |
| 他评 | | | | | |

3. 优秀作品举例（略）

## 第五阶段：反思与总结

一年级的学生组建团队探索、了解我们的学校，这让他们非常好奇和兴奋，一扫对新环境的畏惧，从而产生了新奇感、自豪感。他们在学校里数着有几幢楼、几间教室，从学校东走到学校西，用数步子的方法说学校的大小，问老师、校长叫什么……校园里闪现着他们活泼的身影。

在充满历史人文气息的凤山书院小礼堂里，学生身着古代服装，集体朗诵诗文。这样的实地体验，让活泼的学生又多了一份庄重、郑重和好奇。他们感叹：我们学校有那么大的年纪啊！那时候的小学生还读哪些书……

家长们的反馈也是欣喜的。有的家长说：“小家伙们自己想办法，自己联系大人，各方面能力都提高得很快！在准备出发前，让孩子自己着手准备活动所需的用品，锻炼了孩子学会事前规划和自我管理的能力。孩子在大集体活动中，你可以分享别人家的面包，别人可以吃你家的水果，相互商量怎么绘画……孩子变得大方、慷慨，不再自私自利、畏首畏尾。”有的家长惊喜地发现：“儿子为班里的同学做介绍时，之前那个腼腆的小男生不见了，介绍的时候声音响亮，吐字清晰，他自己也乐在其中。”还有家长说：从开始就对各个班级分位置集合，并且对每个阶段活动都进行了有序的安排，做到了忙而不乱。而且这么多孩子，组织严密，按计划进行，这其中倾注着各位老师的辛勤付出。

看过的、听过的会忘记，体验的、经历的才深刻。低年级学生的项目学习尤为重要的是探究的过程，让学生自主去探究去了解，比被动地带着学生去参观校史馆、听介绍要深刻得多。正如学校校长周振宇所说的："项目学习的方式更利于知识学习与实际应用的衔接，是一种创造性地解决实际问题的学习方式，能从多个层面促进人的全面发展。"

对比当下的学科课程，项目学习课程无疑更有利于摆脱传统的以知识结构为核心的课程体系，更有利于学生核心素养的形成，这为项目学习课程的实施与推进注入了强心剂。"我们的学校"项目学习活动正是一次既把握项目学习的内核，又针对年级特点及主题要求有所创新的尝试。虽然低年级学生在小组合作等方面还需要引导，成果展示稍显稚嫩，但是我们坚信，经过长期的尝试，项目学习将深植于我校老师、学生、家长心田，并结出更加丰硕之果。

实践案例篇

# 第五章

# 生命之迹

童年在生命的成长历程中渐渐远去，教育如果用精心设计的学习项目给儿童的生命成长留存一个又一个独一无二的“我”的印迹，这将是教育留给每一个儿童最好的童年礼物！

# 第一节　十岁印迹

## 一、项目背景

十岁是儿童成长历程中一个重要的里程碑，是儿童从幼年走向少年的转折点。本次项目学习面向三年级学生，以“十岁印迹”为活动主题，引导师生、亲子一起回望、反思儿童的成长历程。并围绕关键词，聚焦关键事件，促使儿童在多样的社会实践活动中，体悟、感恩父母、师长、伙伴的爱，培养儿童的交往能力及同理心，学会珍惜爱、表达爱。本项目旨在加强亲子之间、伙伴之间的沟通与交流，让学生在实践中获得仪式感以及德性、心智的成长。

## 二、脉络分析

脉络分析如表5-1所示。

表5-1　“十岁印迹”项目学习脉络分析表

| 学科领域 | 能力类型 | 学习环节 | 学习目标 |
|---|---|---|---|
| 语文 | 写作 | 在制作的“十岁印迹”作品中用文字表达自己的感受；成长大事记；介绍作品 | 根据图片或者材料能用适当的文字表达情感；能根据需要筛选、梳理信息和材料；能根据交流的对象和场合，做简单的发言 |
| 道德与法治 | 感恩、成长等 | 围绕“感恩”“成长”等关键词设计“十岁印迹”的作品 | 在作品创作中，能入情入境地表达“感恩”“成长”等情感 |
| 美术 | 绘画设计 | 根据创作需要，用图画或者手工作品表达“十岁印迹” | 能根据情感的表达需求及作品的呈现要求，设计如成长树等美术作品；能将成长档案中的图片美化 |
| 音乐 | 创编歌曲 | 选择作品中需要的合适的音乐；进行创意编曲、作词 | 能根据表达的情感准确选择合适的音乐，或者进行创意编曲、作词等 |

（续表）

| 学科领域 | 能力类型 | 学习环节 | 学习目标 |
| --- | --- | --- | --- |
| 信息技术 | PPT制作 | 根据搜集的照片等素材，进行电子成长手册的制作 | 能根据搜集的照片、梳理的文字，进行电子成长手册的制作，作品主题清晰，图文并茂，内容丰富，能表现“感恩”“成长”等主题 |
| 数学 | 刻度线与图表 | 制作成长刻度线或者成长年轮图 | 根据搜集的素材，选择重要的事件，设计制作十岁成长刻度线或者成长年轮表，在制作中感受长大 |
| 综合实践 | 亲子沟通 | 亲子一起搜集、筛选成长中的照片，回顾成长中的特别事件，聆听成长中的故事 | 在素材搜集、筛选、创作中，融洽亲子之间的关系，提升亲子交往的品质，激发学生的感恩之情 |
|  | 团队合作 | 在项目学习中学会团队合作，建立学习共同体；展示学习成果，体验成功喜悦 | 能在团队中大胆表达自己的想法，主动学习别人的创意，为呈现优秀的作品乐于行动，在行动中体验成长的幸福 |

## 三、学习过程

### 第一阶段：项目导入

#### 教学准备

（1）向父母了解成长中特别的事件，完成预学单。

（2）制作课件。

（3）每小组准备一个平板电脑。

#### 教学过程

1. 畅谈十岁

（1）同学们，三年级这一年我们所有人都将过十岁生日，说到十岁生日，你首先想到的是什么？

礼物、蛋糕、庆祝、酒席。

（2）已经过了十岁生日的同学来说说十岁生日时印象最深的事情以及感受。

（3）是啊，十岁是幸福的。（板书：幸福）如果以一个词来表达你的感受，你觉得除了幸福，还可以用哪些关键词来表达十岁呢？为什么？（板书：感恩、亲情、成长、反思、快乐……）

（**设计意图：**畅聊十岁，鼓励学生说出自己的体验和感受，为项目的开展奠定愉快的情感基础，以关键词的表达方式聚焦学生对于十岁生日的个体感受，为后面的十岁印迹的表达做好铺垫）

2. 十岁的表达

（1）表达的意义。

同学们，十岁是我们人生的第一个整十年，是我们成长过程中重要的里程碑，我们需不需要用一些特别的方式留下些印迹，让十岁的记忆永远存留，不被磨灭呢？

你们的想法真有创意，我们来看看别人是怎么做的吧！

（2）自主学习。

① 出示小组学习要求。

- 学一学：各小组通过平板电脑研究十岁成长印迹可以有哪些形式？分别表达了哪些情感？
- 想一想：要呈现十岁成长印迹，需要从哪些方面入手？
- 议一议：平板电脑中呈现的范例有哪些共同之处，又分别有哪些特别之处？你们喜欢哪一种？还有没有更好的表达方式？

② 完成表格式学习单。

（3）讨论提升。

① 简单交流表格内容。

② 通过学习，你觉得要给十岁留下一个印迹，哪些内容是必不可少的？

③ 以电子成长档案为例，学习十岁印迹的制作。

交流：电子成长档案中包括了哪些内容？（姓名、各个时期的照片、特殊事件的照片，配合图片的文字表达，以及音乐等）

假如让我们来做这个电子成长档案，这些内容信息怎么得到呢？

④ 方法的小结与提炼。

翻阅自己的成长相册，和父母一起筛选；听父母讲述照片背后的故事，根据照片故事进行文字描述；寻找配乐……

⑤ 指导如何将每一步细化。

比如：如何筛选照片？

选择重要时期的代表照片，比如出生照、每年的生日照、第一次……

再比如：如何对筛选的照片进行文字描述？

需要根据十岁的主题，围绕情感表达的关键词，且要简洁、明了。

小结：可见要留下一份“十岁印迹”并不容易，需要聚焦自己想要表达的情感去好好思考。

⑥ 对比几种十岁印迹作品，找出它们有什么不同。

电子成长档案以照片加文字的方式为主，以幸福、成长等为关键词，易修改，易保存，呈现生动。成长大事记以长大为关键词，以文字表达为主，记录成长中重要的时刻。成长年轮图能表达“十岁”的概念，有创意，生动、特别，但没有成长档案具体、形象。

⑦ 是什么导致了作品的不同特色？（不同的情感表达需要）

⑧ 小结：不管选择哪一种“十岁印迹”的表达方式，只要认真思考自己十年来的成长历程所带来的变化和收获，就能做出独一无二的十岁印迹来。

（**设计意图：**引导学生通过平板电脑认真阅读，比较“十岁印迹”的多样表达，从形式到内容，再到具体的操作流程讨论，既让学生对“十岁印迹”的表达有了初步的概念，也在对比中认识到作品表达的方式由自己想表达的情感来决定，由此为后期的项目开展提供了思路）

3. 聚焦“十岁印迹”

（1）发布任务。

大家是不是已经跃跃欲试了？是啊，如果通过我们自己的努力，给十岁留下一个特别的礼物，不管是对过去的十年，还是长大后的我们，都是一件有意义的事。

现在，就给大家发布项目：你的十岁最想表达的感受是什么？通过团队合作、亲子合作，选择你最喜欢的方式，完成属于你自己的“十岁印迹”作品。

（2）重新组合新的学习共同体。

你想用什么样的方式表达自己的十岁印迹？为什么？

相同表达方式的同学重新组合成新的学习共同体，如电子成长档案小组、纸质成长档案小组、成长树小组、成长大事记小组……

（3）各小组讨论方案。

① 关于十岁，最想表达的感受有哪些？围绕这些关键词，我们需要从哪些方面搜集素材？根据小组成员的特质，选择什么样的表达方式更合理？如何使我们设计呈现的作品与众不同，充满创意呢？一连串的问题留给大家。请各小组现在开展初步的方案设计。

（作品的名称、作品呈现形式、亲子沟通、合作的要点、可能的创新之处、成员分工、资料获得方式、时间进度安排、作品完成需要的材料、工具等）

② 指导：呈现作品，哪些是必备的？

名称；作品简介；图片或文字的梳理；电子、纸质或者其他材料的准备。

③ 这些资料如何获得？

名称。小组讨论，自行命名。

简介。围绕课前预习单，聚焦一两个关键词，想一想，作品最想表达的是什么？最大的特点和亮点是什么？简介里需要把什么说清楚？

图片或文字的处理——亲子合作、小组合作。

④ 除了这些问题，还有哪些问题需要解决？如何解决？提出来在小组里讨论。

提醒：当大家遇到困难，有实在解决不了的问题时，可以主动请教老师、家长。

（4）大组交流。

① 选择一两个小组介绍自己小组已有的初步方案，其他小组可以提出质疑或合理化的建议。

② 还有哪些问题是我们不能解决的，有什么办法？（比如PPT制作的相关

技术，可以请教信息技术老师；刻度线、年轮图表，怎样才准确，可以请教数学老师）

③ 为了使我们最后呈现的作品更生动、丰富，有创意，我们还可以做什么？

歌曲创编、连环画作品、手工作品。（用不同形式表达各自不同的十岁印迹）

写诗文、书信。（我们也可以以诗文、书信的方式写一写十岁的感恩、成长等）

（**设计意图：**让学生回望自己的十年，从情感聚焦、表达方式、内容筛选、力争创新等方面获得真实的体验和真正的思考，在研究中，寻找、对接自己的十岁感受及表达意愿。在此过程中，学生的思维始终处于兴奋状态，课前活动为小组讨论提供了保障，同类印迹作品进行重新组合，加强了团队合作的可能和需要，同时为后期的项目学习提供了有力的支撑）

4. 总结（如表5-2所示）

表5-2 “十岁印迹”小组学习单

班级：________ 小组：________ 小组成员：________

| | 电子成长档案 | 纸质成长档案 | 成长树 | 成长大事记 |
|---|---|---|---|---|
| 作品元素 | （1）名称；<br>（2）简介；<br>（3）封面；<br>（4）成长期重要的电子照片；<br>（5）成长期重要的纸质照片；<br>（6）对照片的文字描述；<br>（7）成长中的重要事件；<br>（8）家庭成员的照片；<br>（9）配乐；<br>（10）绘画插图<br>（选择合适的在序号上打“√”） | （1）名称；<br>（2）简介；<br>（3）封面；<br>（4）成长期重要的电子照片；<br>（5）成长期重要的纸质照片；<br>（6）对照片的文字描述；<br>（7）成长中的重要事件；<br>（8）家庭成员的照片；<br>（9）配乐；<br>（10）绘画插图<br>（选择合适的在序号上打“○”） | （1）名称；<br>（2）简介；<br>（3）封面；<br>（4）成长期重要的电子照片；<br>（5）成长期重要的纸质照片；<br>（6）对照片的文字描述；<br>（7）成长中的重要事件；<br>（8）家庭成员的照片；<br>（9）配乐；<br>（10）绘画插图<br>（选择合适的在序号上打“√”） | （1）名称；<br>（2）简介；<br>（3）封面；<br>（4）成长期重要的电子照片；<br>（5）成长期重要的纸质照片；<br>（6）对照片的文字描述；<br>（7）成长中的重要事件；<br>（8）家庭成员的照片；<br>（9）配乐；<br>（10）绘画插图<br>（选择合适的在序号上打“○”） |

**（续表）**

| | 电子成长档案 | 纸质成长档案 | 成长树 | 成长大事记 |
|---|---|---|---|---|
| 相同点 | | | | |
| 不同点 | | | | |
| 我们的发现和思考 | | | | |
| 我们的项目计划 | | | | |

第二阶段：发布导引文件与评价量表

## “十岁印迹”项目学习导引文件

十岁，人生中第一个整十年，是我们从幼年走向少年的重要转折点，是人生成长的重要里程碑。我们用什么样的方式给特别的十岁留下珍贵的、独一无二的印迹呢？

下面我们要做一个项目：设计、制作一个“十岁印迹”的作品，这个作品可以是电子版本的，也可以是纸质或其他材质的，这个作品必须能表达你的“十岁印迹”，能表达你的成长感受。

我们为你提供了一些作品的范例，更期待你能根据自己的实际体验和创作、表达的需要，完成一个能体现你独特的十岁感受和成长印迹的作品。

你将与小组的其他成员一起做这个项目。作品应该包括以下信息：

（1）作品的名称和简介。

（2）十年里重要的照片及文字说明。

（3）成长过程中的重要事件。

（4）介绍与事件相关的生动故事。

（5）表达自己的十岁感受和成长收获。

除了以上所列，还可以加入你认为有趣的、有意义的其他内容。

在介绍中，能结合作品讲述自己的研究历程和研究感受。

最终成果必须包括图片、文字，也可以有旁白、配乐、视频、书信等（如表5-3）。

请准备好与小组其他成员一起展示你们的初步项目成果。

期待你们的创意！

表5-3 “十岁印迹”评价量表

| | 需要避免的错误或行为 | 基本要求 | 优秀水平 |
|---|---|---|---|
| 研究与介绍设计 | • 展示的十岁印迹作品缺少基本要求中的一条或多条信息<br>• 只用了成长的照片，没有文字描述<br>• 介绍的层次不够清楚<br>• 作品没有主题，只是成长资料的堆砌，没能表达感恩、成长、幸福等关键词 | 展示的作品应包括：<br>• 十年成长中的重要照片<br>• 十年成长中的重要事件<br>• 十年成长中的特别感受<br>• 作品尽可能地完整表达十年成长历程中的重要印迹<br>• 作品中至少要体现感恩、回忆、思考、成长、畅想未来、幸福……两个或两个以上的元素，也可以包含你们能想到的其他元素<br>• 讲述时，表达清晰，声音响亮，让听众感兴趣 | 除了满足基本要求的标准，作品还应包括以下至少两项内容：<br>• 对学习小组的讨论、合作过程有详细的资料留存<br>• 介绍中能生动呈现自己的成长感悟<br>• 除作品外，有自主形成的文字稿（成长日记、书信等）<br>• 除此之外还有与众不同的表达视角 |
| 呈现效果 | • 展示的作品形式单一<br>• 照片清晰度不高、文字大小不一，颜色与图片风格不一致<br>• 没有平衡图片和文字的比例<br>• 文字内容枯燥或太长，无法吸引人阅读 | • 运用文字、图片、音乐、美术等方式丰富地呈现<br>• 文字（或旁白）内容清晰、简洁，没有错误<br>• 电子成长档案播放流畅，前后风格一致 | 除了满足基本要求的标准，展示的作品还需要：<br>• 有趣、生动<br>• 吸引眼球<br>• 文字或旁白引人入胜<br>• 创意地交互使用不同形式的表达方式（文字、图片、音乐、视频等） |

（续表）

| | 需要避免的错误或行为 | 基本要求 | 优秀水平 |
|---|---|---|---|
| 协作 | 你的小组：<br>• 没有为所有成员创造分享想法的机会<br>• 没有积极地思考、表达创意<br>• 有好的创意没能及时分享和讨论 | 你的小组：<br>• 倾听并尊重每个人的观点<br>• 组员能积极地思考、表达创意<br>• 根据成员各自的强项及家庭资源委派任务 | 你的小组：<br>• 整个过程中保持富有成效的合作关系<br>• 在合适的情况下，考虑每个人的需求，且每个人都有精彩的成果<br>• 团队协作所创造的成果远远超过任何个人所创造的成果 |
| 项目管理 | 你的小组：<br>• 由于精力分散或低效而浪费了宝贵时间<br>• 在开始时没有花时间做计划<br>• 错失了修订计划的良机<br>• 没能充分发挥运用团队资源 | 你的小组：<br>• 一直在完成任务或大体工作上有效率<br>• 在项目开始时制订了计划<br>• 在截止时间前已经有了可以分享的成果 | 你的小组：<br>• 掌控整个小组及小组成员作品的进展<br>• 每当有必要时，进行项目计划的修订及项目研究的及时沟通<br>• 预留了一定时间用于修改最终成果 |

## 第三阶段：团队开展项目研究

本次项目学习约需4周时间，根据实际情况可做适当调整。

第1周，各小组讨论制订项目实施方案，包括研究准备、主题的讨论、人员分工、注意事项等。可以将研究方案报送老师，请求指导，也可在大组交流中提出，听取意见。

中间两周，各小组按照分工开展研究活动，小组成员分别汇报各自的研究进展，讲述研究过程中的成功之处，以及遇到的问题与不足。及时开展讨论，找到解决问题的方法，然后继续展开新的学习、研究或制作。

第4周，各团队形成初步的作品后，大组集中，开始成果汇报和展示。集体交流评价，指出各自的优点与存在的问题，各研究团队结合评价意见对作品做补充、修改与优化，形成最终作品。

整个研究过程及时保存、收集过程性资料。

## 第四阶段：展示与评价

1. 集体展示形式设计

**环节一：**各班级组织展示、讲述，邀请全体学生、全体参与老师、部分家长代表到场。各学习团队抽签决定顺序，教室里搭建展示区，并利用教室里的多媒体设备，每个小组逐一进行展示、讲述。每个团队展示完毕后，小组成员进行自评，其他人员进行他评。

**环节二：**每班选取两件优秀作品拍摄成小视频，上传学校微信群，进行网上投票选优。

2. 评价表设计（如表5-4所示）

表5-4 “十岁印迹”作品评价表

小组名称：________________

| | 团队协作 | 项目管理 | 作品质量 | 展示效果 | 贡献值评价 |
|---|---|---|---|---|---|
| 自评 | | | | | |
| 他评 | | | | | |

3. 优秀作品举例（略）

## 第五阶段：反思与总结

**【学生感言】**

我很自豪地跟所有人说：“我十岁了！”

在这五彩缤纷的四月，我收获满满，成长了许多，耳边始终回响着我们的誓言：“从今天起，努力做一个有理想、有担当、有爱心、有力量的人！”

我和妈妈一起做成长相册，坐在妈妈的身边，欣赏肉嘟嘟的我、刚长牙的我、学走路的我……妈妈总是笑眯眯地说："瞧你，肉嘟嘟的样子，刚出生时只睁开了一只眼，可把爸爸妈妈吓坏了，连忙找医生来检查。医生说没事，过两天就好，悬着的心这才放下了。"我一听，故意闭上一只眼睛做了个鬼脸。妈妈笑着说："对，就是这样子的。电脑上存的是一张张照片，其实记录着你的点点滴滴，一个个故事呢！瞧！这张你刚学走路……"

在妈妈的解说下，我愈发感受到爸爸妈妈的爱，让我在爱中茁壮成长，于是在制作卡片时，我剪了一颗爱心，在爱心里画上一棵小树苗，正幸福地成长。

这棵小树苗渐渐长大了，用手机记录了一件件整洁的衣服、一顿顿可口的饭菜、一双双勤劳的手、一张张幸福的笑容，我也用笔记录了感动的一刻。

爸爸妈妈，我永远爱你们！

——三（7）班　毛天天

【家长感言】

记得怀孕那年我正好30岁，在我那一年的生日，她就那么奇妙地住在我的身体里，陪我过了此生最特别的生日，无论是对我还是对她，那是唯一的一次。这是上天赐给我的最珍贵的礼物——一个小天使。

十年，就这样一分一秒地悄然流逝。喜悦、担心、感动、委屈……这世上几乎所有的情感在我和孩子爸爸的心头轮番上演，充斥着日常生活的每一幅画面。小小的三口之家成了一个圆，圆心是孩子，围着转的永远是父母。父母成了付出的代名词，而孩子却越来越自我。

庆幸的是，在孩子们迈入他们人生第一个十年之际，老师们用心引导着孩子们一次又一次地品味、咀嚼十岁成长的点滴滋味。记得整理成长照片时，大量的外出旅行的照片一下子把我们三个人拉回到那一次次快乐的旅程中，回忆的点点滴滴充满甜蜜，孩子感慨地对我说："妈妈，我好幸福啊！我都去过那么多地方了！"还有一次，我帮孩子洗头，我习惯地问："还要抓抓吗？水烫吗？舒服吗？"孩子没有像往常一样敷衍地哼两声，而是拉住我的手说："妈妈，你的手是最温柔的手，你洗头洗得比理发店还舒服。等你老了，我也这样帮你洗。"我听到的那一刻，心都化了。这"感动一刻"也刚好被孩子爸爸用手机记录了下来，最后孩子以“令我感动的那些瞬间”汇报了她的十岁印迹，也让我们获得生活的启示：随时记录并感恩生活中的“爱”。

泰戈尔说：蜜蜂从花中啜蜜，离开时盈盈地道谢。浮夸的蝴蝶却相信花是应该向她道谢的。我们都希望自己的孩子是那只知道感恩的小蜜蜂，而不是骄傲的蝴蝶。一个人只有懂得了感恩，才会真正获得幸福。感谢学校和老师，在孩子们的心中埋下了一颗感恩的种子，让我们一起精心地浇灌它，让这颗种子生根发芽，引领孩子们用一颗感恩的心去拥抱幸福美好的明天！

——三（3）班　潘逸轩妈妈

【教师感言】

学生们的十岁成长活动结束了，经历其中的我们，酸甜苦辣万般滋味皆品尝。从三月份第一次筹备会开始，到四月底活动结束，前后历时一个多月，我们的思考一直伴着实践而深入。

十岁是人生的第一个重要里程碑，我们该给学生们留下些什么？这是我们思考的第一个问题，也是这次成长礼的活动方向。是喧闹欢腾，还是安静励志，并不重要，重要的是，我们希望通过这次活动让学生们对十岁有深刻的认识，知道过去的十年，知道幸福的当下，知道未来的方向，从而懂得成长的意义。

在陪伴学生们回望过去、思考当下、畅想未来的成长旅程中，作为班主任的我，累并幸福着，看着他们开始学着把视线从自我转向父母，转向父母的点点滴滴，看着他们用文字和画面表达对父母的爱、对自己的承诺、对老师的感恩时，所有的辛劳都烟消云散，所有的付出都值得了，因为陪伴和见证学生们的成长是当老师最幸福的事。十岁，留给学生们美好的记忆，也留给我们对未来的期盼，十年以后，他们会是什么样子？祝福学生们！

——姚国艳

# 第二节　那年今日

## 一、项目背景

本次项目学习面向六年级学生，他们的父母一般是“70后”或“80后”，这一群人生于改革开放伊始，长在社会变革的20世纪90年代，就业于新世纪。他们的成长伴随着中国从计划经济到市场经济的转轨过程，互联网彻底颠覆了他们以往的生活。他们中的很多人有着高等学历，也有着更多的时代故事。期待通过这次活动，拉近两代人之间的距离，给学生的成长以深远的影响，使学生能触摸父母的童年生活，品味父母童年生活的酸甜苦辣，感受成长的幸福。同时，也要充分体现时代性、实践性、情趣性，让亲情在活动中融洽，让学生在活动中成长，在实践中共生，陶冶性情，享受快乐。

## 二、脉络分析

脉络分析如表5-5所示。

表5-5　“那年今日”项目学习脉络分析表

| 学科领域 | 能力类型 | 学习环节 | 学习目标 |
| --- | --- | --- | --- |
| 信息技术 | 制作电子相册 | 通过上网了解父母童年的生活状况；制作PPT | 培养采集、加工以及发布信息等处理信息的基本技能 |
| 语文 | 写作表达 | 为父母的童年绘本故事创配简单的文字介绍；写一写本次项目活动的体会；为PPT文字组稿，做发言准备 | 学习表达，能根据不同的目标组织恰当的书面语言，并能就交流的对象和场合，稍做准备，做简单发言 |
| 美术 | 绘画展览 | 用绘画或手抄报展现父母的童年生活；收集父母的童年物品，制作海报，布置展览场地 | 培养绘画表现力、空间表现力以及根据主题进行美术设计的能力 |

（续表）

| 学科领域 | 能力类型 | 学习环节 | 学习目标 |
|---|---|---|---|
| 社会 | 调查走访 | 采访父母及父母的同龄人，了解他们童年生活的酸甜苦辣；走访父母生活的地方，参观博物馆、文化馆等场所，了解当时的经济、历史等社会概貌 | 在个人和团队的协作活动中，培养与人沟通交流的能力，能换位思考 |
| 体育 | 游戏 | 和父母、同学等一起玩玩当年的游戏 | 在活动中感受父母童年生活的乐趣 |
| 音乐 | 欣赏 | 为电子相册选择合适的背景音乐 | 培养音乐欣赏能力 |
| 道德与法治 | 思考 | 比较父母的童年与自己的童年，探索社会发展给人们带来的物质生活的进步与人们幸福感之间的关系 | 在观察比较中，提高思维层次，锻炼思维能力；在思考中初步培养对社会、对人生的正确认识 |
| 综合实践 | 交往 | 在项目学习中学会团队合作，建立学习共同体；展示学习成果，体验成功喜悦 | 在实际工作岗位上或模拟情境中见习、实习，体认职业角色，进一步提升生涯规划能力 |

## 三、学习过程

### 第一阶段：项目导入

#### 教学准备

（1）翻一翻自己的童年相册。

（2）制作课件。

（3）每小组准备一个平板电脑。

（4）邀请两名家长义工到场。

#### 教学过程

**1. 童年畅想**

（1）欣赏歌曲《童年》。

（2）交流：这首歌，触发了你对童年的哪些回忆？

（3）小结：童年是人生中最美好的时光。同学们，我们已经上六年级了，即将小学毕业，人生也即将从童年走向少年。现在，让我们回头再来看看我们的童年生活吧！

（**设计意图：**借助歌曲《童年》，触动学生对童年生活的美好回忆，难忘的事、有趣的事、印象深刻的场景……鼓励学生想象与童年相关的一切，感受童年生活的美好）

2. 童年记忆

（1）我们的童年记忆。

① 引起关注。

同学们，美好的童年生活让人留恋，值得一生珍藏。爸爸妈妈都是用什么方法帮你留住这些美好的瞬间的呢？（照片、视频、童年的物品）

今天，同学们都带来了一些物品，让我们来听听这些物品背后的童年故事！

② 大组分享。

③ 交流小结。

照片、玩具……每一件事物都承载了我们童年的一段故事，刻下了一段美好的回忆，待我们长大，可以帮助我们重新找寻童年的美好。我们的童年是幸福的，因为爸爸妈妈用他们的手和爱为我们记录下了这点点滴滴。爸爸妈妈的童年，你们可知道？

（2）父母的童年记忆。

① 交流。

② 每组使用平板电脑，借助搜索引擎了解爸爸妈妈的童年生活状况和社会状况。

③ 答小记者问：同学们就感兴趣的话题提问，请家长义工回答。

④ 小结：爸爸妈妈的童年物质生活没有今天丰富，但回忆起自己的童年，他们和我们一样快乐！

（**设计意图：**第一环节回忆自己美好的童年生活，第二环节初步了解父母的童年生活，通过这两个童年生活情境的创设和比较，引发学生的认知冲突：物质生活富足的我们的童年是幸福快乐的，爸爸妈妈的童年时光物质生活没有

现在富足，他们幸福快乐吗）

3. 童年再现

（1）发布任务。

隔着时光的河流，我们无法亲历爸爸妈妈的童年时代，如果我们有穿越时空的本领，你最想和你的父母一起做什么呢？（自由发言）

刚刚同学们分享了很多想做的事，不少同学想和父母一起玩一玩童年的游戏。那么我们今天的任务就是通过自己和团队的研究，为和父母一起玩玩他们童年的游戏做好规划。

（2）小组讨论方案。

① 围绕游戏，大家觉得应该研究点什么？需要做哪些准备？请各小组开展初步的方案设计。

（游戏名称、游戏规则介绍、游戏背后的故事、成员分工、资料获得方式、时间及进度安排等。）

② 指导：活动中，哪些项目是必需的？

（游戏名称、游戏规则介绍、和父母一起玩游戏。）

③ 相关资料如何获得？

（问一问、找一找、查一查、辨一辨。）

（3）大组交流。

选择一两个小组介绍自己小组已有的初步方案，其他小组可以提出质疑或合理化建议。

（4）讨论：为了让我们的活动更具体、更丰富，我们还可以做什么？

我们可以创作绘画作品（画一画父母印象深刻的场景）、文学作品（对比自己与父母的童年生活，写一写自己的理解或者感受），进行物品展览（搜集父母童年的物品）以及歌曲表演（学唱父母童年时的歌谣、歌曲）。

（5）提醒：在活动中，如果遇到困难或解决不了的问题时，可以主动请教老师，老师们会尽可能提供帮助。

（**设计意图：**小组讨论的目的在于让学生积极思考，畅所欲言，充分发表自己的看法，并在此过程中认真倾听、参与讨论，自主进行项目的规划。在此过程中，学生始终处于积极主动的状态，为后续的项目学习提供保障）

**4. 总结（如表5-6所示）**

表5-6　“那年今日”小组学习单

班级：　　　　　　　　　　　　　　　小组名称：

组长：　　　　　　　家长义工：

组员：

研究项目：

小组分工：

研究过程：

研究过程评价：

组内成员自评：研究内容为☆☆☆☆☆　　　　成果呈现为☆☆☆☆☆

小组合作为☆☆☆☆☆

家长评价汇总：研究内容为☆☆☆☆☆　　　　成果呈现为☆☆☆☆☆

小组合作为☆☆☆☆☆

至少邀请3名旁观者签名评价：

备注：

## 第二阶段：发布导引文件与评价量表

### “那年今日”项目学习导引文件

跳房子、滚铁环、跳橡皮筋、扔沙包、折纸飞机、跳绳、打弹珠、拾子儿、躲猫猫、转陀螺……

我们的父母是中国第一代独生子女，是中国改革开放后成长起来的一代，中国的时代发展在他们的身上深深地烙下印迹，你好奇吗？父母的童年有着什么样的时代特色？他们小时候有什么零食？有什么玩具？穿什么样的衣服？喜欢唱什么歌儿？最喜欢的电影电视是什么？在学校开展过什么样的学习活动？他们也会参加社会实践活动吗？

你对父母童年的哪一方面最感兴趣？

这将是我们要做的一个项目：采用小组合作探究的方式研究父母的童年生活，用PPT的方式呈现，并在班级交流。

你需要选择一个你感兴趣的父母童年生活中的一个方面展开深入研究。

你将和你们小组内的其他几个成员一起来做这个项目。你们的研究应当包含以下信息：

（1）找到能代表父母童年生活的一件物品。（书、玩具、照片……）

（2）对于这件物品展开一定的研究。（年代、特点、价格、背后的故事……）

（3）走访父母童年生活的地方（学校、小区、公园……），试着采访父母的同龄人，了解父母小时候的趣事，并做适当记录。

（4）写下本次项目活动的体会。

除了以上所列，你还可以加入其他的你认为有趣的或对学习者有用的信息。

最终成果必须包括图片和视频，也可以配文字、音乐或旁白配音（如表5-7所示）。

表5-7 “那年今日”评价量表

| | 需要避免的错误或行为 | 基本要求 | 优秀水平 |
|---|---|---|---|
| 研究与介绍设计 | • 对父母童年的介绍只有基本要求中的一条或两条<br>• 只用了网上的图片，没有自己采集图片<br>• 介绍的层次不够清楚<br>• 没用基于自己调查的数据，完全引用他人现成资料<br>• 引用资料没有标注出处 | 父母童年的介绍应包括：<br>• 那个时代的衣、食、住、行<br>• 那个时代的学习、娱乐方式<br>• 那个时代的物品<br>• 由小组成员所调查或收集的图像资料至少占三分之一<br>• 由小组成员完成的手抄报、习作至少占三分之一 | 除了满足基本要求的标准，父母童年的介绍还应包括以下至少两项内容：<br>• 从调查中可以感受到那个年代的特点<br>• 在研究中可以领悟到两代人不同的童年生活，通过对比，增进与父母之间的感情<br>• 通过采访相关人员所获得的信息（视频等）<br>• 对学习小组的调查过程有详细的资料留存（绘本等）<br>• 除此之外，还有与众不同的研究视角 |
| 交流 | • 对父母童年生活的介绍单一<br>• 没有平衡图片和文字的比例<br>• 文字或旁白部分有干扰性错误<br>• 文字或旁白部分内容冗长或含糊不清 | 对父母童年的介绍：<br>• 可以通过移动设备获得<br>• 通过不同形式呈现信息：实物、绘画、PPT等<br>• 文字（或旁白）内容清晰、简洁，没有错误<br>• 给有需要的图片配说明 | 除了满足基本要求的标准，父母童年的介绍需要：<br>• 真实<br>• 吸引眼球<br>• 文字或旁白引人入胜<br>• 创意地交互使用不同形式的表达（视频、文本等） |
| 协作 | 你的小组：<br>• 没有为所有成员创造分享想法的机会<br>• 没有公平地分配工作<br>• 没能充分利用委派任务的机会 | 你的小组：<br>• 倾听并尊重每个人的观点<br>• 相对公平地分配工作<br>• 根据成员各自的强项委派任务 | 你的小组：<br>• 整个过程中保持富有成效的合作关系<br>• 在合适的情况下，考虑每个人的需求<br>• 团队协作所创造的成果远远超过任何个人所创造的成果 |

（续表）

| | 需要避免的错误或行为 | 基本要求 | 优秀水平 |
|---|---|---|---|
| 项目管理 | 你的小组：<br>●由于精力分散或低效而浪费了宝贵时间<br>●在开始时没有花时间做计划<br>●错失了修订计划的良机 | 你的小组：<br>●一直在完成任务或大体工作上有效率<br>●在项目开始时制订了计划<br>●在截止时间前已经有了可以分享的成果 | 你的小组：<br>●掌控整个小组进展<br>●每当有必要时，进行项目计划的修订<br>●预留了一定时间用于修改最终成果 |

## 第三阶段：团队开展项目研究

各小组讨论制订项目实施方案，包括研究准备、研究主题的讨论、人员分工、注意事项等。可以将研究方案报送老师，请教指导，也可在大组交流中提出，听取意见。

接下来各小组按照分工开展研究活动，小组成员分别汇报各自的研究进展，讲述研究过程中的成功之处，以及遇到的问题与不足。及时开展讨论，找到解决问题的方法，然后继续展开新的学习、研究或制作。

各团队形成初步的作品后，大组集中，开始成果汇报和展示。集体交流评价，指出各自的优点与存在的问题，各研究团队结合评价意见对作品做补充、修改与优化，形成最终作品。

整个研究过程及时保存、收集过程性资料。

## 第四阶段：展示与评价

### 1. 集体展示形式设计

**环节一：**各班级组织展示，邀请全体学生、全体参与老师、部分家长代表到场，各学习团队抽签决定顺序，利用教室里的多媒体设备，逐一进行展示。每一团队展示完毕后，小组成员进行自评，其他人员进行他评。

**环节二：**每班选取两个优秀作品上传学校微信群，进行网上投票选优。

**环节三：**将优秀作品向相关网站投稿。

2. 评价表设计（如表5-8所示）

表5-8　“那年今日”评价表

小组名称：________________

| | 团队协作 | 项目管理 | 作品质量 | 展示效果 | 贡献值评价 |
|---|---|---|---|---|---|
| 自评 | | | | | |
| 他评 | | | | | |

3. 优秀作品举例（略）

## 第五阶段：反思与总结

经过精心规划、充分准备，本次项目活动在欢乐、融洽的氛围中圆满结束。

这次项目学习活动，学生们积极响应，踊跃参与，家长们反响强烈，交口称赞。看一看爸爸妈妈曾经生活的地方，听一听他们童年的故事，找一找他们童年留下的时光记忆，画一画他们童年美好的瞬间，写一写他们内心的点滴幸福，寻一寻他们童年的老物件……活动的开展全方位、多视角，父母的童年时光便在电子相册上生动起来，也让我们这群“80后”的老师和他们一起重温童年的美好，徜徉那年的快乐，珍惜今日的幸福！

**【学生感言】**

跟我们的童年相比，爸爸妈妈的童年虽然没有手机、电脑，不能享受网络、动漫、游戏带来的快乐，也没有私家车，交通不方便，不能像我们一样寒暑假出去旅行，但他们会想各种方法，玩各种游戏，他们觉得童年很快乐、很幸福！看来，快乐和幸福并不完全依赖物质的富裕。这次项目学习活动，不仅增强了我们的团队合作意识，更重要的是，我们了解了爸爸妈妈们的童年，沟通了父母和我们之间的感情，让我真正懂得了幸福的含义。

——六（3）班 生秉轩

【家长感言】

通过这次活动，孩子们了解了我们的过去，和我们一起玩游戏，让我有机会重温我美好的童年时光，还拉近了孩子和我们的距离。孩子体会到了我们那个时代的酸甜苦辣，更珍惜自己现在的幸福生活。希望学校以后多举办类似的活动，帮助青春期的孩子正确地认识自己，了解我们。作为家长，感激不尽。

——六（11）班 李昱凡妈妈

学生们在这次项目学习活动中，始终保持着积极、主动的学习状态，相互讨论，相互合作，积极寻找各种资源解决问题，其中经历了冲突、讨论，也经历了观点的碰撞。正是在项目学习的真实情境中，学生们学习与他人沟通，与他人分享自己的快乐、成就，与团队一起为完成项目努力着、探索着，在思考中进一步认识了世界，认识了社会，形成了自己对幸福的理解。我想，这应该就是项目学习的意义所在。

# 第三节　设计毕业纪念章

## 一、项目背景

在这百花盛开的六月，同学们即将离开生活了六年的母校。此时，班上悄然流行的一本本同学录，让我深深地感受到同学们对小学的不舍与对即将到来的初中生活的憧憬。的确，小学毕业意味着真正走完了多彩的童年，走向如花的少年时代，具有里程碑式的意义。

本次项目学习面向六年级学生，以“毕业季”为活动主题，引导师生一起回味学生小学六年的学习生活历程，探索、创造和分享自己设计的毕业纪念章，激发毕业班学生对小学学习生活的怀念，增强他们对母校的留恋、感恩之情，培养学生的自豪感和使命感。小组合作探究、设计创新活动旨在增强学生自主行动的意识，提升实践能力，让项目学习融入生活，让师生在实践中受到启智，在学习中实现共生。

## 二、脉络分析

脉络分析如表5-9所示。

表5-9　“设计毕业纪念章”项目学习脉络分析表

| 学科领域 | 能力类型 | 学习环节 | 学习目标 |
|---|---|---|---|
| 信息技术 | 信息检索、设计制作 | 上网搜索纪念章图片、相关故事及设计纪念章的相关知识；用绘图软件学习绘制毕业纪念章 | 培养采集、加工信息等处理信息的基本技能；学习绘制的基本方法，表达自己真实的情感 |
| 数学 | 计算、思维提升 | 确定毕业纪念章的形状、规格等；运用几何图形知识设计毕业纪念章 | 能运用几何图形的相关知识（如轴对称等）思考问题，初步画出图形，进行设计 |

（续表）

| 学科领域 | 能力类型 | 学习环节 | 学习目标 |
|---|---|---|---|
| 语文 | 识记、写作、表达 | 阅读纪念章相关故事及设计纪念章的相关知识；回忆六年小学生活中最难忘的一幕，作为毕业纪念章背后的故事，完成一篇习作，题目自拟；为本组设计制作的毕业纪念章标注设计意图；介绍本组制作的毕业纪念章 | 学习浏览，扩大知识面，根据需要搜集信息<br>回忆六年中最难忘的人、事、活动等，表达对母校的怀念、感激之情<br>能根据交流的对象和场合，稍做准备，做简单的发言 |
| 美术 | 绘画 | 绘制难忘的校园生活，将毕业纪念章背后的故事画出来；手绘毕业纪念章 | 通过看一看、想一想、画一画、做一做等方法，体验设计制作活动的乐趣 |
| 音乐 | 歌曲欣赏 | 学唱歌曲《友谊地久天长》 | 培养动作、表情等肢体语言表现能力 |
| 综合实践 | 调查实践 | 跟爸爸妈妈一起整理、重温六年来丰富精彩的小学校园生活 | 培养收集、处理、整合信息的能力和活动组织、语言表达、交往沟通等能力 |
|  | 交往 | 在项目学习中学会团队合作，建立学习共同体；展示学习成果，体验成功喜悦 | 懂得合作研究，对自己的成果有喜悦感、成就感，感受到与他人合作交流的乐趣 |

## 三、学习过程

### 第一阶段：项目导入

**教学准备**

（1）每个学生准备两种照片：一是刚入小学时的照片，二是现在的照片。

（2）准备相关活动，邀请科任老师、部分家长代表参加。

（3）制作课件。

## 教学过程

1. 照片引出父母恩

（1）小组内分享课前准备的两种照片：刚读小学时的照片和现在的照片。大家在笑声中感受生命神奇的成长，感激父母的养育之恩。

（2）采访家长代表，说说他们看到孩子这种变化的感受。

（**设计意图：**那一张张小时候和长大后对比鲜明的熟悉的照片和灿烂的笑脸，让学生一下子就沉浸在生命成长的神奇中，沉浸在六年来的往事中；而父母沉甸甸的爱和辛苦的养育之恩在与家长的互动中自然会展露无遗）

2. 游戏激活师生情

（1）同学们，下面我们来玩个游戏。游戏名为“猜猜我们的骄傲”，规则是：将班里同学们的荣誉、班集体的荣誉写在纸条上，放在纸箱内。每组派一名同学举手，谁先举手，回答权就交给那一组。让同学们猜一猜，是哪位同学获得的荣誉，或者是我们班级在什么时候获得的荣誉。

（2）班主任寄祝福语。

（**设计意图：**在轻松的游戏中，六年来的成长足迹一点一滴地浮现在同学们的眼前。曾经拼搏奋进、团结一心、“班级光荣我光荣”的往事，将平时深埋在大家心底的情感一一激活）

3. 设计以表学子心

（1）播放学校校园景观宣传片，浏览美丽的校园，感受校园迷人的景色。看了图片，谁能简单说说自己的感觉？

（**设计意图：**在优美的音乐中，那些平凡的可能被眼睛忽视的风景，在大屏幕里一一呈现时，活动气氛将会推向高潮，这就是我们一起生活六年的母校啊！而这一切美丽的景色将成为记忆被珍藏）

（2）同学们，六年学习生活的点点滴滴我们怎能忘记？我们多想将这母校情、师长恩、同学谊永远定格！你想怎样将这美好留住呢？小组讨论。（拍合照、写同学录、做成长相册……）

（3）出示纪念章：同学们，知道这是什么吗？你们听说过这些纪念章吗？国内外设计纪念章都与重大事件、重要人物、体育盛会、重大节日有关，纪念章早已深入到社会生活并被广泛使用。

六年级的你们即将毕业，难忘老师的关怀、同学的友谊、校园的生活，我们何不自己也来亲手设计一枚纪念章见证这段最美的时光，献礼毕业？

（4）出示3枚纪念章及学习要求。

- 看一看：仔细观察这几枚纪念章的图片，你从中获得了哪些信息？
- 想一想：要设计一枚纪念章，至少要从哪些方面入手？
- 议一议：这几枚纪念章有什么共同之处，又分别凸显了哪些亮点和特色？

① 完成表格式学习单。

② 讨论提升。

简单交流表格内容。

通过学习，你觉得要设计一枚纪念章，哪些元素是必不可少的？

（图文并茂，考虑形状、色彩、材质等，有个性创意）

以奥运纪念章为例，了解、学习纪念章的设计。

交流：设计纪念章时，需要考虑哪些内容？（图文并茂、形状、色彩、寓意、材质等）

对比这几枚纪念章：它们有什么不同之处？

淮海战役胜利纪念章，直径3.8厘米，造型非常别致。正面的最上方是一颗闪耀的红星，象征着中国共产党的领导。红星两侧的凸出部分，仿若一对展开的翅膀，代表着这场战役是华东野战军和中原野战军携手作战的，两翼齐飞。红星的下方是繁体的“淮海战役”四字，红底白字，拙朴苍劲，富有视觉冲击力。整枚纪念章造型优美，图文简洁、流畅。

抗震救灾纪念章，正面是北川震后全景图案，上有“我们永远记住5·12”字样；背面是航拍的唐家山堰塞湖全景，上有“绵阳人民永远感谢您”字样，落款为中共绵阳市委、绵阳市人民政府。这是目前全国第一枚抗震纪念章。

奥运会纪念章一般为铜质、圆形，没有固定图案，正面一般为该届奥运会会徽、举办城市的象征图案，并有届次、举办地和时间等文字。

是什么导致了纪念章的不同特色？（不同的背景故事、不同的价值）

③ 小结。不管哪一种纪念章，只要表达出它背后独一无二的故事，就能呈现出自己的特色。

（5）各小组讨论方案。

① 如果我们来设计自己的毕业纪念章，大家打算如何来做？你们需要做哪些准备？如何使你们设计的纪念章与众不同，充满创意呢？一连串的问题留给大家。请各小组现在开展初步的方案设计。

（活动名称、成员分工、资料获得方式、时间进度安排、成果呈现形式等）

指导：你们的项目研究中，哪些是必备的？

活动名称；成员分工；纪念章设计的相关故事及知识；活动过程资料。

② 这些资料如何获得？

活动名称。小组讨论，自行命名。

纪念章设计的相关故事及相关知识。可以去书店或在网上搜索、阅读。

③ 还有哪些问题需要我们解决？如何解决？小组讨论讨论。

（6）大组交流。

选择一两个小组介绍自己小组已有的初步方案，其他小组可以提出质疑或合理化的建议。

（**设计意图：**在学生回顾六年学习生活点点滴滴的基础上，引导学生思考讨论一种将母校情、师长恩、同学谊永远定格的方法，这样设计毕业纪念章这一项目学习活动就自然引出来了。接着让学生以几枚有价值的纪念章为研究对象，聚焦毕业纪念章的设计，通过独立思考和小组讨论，开展小组活动的初步方案设计。在此过程中，学生始终处于发现问题、解决问题的状态，为后续的项目学习提供了保障）

**4. 总结**

如表5-10所示。

表5-10 “设计毕业纪念章”小组学习单

班级：________ 小组：________ 小组成员：________

| 纪念章名称 | | | |
|---|---|---|---|
| 相同点 | | | |
| 不同点 | | | |
| 我的发现和思考 | | | |

## 第二阶段：发布导引文件与评价量表

### “设计毕业纪念章”项目学习导引文件

淮海战役胜利纪念章、抗震救灾纪念章、奥运会纪念章、迪士尼欢庆纪念章、清华大学毕业50周年纪念章……你听说过这些纪念章吗？

六年级的你们即将毕业，难忘老师的关怀、同学的友谊、校园的生活，让我们用自己亲手设计的纪念章见证这段最美的时光，献礼毕业吧！

这就是我们即将要做的一个项目：设计毕业纪念章。

（1）建立团队并分工。根据你的特长选择伙伴（建议将具有不同特长的分成一组，比如沟通、手工、信息技术等特长）建立4人小组，选出一个小组长并根据组员的特长进行分工，你将和你们小组内的其他成员一起来做这个项目。

（2）查阅资料。在书店或网上搜索、阅读纪念章设计的相关故事及相关知识等，如了解纪念章设计背后的故事、纪念章文字设计、纪念章色彩、纪念章形状、纪念章纹样图形、纪念章所采用的材质等，组员及时记录各自的收获。

（3）设计纪念章。动手规划设计草图，也可以按比例制作模型。不断交流改进，注意收集过程稿。

（4）呈现成果。请以电子稿形式提交设计图和设计说明。设计图可以手绘好再扫描进电脑或者直接在电脑上绘画，设计说明可以涉及文字、形状、颜色的寓意等。你们还可以从设计方法小讲坛、设计故事推介、研究小论文中选一项用PPT或美篇的形式做出来和大家分享。

特别提醒：你们的研究需要包含以下信息：

（1）给设计活动起一个响亮的名字。

（2）纪念章设计背后的故事。

（3）明确的小组人员分工，如，信息检索：×××；绘图美工：×××；创意说明：×××；PPT制作：×××；等等。

（4）活动过程的文字、照片或视频等资料。

除了以上所列，你还可以加入你认为有趣的或对学习者有用的其他信息。

请准备好与小组其他成员一起展示你们的初步项目成果（如表5-11所示）。

期待你们的创意！

表5-11 “设计毕业纪念章”评价量表

| | 需要避免的错误或行为 | 基本要求 | 优秀水平 |
|---|---|---|---|
| 研究与介绍设计 | ●设计的毕业纪念章缺少基本要求中的一条或多条信息<br>●只用了网上的图片，没有自己的个性创意<br>●设计的纪念章没有寓意<br>●没有基于自己的亲身经历，设计内容空洞，没有背后的故事 | 设计的毕业纪念章应包括：<br>●设计活动名称<br>●毕业纪念章设计图和设计说明<br>●毕业纪念章设计背后的故事<br>●由小组成员制作或收集的活动过程的文字、照片或视频等资料 | 除了满足基本要求的标准，设计的毕业纪念章还应包括以下至少两项内容：<br>●从设计的毕业纪念章上可以看到有意思的地方<br>●对学习小组的活动过程有详细的资料留存<br>●除此之外，还有与众不同的研究视角 |

（续表）

| | 需要避免的错误或行为 | 基本要求 | 优秀水平 |
| --- | --- | --- | --- |
| 呈现效果 | • 展示的毕业纪念章信息不完整<br>• 图片清晰度不高，文字大小不一，颜色与图片风格不一致<br>• 没有平衡图片和文字的比例<br>• 文字内容干巴巴或太长，无法吸引人阅读 | 展示的毕业纪念章：<br>• 活动名称、纪念章图片和设计说明等信息完整<br>• 运用文字、图片、视频等方式丰富地呈现<br>• 文字（设计说明、背后故事等）内容完整清晰，没有错误 | 除了满足基本要求的标准，展示的毕业纪念章还需要：<br>• 有创意、吸引人<br>• 文字引人入胜，有感染力<br>• 创意地交互使用不同形式的表达（文字、图片、音乐、视频等） |
| 协作 | 你的小组：<br>• 没有为所有成员创造分享想法的机会<br>• 没有公平地分配工作<br>• 没有积极地思考、表达创意<br>• 有好的创意没能及时分享和讨论 | 你的小组：<br>• 倾听并尊重每个人的观点<br>• 相对公平地分配工作<br>• 根据成员各自的强项委派任务 | 你的小组：<br>• 整个过程中保持富有成效的合作关系<br>• 在合适的情况下，考虑每个人的需求<br>• 团队协作所创造的成果远远超过任何个人所创造的成果 |
| 项目管理 | 你的小组：<br>• 由于精力分散或低效而浪费了宝贵时间<br>• 在开始时没有花时间做计划<br>• 错失了修订计划的良机<br>• 不能充分发挥运用团队资源 | 你的小组：<br>• 一直在完成任务或大体工作上有效率<br>• 在项目开始时制订了计划<br>• 在截止时间前已经有了可以分享的成果 | 你的小组：<br>• 掌控整个小组进展<br>• 每当有必要时，进行项目计划的修订<br>• 预留了一定时间用于修改最终成果 |

## 第三阶段：团队开展项目研究

这一阶段是学生真正投入研究的重要阶段，周期较长，正常需要一个月左右，活动过程中可根据学生学习情况适当调整。

各学习团队首先要结合老师发布的学习导引文件和项目评价量表讨论确定项目实施方案，明确活动要求，弄清研究方向。方案内容包括研究内容分解、人员分工、研究准备、进度安排、注意事项等，需要形成文字材料。

在团队开展研究的过程中，要注意过程性资料与阶段性成果资料的收集与保留，可以是文字、图片、视频、录音等多种形式。学习团队要定期开展交流，对照方案发现问题，针对问题修正方案。

团队学习的最后阶段，班级全体成员集中，各研究团队逐一介绍团队共同完成的初步作品。大家彼此鼓励团队协作与形式创新，指出各自的优点与存在的问题。各研究团队结合评价意见对作品做补充、修改与优化，形成最终作品。

## 第四阶段：展示与评价

### 1. 集体展示形式设计

**环节一：**各班级组织展示、讲述，邀请全体学生、全体参与老师、部分家长代表到场，各学习团队抽签决定顺序，教室里搭建展示区，并利用教室里的多媒体设备，每个小组逐一进行展示、讲述。每一团队展示完毕后，小组成员进行自评，其他人员进行他评。

**环节二：**每班选取两个优秀作品上传学校微信群，进行网上投票选优。

**环节三：**将优秀作品分享至学校微信公众号。

### 2. 评价表设计（如表5-12所示）

表5-12 “设计毕业纪念章”评价表

小组名称：________________

| | 团队协作 | 项目管理 | 作品质量 | 展示效果 | 贡献值评价 |
|---|---|---|---|---|---|
| 自评 | | | | | |
| 他评 | | | | | |

### 3. 优秀作品举例

作品举例略。

## 第五阶段：反思与总结

毕业是一种感恩，是一种幸福，是一种收获，是一种成长，是一种飞翔。此次海安市实验小学六年级开展的“设计毕业纪念章”项目学习活动，为学生的小学生活又添上了一抹亮丽的色彩。

首先，回味小学六年的学习生活，增强了学生对母校的留恋、感恩之情。同学们一起回顾了小学六年的学习生活历程，分享了各自内心最难忘的故事，将点点滴滴的感动融入了小组设计的毕业纪念章中，使得他们的设计更加生动，更加富有创意。

他们以这种特殊的方式，为自己的小学生活画上一个句点，并从中感受成长，拥抱未来。同学们在铭记美好的童年时，学会感恩，并领悟到自己肩上所担负的光荣感、使命感和责任感！

其次，人人参与学习，在设计毕业纪念章的过程中，各方面的能力在活动中得以提升。

同学们上网查阅资料，了解了许多纪念章设计背后的故事，学习了纪念章的文字设计及色彩、形状等所表达的寓意。同学们在活动中深入了解了纪念章设计的相关故事及相关知识，感知到纪念章的特殊意义，用多种形式展现了自己的学习成果，既丰富了知识，又增强了实践能力，成为他们成长过程中的精彩之篇。

再次，小组合作学习，培养了学生之间的合作意识。小组合作探究的方式让学生在活动中充分发挥自主性，既培养了他们的合作意识、创新精神和实践能力，又使他们人人参与学习的过程，人人得到锻炼的机会。在参与的过程中体会到了学习的快乐。

总之，通过了解不同时期、不同价值的纪念章，让学生了解到许多纪念章背后的故事，学习到设计纪念章的方法；通过回忆小学六年学习生活的成长故事，让学生充分感悟成长，感恩父母、老师，珍惜友情；通过小组合作交流，让学生认识到一个人的力量是有限的，从而增强了团队意识，提高了协作交流能力；通过调查、制作，学生的调查、统计、动手等能力都得到提升。

此次项目学习活动开展得非常有意义，设计毕业纪念章的过程中，学生充分表达了对母校的留恋，对老师的感谢，对未来的希冀。这次活动，给学生的小学生涯画上了一个圆满的句号，他们将带着母校和老师的希望与牵挂，走入更高的知识殿堂，开拓更广阔的世界。

# 后　记

2012年的夏天，海安市实验小学受邀与北京中关村第三小学、北京翠微小学、深圳南油小学、重庆巴蜀小学等一批国内名校一起组建小学教育国际联盟，引入斯坦福大学的项目学习课程，尝试由中美及世界各地近百所小学同步开展项目学习研究。在中关村第三小学举行的首次联盟会议上，来自斯坦福大学的研究团队对我们开展了体验式培训，让我们每个参会者作为学员，共同开展一个项目学习的研究。回来以后，我们又和100多所中外学校一起，同步开展“桥”项目学习，历时近一个学期。这是海安市实验小学第一次接触项目学习，由此拉开了一所县城小学项目学习研究的序幕。

从2012年开始接触项目学习至今，海安市实验小学经历了7年的研究历程。从体验式的参与到开创自己的项目学习课例，从散点式的案例尝试到系统化的课程建构，从基于校本的独自实践到承担江苏省的基础教育前瞻性改革项目、带领一批学校共同开展项目学习的研究，我们的研究逐步系统化。在长期实践与思考的过程中，我们始终举全校之力，始终团队式参与，始终在自我否定中更新迭代，才有了如今这本集全校之智慧的著作。

项目学习发端于西方，但在中国广泛推行却要考虑国家课程体系、社会认可度、教师执行力、学生适切度等多方面的因素。因此，海安市实验小学在实施过程中没有太多经验可以借鉴，只能且行且思，自我建构，慢慢形成基于学校理解的项目学习理论框架。因而我们的建构一定是稚嫩的、不完善的，但也一定是本土化、个性化的。正因为如此，短短两年，我们在省内外吸引了一批志同道合的学校，共同开展项目学习活动，共同开拓基于中国国情的项目学习发展道路。但愿这本书的出版，能为有志于开展项目学习活动的学校提供经验和教训。

借这本书的出版，我要特别感谢我的前任徐金贵校长，正是他在2012年带领我和海安市实验小学迈进了项目学习的殿堂，也是他和海安市实验小学一起把项目学习的道路越走越宽。还要特别感谢江苏省教育学会的领导们、专家们，一次次对我们进行指导、鞭策，尤其是叶水涛先生，不断提携、不断鼓励，让我们始终如沐春风、坚定前行。感谢海安市实验小学的全体同仁，因为这本书是我们集体智慧的表达，特别感谢夏登高、姚国艳、徐丽新、周艳霞、葛乃和、吉晖、姚小霞、堵爱玲、范从娟、韩海涛、吴昌洁、张小宁、仲小红、郭海娟、李亚萍、俞爱红、章亚琴、茆小梅、江月琴、申月红、徐薇、杨晓惠、苏兴进、薛雨梅等一批老师们，因为你们是书中案例的创造者、组织者、实践者、整理者、呈现者，是这本书得以问世的关键力量！

我对整个团队充满了无限的感恩与眷恋，再次谢谢你们。

周振宇

2019年12月